スポーツ 歴史の検証

日本のラグビーを支えた人びと

企画・制作 笹川スポーツ財団

新紀元社

トークセッション

ラグビーワールドカップ2019に向けて

～過去から未来に受け継がれるレガシーとは～

本項は2019年2月26日に開催された笹川スポーツ財団主催の公開セミナー「SSFスポーツアカデミー」の模様を再録したものです。テーマはラグビー。満席の熱気あふれる会場ではじまったトークセッションでは、4名の登壇者がラグビーの魅力やラグビーワールドカップ2019への想いなどを語られ、来場者からもラグビー愛、スポーツ愛に満ちたさまざまな質問が寄せられました。登壇者と来場者がラグビーでひとつにつながる和やかな雰囲気のなかで、盛況のうちに終了した模様をお楽しみください。

ラグビーと出会い魅了された思い出

出光　本日のパネリストの皆様をご紹介させていただきたいと思います。トップバッターは、衆議院議員の遠藤利明《えんどうとしあき》さんです。東京オリンピック・パラリンピック担当大臣を歴任され、ラグビーワールドカップ２０１９では組織委員会競技委員を務められるなど、まさに日本のスポーツ振興のリードオフマンでいらっしゃいます。ラグビーが大変お好きで、ホームページを拝見しますと、「遠藤利明ＢＯＯＫ ＳＣＲＵＭ」というコーナーがあるほどです。実際、遠藤さんがラグビーに出会われたのは、いつ頃だったのでしょうか。

司会：出光 ケイ氏

遠藤　大学の体育の授業で何を選択しようかと考えた時に、もともと子どもの頃は野球少年でしたし、また柔道もやっていたので、球技と格闘技の両方の特性を持ったラグビーをやろうと。それで実際に授業でやってみたら、見事にはまってしまいまして、今も続けています。

出光　次にご紹介させていただきますのは、ラ

登壇者：増田久士氏
釜石市ラグビーワールドカップ2019
推進本部事務局主幹

登壇者：遠藤利明氏
衆議院議員、元東京オリンピック・
パラリンピック競技大会担当大臣

グビーの聖地、釜石市の増田久士《ますだひさし》さんです。釜石シーウェイブスの事務局長から一念発起されて釜石市の職員となり、熱い思いと大漁旗で「釜石鵜住居《かまいしうのすまい》復興スタジアム」を創設し、試合会場の一つとして釜石市にラグビーワールドカップ２０１９を呼び込んだ立役者でいらっしゃいます。増田さんとラグビーとの出会いはいつ頃だったのでしょうか？

増田　子どもの時、お正月にテレビでラグビーを観たのが初めてでした。それでどうしてもやりたくなったのですが、私が通う小学校、中学校にはラグビーがなかったんです。高校にはあったのですが、ちょっと訳があって入りそびれてしまった。それで大学に入ってようやく体育会の門をたたいたというわけです。

出光　次はラグビーワールドカップ２０１９ア

ンバサダーの増保輝則《ますほてるのり》さんです。早稲田大学を卒業後は、神戸製鋼コベルコスティーラーズで主将、監督を歴任。代表キャップ（出場回数）は47でいらっしゃいます。ラグビーワールドカップには3度出場され、日本の歴史的初勝利を挙げた１９９１年のイングランド大会、ジンバブエ戦の時には、まだ19歳でいらっしゃいました。増保さんがラグビーを始められたきっかけはどんなことだったのでしょうか？

増保　私は中学生の時はサッカー部に所属していました。ところが、中学2年の時に、友人が「ラグビー部に入れ」と言って、勝手にサッカー部の顧問に退部届を出してしまったんです。それがきっかけで、ラグビーをやることになりました。薄々サッカーに才能がないなとは思っていましたので、いいタイミングでラグビーに誘ってもらったのかなと。ラグビーは、ボールを持ったら相手に止められるまで走れるという、非常に制約の少ないスポーツでして、私の性分には合っていたんじゃないかと思います。

登壇者：増保輝則氏
ラグビーワールドカップ2019
アンバサダー

出光　では、次に前回のラグビーワールドカップイングランド大会で日本人初のベスト15に選

登壇者：五郎丸歩氏
ヤマハ発動機ジュビロ

出され、魂のキックで私たち日本人の心をわしづかみにしました五郎丸《ごろうまる》歩《あゆむ》さんです。五郎丸さんは、所属のヤマハ発動機ジュビロの本拠地、静岡のラグビーワールドカップ２０１９開催都市特別サポーターとしても活躍でいらっしゃいます。五郎丸さんが、ラグビーを始めたきっかけは何だったのでしょうか？

五郎丸　私の親がもともとラグビーが好きでしたので、気づいたらラグビーをやる格好をしてグラウンドに立っていた感じでした。

出光　ありがとうございます。それでは、ここでコーディネートをお務めいただきます、笹川スポーツ財団上席特別研究員の佐野《さの》慎輔《しんすけ》さんにマイクをお渡ししたいと思います。佐野さんは、サンケイスポーツ代表、産経新聞社取締役を歴任されたスポーツマスコミのエキスパートでいらっしゃいます。それでは、どうぞよろしくお願いいたします。

南ア戦撃破につながった「歴史を変えたい」という思い

佐野　それでは4人の登壇者全員に、それぞれの心に残っている試合や選手をお伺いしたいと思いますが、まずは遠藤さん、よろしくお願いいいたします。

遠藤　心に残っているシーンは、私が大学時代の1971年、日本とイングランドが秩父宮ラグビー場で試合をしたのですが、超満員の中、3対6で日本が惜敗した試合でしたが、それが大変印象に強く残っています。それから『インビクタス』という映画のシーンも印象的ですが、やはり何よりも、前回のラグビーワールドカップで日本が南アフリカを破った試合ですよね。あんなことあり得ないと思っていましたが、五郎丸さんたちが頑張って勝ってくれて、ラグビー関係者にとっては、まさに歴史的最大の瞬間だったと思います。

佐野　増田さんは印象に残っている試合はありますか?

増田　2001年の新日鉄釜石ラグビー部最

コーディネーター：佐野慎輔氏
SSF理事／上席特別研究員
産経新聞客員論説委員

後の試合です。三菱重工相模原と試合をして1点差で負けたのですが、その時にゴール前のラインアウトで、選手も観客も興奮してしまってわけがわからなくなったような感じになった時に、レフリーの下井真介さんが「落ち着け！」と大きな声で言ったんです。それに救われたような気がして、それがとても印象に残っています。

佐野　それでは、増保さんはいかがでしょうか。

増保　たくさんあるのですが、最近の試合で言いますと、それこそ五郎丸が活躍した2015年のラグビーワールドカップで、南アフリカ戦の後の3試合というのが、私の中で非常に印象に残っています。残念ながらスコットランドには負けて決勝トーナメントには進めませんでしたが、そのあとのサモアやアメリカとの試合も心に残る素晴らしい試合でした。今までは、日本代表はどちらかという海外チームに「挑む」というようなかたちが多かったと思うんです。でも、あの3試合はテレビで観ていて、どちらかといえば日本の方が格上のような感じがありました。実際にプレーしていた選手は違った印象だったかもしれませんが、私はこれまでと違って落ち着いて見ることができたんです。テストマッチやワールドカップで、盤石な勝ち方をするというのは、非常に感慨深い思いがしました。非常に強くなった日本代表を見させてもらったなという思いから、印象に残っています。

佐野　皆さん、やはり前回大会は印象に強いようですね。では、その立役者である五郎丸さん

ラグビーワールドカップ2015イングランド大会南アフリカ戦

はいかがでしょうか。

五郎丸　4年前のラグビーワールドカップは、私自身の中でも非常に思い出に残っている大会です。ただ、もっと時計を戻すと、私が早稲田大学時代、トヨタ自動車と2回戦で対戦した2006年の日本ラグビーフットボール選手権（2003年に発展的に解消し、トップリーグの順位決定戦とした）です。早大は絶対に勝てないだろうという大方の予想を覆して勝ったというのが、自分の中では衝撃でした。4年前のラグビーワールドカップの南アフリカやスコットランドといった強豪国との激戦も、その延長線上にあったのかなと思います。

佐野　前回大会の南アフリカ戦は「史上最大の番狂わせ」というふうに言われました

が、選手たち自身はどうだったのでしょうか。あの試合は後半29分に五郎丸さんのトライが決まって「29対29」と同点になりましたが、その後、南アフリカのペナルティゴール（PG）が決まり、「29対32」と再び南アフリカがリードしました。ロスタイムとなってPGのチャンスを得た時、日本は3点ビハインドを負っていたわけですが、あの時、エディ・ジョーンズヘッドコーチ（現イングランド代表ヘッドコーチ）は「PGで行け」という指示を出していたそうですね。フィールドにいた選手たちの気持ちはどうだったのでしょうか。

五郎丸　PGという選択肢は、私たちの中には全くなかったですね。そこまでの間、後半の最後は南アフリカにずっと攻められていたのにもかかわらず、彼らはショットを狙って3点差にしたんです。その時に僕らは「あぁ、勝てるな」という気持ちがありました。仙豆《せんず》※をもらったような気がしたんです。めちゃくちゃ疲れていたのですが、南アフリカが思わぬ仙豆をくれて、それで僕たちはめちゃくちゃ元気になった。みんな「これはいける！」という感覚になれたんです。

あの時、南アフリカの9番（スクラムハーフ：パスのスペシャリスト。スクラムではボールを中に入れる役割を果たすポジション）は、サントリーにいたフーリー・デュプレアさんだったんです。彼がサントリーにいた時、僕はヤマハですから、何度も試合をしているんですね。彼には非常に苦しめられましたが、彼の特徴を感覚的に覚えていました。だから、「この時間

※「仙豆」とは漫画『ドラゴンボール』に登場する一粒飲むだけで元気になる豆。

帯だったら、彼はエリアを取りに行きたいだろうな」と確信していたんです。ですから、彼が蹴る2秒くらい前に僕はスタートしていて、そこから反撃が始まるんです。彼を獲得してきたサントリーさんには非常に感謝しています。

佐野　遠藤さんは、あの時どう思われましたか？

遠藤　私は日本におりましたので、テレビで観ていたのですが、実は私も絶対にPGだと思っていました。受け身だと言われるかもしれないけれど、見ている方からすれば「引き分けで十分じゃないか。勝つなんて考えるもんじゃない」という思いだったんです。でも、今、五郎丸さんの話をうかがって、初めて選手たちがどんな気持ちでいたかを知りました。

佐野　増田さんは、スタンドにいらっしゃったんですよね。どのようにご覧になられていましたでしょうか？

増田　日本は前半からすごく力強いプレーが多くて、期待していました。私はラインアウト（ボールがタッチラインの外に出た際、その地点からボールの投入によって競技を再開する）が好きなのですが、堀江翔太くんがショートからゲインをきったシーンがあったんです。あんなプレー、南アフリカ相手にできるんだと思って、すごく嬉しくなりましたね。すると観客がみんな、だんだんと日本のことを応援するようになって、「JAPANコール」がすごかったので、「これはやってくれるだろう」という信念みたいなものを持ちながら観ていました。ただ、まさか本当にね。

佐野　増保さんも「行ける」っていう感じだったんですか。

増保　私も「ＰＧ狙え」と思いましたけど、選手たちが素晴らしかったですね。

格上のチームに勝つパターンにはまったなという感じで、点数で食らいついていきながら、粘り強く、体を張りながら頑張っていました。点差が開いて余裕をもたれてしまうと、ボールを回されて止めにくくなるんです。五郎丸も言ったように終盤に南アフリカがＰＧを狙って手堅く勝ちにきたのは、精神的に追い詰められたような感じだったんじゃないのかなと。

ただ、最後にＰＧを選択しなかったのは、選手だけしかわからないような、「勝てる」っていう気持ちがあったんでしょうね。選手全員がゾーンに入って集中してたんじゃないのかなと思います。

佐野　しかし、あそこでミスが出て、プレーが切れたらあの時点で終わりでした。集中力を含めて、それを切らずにいったっていうのは、これはどういうことだったのでしょうか？

五郎丸　「歴史を変えたい」という気持ちですよね。それはフィールドに立っているメンバーだけでなく、スタッフもそうでしたし、ジャパンのジャージを着ることができずにスタンドにいた選手たちもみんなそうでした。

佐野　「歴史を変える」というのは、やはりすごい力が働くんですね。そういう意味では、増

ラグビーワールドカップ2015イングランド大会アメリカ戦勝利後の日本チーム

保さんが現役時代、日本が初めてラグビーワールドカップで勝利を挙げたジンバブエ戦もそうですよね。

増保　あの時は、まだラグビー自体がプロ化をしていない時代で、ラグビーワールドカップも第２回目でしたから、非常に牧歌的な雰囲気の中で大会が行われているような感覚ではありました。今のようにグループに分かれて、非常に厳しい予選があるというわけではなかったんです。ジンバブエという勝てる可能性が多分にあるようなチームと日本が対戦できたのも、非常にラッキーな部分でもありました。今では、そのような世界の下位チーム同士での組み合わせは、なかなかないですからね。ですから、いつまでもあの時の勝利のことを語られるのではなく、２０１５年大会で3勝をした五郎丸たちが本当の意味で歴史を変えてくれて良かったなと思いました。また新たな勝利で新たな歴史を刻んで、日本ラグビーが少しずつ上積みしていくように感じられて嬉しかったです。

震災時のラガーマンの姿に再燃したラグビー熱

佐野　さて、いよいよアジア初となる日本開催のラグビーワールドカップ2019が、いよいよあと205日（2019年2月26日時点）で開幕します。アンバサダーの増保さん、開幕に向けて、現在の状況はいかがでしょうか。

増保　私自身、全国12の開催都市を回りまして、いろいろとお話をさせていただいているのですが、少し前までは各都市が何をしたらいいのかわからないというような状態でした。しかし、ようやくここ半年ほど、ラグビーワールドカップ開催の認知度も高まり、それに伴って、メディアでもラグビーをいろいろと取り上げてくれることが増えてきました。各開催都市にお住まいの方にも少しずつ認知が広がってきていまして、徐々に盛り上がりを見せてきたなというのが現状です。それから私たちは大会の成功ももちろんですが、その後のレガシーとして「ラグビー憲章」を皆さんに知ってもらって残していきたいなと思っています。今、各地方でビデオを流しながら説明をしているところです。

佐野 地元の皆さんの反応はいかがですか？

増保 とてもいいですね。ソフトの面でのレガシーということで、ラグビー憲章にある「品位」「情熱」「規律」「結束」「尊重」という5つの言葉についてお話すると、ラグビーをされていない一般の方々から「ラグビーという競技は素晴らしい」とおっしゃっていただきます。

佐野 増田さん、開催都市の一つである釜石市ではいかがでしょうか？

増田 ラグビーカフェのようなところで常時ビデオを流しているのですが、増保さんがおっしゃる通り、ようやく実感として、ラグビーワールドカップが言葉として出てきたり、具体的な動きになってきたというところです。

佐野 日本開催が決まったのは２００９年でしたが、釜石市では開催都市に立候補しようという思いは最初からあったのでしょうか？

増田 ２００９年の時点では、まったくそういう話はありませんでした。当時、私もクラブ経営をする身でしたが、当時はリーマンショックの影響を受けて、「来年やっていけるのかな」という状態でしたから、ラグビーワールドカップ開催が決まったと言っても、「仙台まで観に行けるかな」くらいにしか思えませんでした。

佐野 我々ラグビーファンとすれば、やっぱりラグビーの聖地のような釜石市は外せない、という思いがあったのですが、当時は現地ではそういう感じではなかったんですね。

増田　まったくありませんでした。圧倒的に野球やサッカーをやる子どもたちの方が多いですから、昔のような「鉄と魚とラグビーのまち釜石」なんていうフレーズは、当時は消えかけていたんです。

佐野　そういう状態から、釜石市以外の外側の人たちが一生懸命働きかけていって現地でも決断されたわけですが、実際に機運が高まり始めたのはいつ頃だったのでしょうか？

増田　２０１１年の東日本大震災の時に、町の人たちと一緒に地元に残ったラグビー選手が、重機が入れないようなところにも支援物資を運んでくれたりしたんですね。選手たちはみんな力持ちだし、明るいしで、「あぁ、ラグビーが自分たちの町にはあったんだな」みたいなことが言われ始めたんです。それで調子に乗って（笑）、ヤマハ発動機さんにも来ていただいて試合をしたのですが、五郎丸さんらにぼこぼこにやられまして……。それでも「まだこれからだよ」と。その時に「ワールドカップの開催都市に手をあげてみよう」とチャレンジする気持ちが、いろんな人たちの中に沸き上がってきたんです。もちろん、東京の人たちがすごく声をかけてきてくれたっていうのもあります。おかげさまで露出も増えてきました。やっぱり震災復興のこともあって、みんなが応援してくれているのが何よりありがたいですね。特に昨年8月19日に「釜石鵜住居復興スタジアム」のこけら落としがあったのですが、最初はこの釜石でスタジアムが満員になるなんてことは二度とないんじゃないか、と思いましたが、ぼこぼこにされたヤマハさんにも来ていただき、「みんなで造ったスタジアムなので、一緒に盛り上げることをしませんか？」と呼び掛けてもらったりして。森（喜朗・日本ラグビーフットボール協会名誉会長＝当時）先生や皆さんにも来ていただいて、本当にそこからわーっと広まっていきました。

佐野　五郎丸さんは釜石とは非常に縁が深くて、今もいろいろと交流されているんですよね。どのようなことをされているのでしょうか？

五郎丸　２０１１年に震災が起きて、その3カ月後に釜石シーウェイブスに「ヤマハとして何か支援ができないでしょうか？」と伝えたところ、「試合の相手がいないので、ぜひ来てほしい」と言われたんです。それで会社の支援ということで、電動自転車などヤマハとして支援できる物品を持って現地に行き、試合をさせていただきました。震災が起きて3カ月しか経っていない中で、試合を見に来て大漁旗を振って応援してくれた方々がいました。実はその時にもらったヒントというか、釜石市からの贈り物みたいな感じで、今、ヤマハスタジアムでも同じような応援が行われているんです。ヤマハでも船を造っているので、自分たち選手が所属している部署の方々が大漁旗を振って応援してくれるんですよ。それは釜石さんからいただいた財産だと思っています。

でも、震災から3カ月の時、僕らが元気になってもらうために何かできることといえばラグビーでということで、全力で戦って勝ってしまいましたが、実はヤマハもリーマンショック後にプロが廃止になったりして低迷していた時だったので、逆にいろいろな元気をもらって帰ってきたことを昨日のように思い出します。その時の関係性というか、恩返しということで、「釜石鵜住居復興スタジアム」のこけら落としにも呼んでいただき、非常にありがたく思っています。おそらくこれからもヤマハと釜石さんというのは、長いお付き合いをすることになりますので、ぜひよろしくお願いします。

佐野　増保さん、そういう意味では、新日鉄釜石の卒業生と神戸製鋼のＯＢとの試合もありました。あの交流はいかがでしたか？

増保　私も同じ鉄の会社ですし、まず最初は秩父宮ラグビー場でやって、昨年8月には「釜石鵜住居復興スタジアム」のこけら落としにも呼んでいただいたり、そういうような交流を、また今年もどこかでやりましょう、という話もあるんです。

「ラグビーワールドカップ2019」成功への政策と意義

佐野　こうした交流を通して日本が一つになって支援していくことが非常に大事になってくる

るのでしょうか？

とは思いますが、政府あるいはスポーツ界の支援という意味では、どういうことが行われてい

遠藤　スポーツの持つ力というのは、我々が思っている以上に強いんですね。日本のスポーツというのはもともとは学校体育からきているので、規律正しくとか、健康とか、あるいは集団性とか、そういうことを強調してきたわけですが、それだけではなく、地域保守などというようなことにつながっていくのだと思います。最近になってようやく、そういうスポーツの効果を皆さんが理解してくれて、スポーツに対する認識が変わってきたかなという印象があります。

現在、東京オリンピック・パラリンピックの選手強化が行われていますが、やっぱり成功させるには勝つこと、日本人選手がメダルを取ることが重要です。そのためにはやっぱり選手強化が必要で、そうすると財源が必要になってくるわけです。そうした中で、今、スポーツ振興くじ※が占める割合というのは大変大きいんです。逆に各競技団体さんにお願いをしたいのは、みんなが強くなるのがもちろん一番いいわけですが、やっぱりその競技界をけん引するエース、スーパースターをつくってほしいなと。ラグビーも、リーチ・マイケルやみんなが頑張ってくれていますが、五郎丸さんのあとを継ぐスター選手が一人いると違うと思うんですね。

佐野　五郎丸さんはどう思われますか？

五郎丸　それは間違いないと思います。やはり日本代表が強ければ、4年前のイングランド大

※「スポーツ振興くじ」（toto）とは、収益金を財源に誰もが身近にスポーツを親しめる、あるいはアスリートの国際競技力向上のための環境整備など、新たなスポーツ振興政策を実施するために導入されたもの。

会の時のように注目度が増すと思いますので。ただ、実は私は南アフリカ戦を終えて、非常に反省したことがありました。南アフリカに勝った後、僕らは本当に嬉しくて、涙を流しながら飛び跳ねて喜んだんですね。でも、南アフリカは本当に悔しかったと思うのですが、我々の所の先に来てくれて、労ってくれたんです。私たちは確かに勝負には勝ったかもしれないけれど、スポーツといった観点でいえば負けてしまったんだなといいました。そういうところもラグビーワールドカップ２０１９や来年の東京オリンピック・パラリンピック、２０２１年の関西ワールドマスターズゲームズで、スポーツの本質の部分にも、一人でも多くの人にわかってもらえたらなと思います。

佐野　五郎丸さんはスポーツの本質に触れられましたが、増保さん、それが今、今回のラグビーワールドカップ２０１９を日本で開催する一つの意義でしょうか？

増保　そうですね。先ほどちょっとフライング気味で話をしてしまいましたが、「ラグビー憲章」というのは、お互いを尊重し合うということなんです。試合が終わったらお互いに称え合う、リスペクトし合う。相手チームにも、レフェリーに対しても。その試合に関わってくれたスタッフにも、というようなことがすごく大事なことかなと思いますね。これはラグビーの価値として掲げていますが、大きく捉えればスポーツの価値であると思います。こうしたことを今回のラグビーワールドカップ２０１９が終わった後に、少しでも皆さんの心に残るような、そんな活動をしていかないといけないと思っています。

佐野　一方で、運営側としての大会成功とはどんなことでしょうか？

増田　成功の指標というのは難しいと思っていまして、事故なく大会を終えれば成功かというと、終わって何も残らなかったら、それは成功とは言えないわけですよね。4年前、イングランドにラグビーワールドカップを視察に訪れた時、ラグビーに携わっているイングランドの人たちが、何か問題が起きても一度も「失敗」とは言わなかったんです。「地下鉄が止まっちゃった。でも、ラーニング（学習）だよね」と。その時は「うまい言い訳するな」と思いましたが、ラーニングと言えば、失敗も怖くないわけです。だから今、「ラーニングを合言葉に、町の人たちといろんなことをやろう」と言っているのですが、大会をするにあたっては失敗という言葉は忘れてしまったほうがいいと思います。

佐野　今、スポーツによる地域創生が叫ばれていますが、釜石市は一つの大きなモデルケースになるような気がします。

増田　今の時点で未来のことを話すのは非常に大それていますが、釜石市にはラグビーがあって、これだけの大勢の人たちがラグビーワールドカップ２０１９を開催するにあたって応援してくれてラッキーだなと思います。その幸運に恵まれた部分を、みんなが笑顔で、失敗などとは言わないで、ラーニングと言いながら、また次の世代にバトンを渡していく。そういうことをどんどん広めていかなければいけないと思っています。人口減少が進んでいる町が何かを成功に導くことは難しいとは思います。ただ、そうした地域にはいい面もあるんです。豊富な自然があって、美味しいものがあってとかね。だからちょっとでも「釜石に行ってみようかな」と思ってくれたら、もう「よし！」という感じですよね。そういう積み重ねが、地域を元気にすることなのかなと思っています。

佐野　遠藤さん、そういったことを政府やスポーツ界がくみ取って、さまざまな施策を打ち出していかなければいけないということなんでしょうね。

遠藤　そうですね。私たちが一番心配しているのは、来年の東京オリンピック・パラリンピックが終わった途端に熱が冷めて、停滞してしまうのではないかということなんです。これは経済もそうです。ですからその後に続くものを、今からしっかりとつくって必要があるなと思っています。新国立競技場も今年11月に完成する予定ですが、これもただ造って終わりではもったいない。この後にどうやって生かしていくかです。さまざまなかたちでつないでいく必要があるので、皆さんからいろいろな知恵をいただいて、残るものを作っていかなければいけません。ただ、これまではどちらかというと、日本はスポーツは神聖なもので、そこで利益を得るなんてけしからん、という意見が多かった。私の田舎に行ってスポーツビジネスの話をすると、先生方から「何だ、スポーツで金儲けとは」と言われるんです。誰かが得するという話ではなく、みんなでスポーツを楽しむためにスポーツに還元するものであるんですけどね。先ほどスポーツくじの話をしましたが、サッカーだけでなく、バスケットボール界からも「くじをやってほしい」と言われているんです。そうやって皆さんから少しずつお金を出してもらって、それを還元してスポーツ振興につなげていく。そういうかたちをどう作っていくかが、我々の当面の課題だと思っています。

佐野　そのためにはスポーツの底辺を広げていかなければいけない、理解を広げていかなければいけないというところがあると思います。そういう意味では、今回のラグビーワールドカップ２０１９をどう成功させて、特にラグビーの普及にどうつなげていくのか、スポーツの価値につなげていくのかということが重要になってきます。五郎丸さん、何かお考えはありますか？

五郎丸　２０１５年のラグビーワールドカップが終わって、子どもたちがラグビーをやりたいと思った時に、まずボールがない状況でした。僕は「これが一つ、大きな問題だな」と感じたので、この4年間、ラグビーイベントを開催するたびに、子どもたちにボールを一つずつ持って帰ってもらうという活動をやってきました。やはり、やりたいと思った時に、道具がない、場所がないというのは、非常にもったいないことだと思うんです。これからいろいろなスポーツイベントが日本で開催される中で、子どもたちは憧れて体を動かす場所を求めると思いますが、その受け皿として小学校、中学校を開放するというのが一つの大きな手かなと思います。

もちろん、いろいろなセキュリティの問題もあると思いますが、やはり全国どこにでもある学校が、誰でも使える場所として開放されるといいなと思います。

佐野 遠藤さん、これは文部科学省マターの話になってくると思いますが、ご意見をお聞かせください。

遠藤 私は、教育の方も担当(文部科学副大臣)していますが、子どもの減少や指導者不足から部活動が成り立たなくなってきているという現状があります。そこで学校単位から地域単位の部活、あるいは地域スポーツクラブと部活を一体化していこうと。指導者も学校の先生だけに頼るのではなく、誰でも地域スポーツの指導者に有料でなれるようなシステムを作っていきたいと思っています。そうすると、先ほど五郎丸さんがおっしゃったように、逆転の発想をすると、日本には3万カ所のスポーツ施設があります。どこにあるかというと、学校なんですね。これを朝7時から夕方4時までは学校が使用し、夕方4時から朝7時までは市が責任を持って管理するとなると、途端に3万カ所の体育館、プール、グラウンドができるんです。発想を変えて、学校を学校だけのものではなく、地域全体の教育、スポーツ、文化の拠点としていくと。今、その筋立てを考えている最中ですから、これからそういうふうに変えていけると思います。そうすると、五郎丸さんがおっしゃったように、子どもたちがやりたいと思った時に、すぐにグラウンドも体育館もプールも使えるわけです。

佐野 増保さんはラグビーワールドカップ2019のアンバサダーとして全国を回っていらっしゃるわけですが、今回の大会のために全国には12カ所のスタジアムができました。ただ、ラグビー専用のスタジアムは花園と熊谷だけです。今回大会で使用するスタジアムを生かして何かしていくという動きは出ているのでしょうか。

増保 まずはラグビーワールドカップ2019の成功というものに、やっと手応えをつかんで、いろいろなプロモーション活動が始まったばかりというのが正直なところです。実は、私たちは成功に向けた活動をしながらも、大会の後にはどうなっていくのかということを心配しています。大会後にその施設をいかに有効に使うかということを考えるならば、ラグビー専用スタジアムではなく多目的なスポーツができた方がいいこともあるかと思います。その辺は、地域の皆さんもまだ思案しているところです。

先ほど五郎丸さんがお話されていたように、今は受け皿がない状況。小学生の時にスクールで一生懸命やっても、中学に入るとやる環境がなくて、仕方なくラグビーをやめてしまうという子どもも少なくありません。ですから、やはり学校や施設を開放してもらいたいなと。また、今は先生方の負担も非常に大きいですから、地域スポーツやクラブスポーツの部分やアスリートのセカンドキャリアの問題も絡めながらやっていけるといいんじゃないかなと。

子どもたちへラグビーで伝えたい「スポーツの力」

佐野　それでは、ここで会場の皆さんの質問を受け付けたいと思います。

Q　遠藤先生にお伺いします。ラグビーワールドカップ２０１９、来年の東京オリンピック・パラリンピックと続くわけですが、私はダイバーシティという観点からすると、パラリンピックに最も強い関心があります。ぜひラグビーワールドカップ２０１９を成功させて、東京オリンピック・パラリンピックの大成功につなげてほしいのですが、そのビジョンをアピールしていただけたら幸いです。

遠藤　パラリンピックには車いすラグビーがあります。私はラグビーをやっていましたが、そのラグビーよりもはるかに激しくて、車いす同士がぶつかった時の衝撃音は本当にすごくて、素晴らしいスポーツです。以前、「オリンピックの後にパラリンピックではなく、パラリンピックを先にしたほうが全体が盛り上がるのでは？」と提案したことがあったのですが、パラリンピック選手から「私たちはオリンピックのセミファイナルじゃありません。パラリンピックはメインイベントですから、どうぞ、オリンピックで盛り上げていただいて、その後に私たちのプレーを見てください」と言われたんです。その時に大変衝撃を受けまして、それだけのプライドをもってやっておられるんだなと。

ラグビーを楽しむ子どもたち

ただ、現実ではまだまだパラリンピックへの関心は薄い。今度の東京オリンピック・パラリンピックの一番の課題は、「一体化」です。そしてむしろパラリンピックを成功させることによって、全体の成功につながると思っています。ですから、パラリンピックの選手がオリンピックの選手と同じように活躍できる、あるいは観客の皆さんが同じように楽しめるようにしたいなと。障がいのある人もない人も、場合によってはお年寄りの方も一緒に生活できる共生社会を作ろうという「ユニバーサルデザインの社会」の実現が、来年の東京オリンピック・パラリンピックの最大のレガシーとなります。そういう意味でも、パラリンピックの成功には力を入れていきたいと思

っています。

Q　未来の日本を背負っていく子どもたちに、ラグビーを通して、一番伝えたいこととは何でしょうか。

五郎丸　ラグビーというのはルールが難しかったりして、指導するとなると、さらに難しい。私も息子が２人いますので、今、ラグビースクールで子どもたちに教えているのですが、非常に難しさを感じています。ただ、ルールは別として、人を思いやる、人を支える、という点においては、他競技と比べても、ラグビーが圧倒的に勝っていると思います。ですから、指導するにあたって、指導者からのトップダウンではなく、できる子たちが、うまくできない子たちをどうフォローしていくのか、そういう観点で指導しています。

増保　指導者が教えることに悩むことよりも、そこまであまり深く考えこまなくてもいいのかなと。というのも、自然といろいろなリーダーが生まれてくるんです。だから「こういう部分を教えてあげよう」と、できる子がうまくできない子を教えていって、最初は成立しなくても、そういうことを繰り返す中で、みんなで少しずつうまくなっていく、その過程を教えていくほうがいいのかなと思います。

増田　思いやりとか、そういうところは非常に大事ですが、ラグビーって関わっている人たちがみんな友だちになれるスポーツなんです。一緒にプレーするだけでなく、チームをマネジメントしたり、それこそ一緒に水を運んだだけで、一緒に試合を観ただけで友だちになれる。そういう不思議な魅力があると思います。そういうことを子どもたちに体験してもらうといいのかなと思います。

遠藤　まずはルールを多少間違ってもいいから、ゲームを楽しむことだろうと思います。スポーツの原点は楽しむことですからね。最初から「ルールがこうだから、こうしなくちゃいけない」では、楽しくないので、まずはとにかく遊びから入っていいのだと思います。

Q　世界のラグビー環境と日本のラグビー環境の違いと、その違いを埋めるための意見を聞かせてください。

遠藤　世界のラグビー環境に関しては五郎丸さんや増田さんがお詳しいと思いますのでお任せ

するとして、日本の環境でいえば、スポーツ施設が不足しているということがあります。私たちが子どもの頃は、広場や空き地があって、どこかに遊び場がありましたよね。でも今は、特に都会ではどこもコンクリートで固められてしまって、いわゆる遊び場という場所が少なくなってしまいました。昔は木登りをしたり、泳いだり、相撲を取ったりして、基本的な運動能力が作れていたと思うのですが、今はそういう環境がないので、子どもたちの基礎的な運動能力が低くなっています。

もう一つの問題は、1種目のスポーツしかやらないこと。スポーツ少年団といっても、結局はサッカーならサッカーだけ。そうすると、キャッチボールができないとなってしまう。アメリカのようにシーズン制や、ヨーロッパ的な地域総合クラブ型というように、子どものうちは複数の競技を経験して、ある段階から得意分野を専門にやる、というようなかたちをつくっていかなければいけないと思っています。そのための施設整備については、それこそスポーツくじなどで財源をつくって取り組んでいかなければいけません。

増田　今、ラグビーもそうですが、スポーツというのは常に進化していて、そのスピードが速い。そういうところが落とし込まれていないのが日本だと思います。今、日本は過渡期だと思いますので、われわれより上の世代の人たちが子どものことを教えなければいけないときに、そこまで落ちてないっていうのがありますが、これからは変わっていくと思います。

増保　(55年続いた全国社会人大会を発展的解消し新たに創設した）トップリーグの方でいえば、リーグ自体は日本は非常に恵まれていますし、いわゆるクラブハウスとか取り巻く環境、コーチングについても、世界と遜色ないと思います。ニュージーランドやオーストラリアから選手が来て、話をしたこともありますし、私自身、ニュージーランドやスーパーラグビーのチームのクラブハウスに行ったことがありますが、日本の施設や人的ソースは、変わらないなと。日本のトップリーグのチームに加入した外国人選手も「ラグビーをするには素晴らしい環境だよ」と言ってくれます。

ただ、先ほど遠藤先生がおっしゃったように、日本ではこれからもっとスポーツをエンターテインメント化していく必要性があると強く感じています。スポーツでしっかりと利益を得ることはとても重要で、それが循環されていく仕組みにしていくと。そういう点では、海外に行くと、見る側の人たちが洗練されているなと感じます。

五郎丸　私は、南半球のオーストラリアに行って、そのあと北半球のフランスに行きましたけれど、国によって全然色が違うんです。日本のラグビーというのは、観戦マナーを含め発祥地であるイングランドのラグビーをベースに考えているのかなと。なので、観戦している人が、ゴールキックを蹴るときに騒いだりすると、結構、皆さんカチンときて、「何しているんだ、おまえ」となりますけど、国が変われば、全くそんなことはないです。ブーイングをしたり、いろんなスタイルがあります。何が言いたいかというと、僕は、日本独自のスタイルをつくるべきだと思います。応援の仕方もそうですし、観戦の仕方もそうです。あまり、ほかがどうだからとか、強豪国がこうだから、こうでなくちゃならないということは全くないと思います。オリジナルのかたちをつくるのが、ベストなのかなと思います。

佐野 本日はラグビーに限らず、スポーツとは何かという本質の部分と、文化をどう醸成していくのかというところ、そして、このラグビーワールドカップ2019を機に、これからスポーツ政策で何が動いていくのかというところまで話していただきました。最後に「皆さんにとってのラグビーとは何か」をひと言頂戴し、締めにしたいと思います。

遠藤 「楽しい」ということに限ります。

増田 「太陽」みたいなものですね。

増保 私をつくってくれた「人生の基盤」です。

五郎丸 「ラグビー」とは、「ラグビー」です。

出光 遠藤さん、増田さん、増保さん、五郎丸さん、コーディネーターの佐野さん、本当にありがとうございました。ラグビーワールドカップ2019への皆様の思いが、必ずや実ることを信じながら、どうぞ、一生に一度の熱戦をつぶさに、間近にご覧いただければと思います。本日は、誠にありがとうございました。

スポーツ 歴史の検証

日本のラグビーを支えた人びと

はじめに

2005年11月。一国の総帥が投じた一石が世界を動かしました。

「One for All, All for One」のラグビー精神のもとに組まれた強力なスクラム。そして協会トップのキャプテンシー。ラグビーを世界中に普及させたいという熱い思いから、日本ラグビーフットボール協会はアジア初となるワールドカップ2011の日本開催を目指していました。

しかし、精力的な招致活動もむなしく、2票差でニュージーランドに敗れました。詳細は本編に譲りますが、そこには決して民主主義とは言えない国際組織のルールがあったのです。そんななか正論を持って世界ラグビー史の流れを変えた人こそ、元内閣総理大臣の森喜朗会長（当時）でした。そして捲土重来、遂に2019年の日本開催が決定するのです。

本書に登場する多くのレジェンドたちの証言が、読む人の想像力を掻き立て、招致活動での「生きたドラマ」を映し出してくれることでしょう。現役引退後も指導者、レフリー、解説者として日本のラグビー界を牽引されてきたレジェンドたち。ラグビーは「社会の縮図」であり、「一生学びの場」であり、「人間形成の総合的要素が詰まっている」と表現されています。そして、口々に語られたのは「ラグビーは人生そのもの」という言葉でした。

元来、ジェントルマンを養成する教育的価値の高いラグビー。12名のインタビューを傍聴し、それ時に「もしラグビーと出会っていたら自分の人生は」と思いを馳せることもありました。

ほど、皆様がラグビー愛に溢れ、ラグビーによって多くのことを学び、豊かな人生を構築されてこられたように感じられました。ワールドカップ２０１９の開幕が間近となった今こそ、レジェンドたちが語るラグビーの価値を広く国民に伝える絶好のタイミングです。

会場となる全国12都市はもちろん、事前キャンプ地やラグビー場を持つ自治体においても、世代を問わずラグビーを学び、その魅力に触れ、観戦を楽しむ機会の提供が望まれます。特に未来を担う子ども・青少年への訴求は重要です。地域事情は異なれ、全国各地で抱える様々な社会的課題。スポーツは人生や社会をプラスの方向へと導き、世界と繋がり、未来を創る力となります。「One for All, All for One」のラグビー精神が一人でも多くの心に響き、日常の行動に結びつけば、課題解決の糸口が見つかると信じています。

本書では数十年に亘る協会の変革や世界ラグビーのプロ化への歴史にも言及しています。読者の皆様には、レジェンドたちの語る時代と情景を想起し、ラグビーに興味を抱き、その魅力に触れていただければ、これに勝る喜びはありません。

終わりに、快くインタビューに対応してくださいました皆様、本事業の趣旨に賛同いただきました全ての皆様に、心より感謝申し上げます。

公益財団法人 笹川スポーツ財団
理事長　渡邉一利

目次

世界と日本のラグビー略歴

年	ラグビー関連	世相
1871 明治4	イングランドでラグビーフットボール協会(ラグビー・フットボール・ユニオン)が創設。 初の国際試合がイングランドとスコットランドの間で行われる	
1883 明治16	初の国際大会であるホーム・ネイションズ・チャンピオンシップ(現・シックス・ネイションズ)が開催	
1886 明治19	国際統括団体である国際ラグビーフットボール評議会(現・ワールドラグビー)創設 イギリス南部のラグビーフットボール協会が北部クラブに対抗し、厳格なアマチュアルールを導入	
1895 明治28	イギリスで北部と南部の対立が激化し、北部クラブ中心に北部ラグビーフットボールユニオン(NRFU)を新たに設立。 これまでのラグビー・フットボール・ユニオンによる競技を「ラグビーユニオン」※、NRFU(のちにラグビー・フットボール・リーグに改称)による競技を「ラグビーリーグ」として分裂した	
1899 明治32	慶應義塾大学の教授でケンブリッジ大学のラグビー選手でもあったクラーク氏と、同大学の選手でもあった田中銀之助が日本で初めてラグビーの指導を開始	
1900 明治33	ラグビーが夏季オリンピックに採用される(1924年のオリンピックで終了)	
1911 明治44	同志社大学でラグビー部が創部される	
1925 大正4	ニュージーランド代表(オールブラックス)が英国、フランス、カナダに遠征。 遠征中無敗を誇り、「The Invincibles(無敵)」の称号を得た	
1918 大正7	早稲田大学でラグビー部が創部される	
1919 大正8	第1回日本フットボール大会(現・全国高等学校大会)開催	
1921 大正10	東京帝国大学(現・東京大学)でラグビー部が創部される	
1922 大正11	京都帝国大学(現・京都大学)でラグビー部が創部される	
1924 大正13	関東ラグビー蹴球協会(現・関東ラグビーフットボール協会)創設	
1926 大正15	西部ラグビー蹴球協会(現・関西ラグビーフットボール協会)創設 日本ラグビーフットボール協会が、関東ラグビーフットボール協会と、関西ラグビーフットボール協会の統一機関として創設	

※ 本書にてご紹介する方々が活躍されたのは、「ラグビーユニオン」になります。

1928 昭和3	高木喜寛氏、日本ラグビーフットボール協会の初代会長に就任 第1回東西対抗ラグビー、甲子園球場にて開催	
1929 昭和4	近鉄花園ラグビー場が完成 全日本学生対全日本OBの試合を、秩父宮両殿下が台覧	
1930 昭和5	ファイブ・ネイションズとは別にラグビーユニオンヨーロピアンカップが始まる。その後、第二次世界大戦で中断されるが、1952年に再開 日本代表、カナダで初の海外遠征を行う(6勝1分)	
1942 昭和17	日本ラグビーフットボール協会、大日本体育大会蹴球部会に位置づけられる	
1945 昭和20		第二次世界大戦が終戦
1947 昭和22	秩父宮殿下、日本ラグビーフットボール協会総裁に就任 九州ラグビー協会(現・九州ラグビーフットボール協会)創設 東京ラグビー場(現・秩父宮ラグビー場)が竣成	日本国憲法が施行
1949 昭和24	第1回全国実業団ラグビー大会開催	
1950 昭和25	第1回新生大学大会開催。「全国大学大会」の名称となる	朝鮮戦争が勃発
1951 昭和26	南米ラグビーチャンピオンシップが開始	安全保障条約を締結
1952 昭和27	全国実業団ラグビー大会、第5回から全国社会人ラグビー大会に改称	
1953 昭和28	田辺九萬三氏、日本ラグビーフットボール協会の2代目会長に就任 東京ラグビー場を秩父宮ラグビー場に改称	
1954 昭和29	初のラグビーリーグ・ワールドカップ(ユニオンも含めて初)がフランスで開催	
1954 昭和30		日本の高度経済成長の開始
1956 昭和31	香山蕃氏、日本ラグビーフットボール協会の3代目会長に就任	
1961 昭和36	第1回NHK杯ラグビー試合(現・日本選手権)開始	
1962 昭和37	秩父宮ラグビー場、国立競技場に移譲	

1963	昭和38	日本代表、戦後初の海外遠征（カナダ）	
1964	昭和39	第1回日本選手権試合開催	東海道新幹線が開業
1965	昭和40	第1回全国大学選手権大会開催	
1968	昭和43	湯川正夫氏、日本ラグビーフットボール協会の4代目会長に就任	
1969	昭和44	1回アジアラグビー大会開催。日本は全勝で優勝	アポロ11号が人類初の月面有人着陸
1970	昭和45	ラグビーリーグ・ワールドカップ（ユニオンも含めて初）が英国で開催 横山通夫氏、日本ラグビーフットボール協会の5代目会長に就任	
1971	昭和46	第1次・高校日本代表のカナダ遠征	
1972	昭和47	椎名時四郎氏、日本ラグビーフットボール協会の6代目会長に就任	
1973	昭和48	全国高校選抜東西対抗試合開始	オイルショックが始まる
1976	昭和51	ニュージーランド代表（オールブラックス）が南アフリカに遠征。当時、南アフリカとのスポーツ交流は国際オリンピック委員会（IOC）に禁じられており、ニュージーランドの遠征に抗議して28か国が1976年モントリオールオリンピックをボイコット	ロッキード事件が表面化
1978	昭和53		日中平和友好条約を調印
1979	昭和54	阿部譲氏、日本ラグビーフットボール協会の7代目会長に就任	
1982	昭和57	代表キャップ制度を発足	東北、上越新幹線が開業
1987	昭和62	第1回ワールドカップが開催（オーストラリア・ニュージーランドの共同開催）以後、第7回大会まで日本代表チームは連続出場を果たす	
1990	平成2	磯田一郎氏、日本ラグビーフットボール協会の8代目会長に就任	
1992	平成4	川越藤一郎氏、日本ラグビーフットボール協会の9代目会長に就任	
1993	平成5	第1回ジャパンセブンズ開催	
1995	平成7	金野滋氏、日本ラグビーフットボール協会の10代目会長に就任	阪神・淡路大震災が発生

1997 平成9		香港が中国に返還される
1998 平成10	コモンウェルスゲームズおよびアジア競技大会においてラグビーセブンズ競技が始まる	
2000 平成12	IRBワールドセブンズシリーズ日本大会開催	
2001 平成13	町井徹郎氏、日本ラグビーフットボール協会の11代目会長に就任	
2002 平成14	女子ラグビーが日本ラグビーフットボール協会に加入 女子ラグビーは、第4回女子ワールドカップに初参加	
2003 平成15	オーストラリアで第5回ワールドカップが開催 ジャパンラグビー トップリーグが社会人12チームで開幕	
2005 平成17	森喜朗氏、日本ラグビーフットボール協会の12代目会長に就任	
2006 平成18	ジャパンラグビートップリーグチーム数は12チームから14チームへ増加	
2007 平成19	フランス、スコットランド、ウェールズで第6回ワールドカップが開催	
2008 平成20		リーマンショックが起こる
2009 平成21	U20世界ラグビー選手権（IRBジュニアワールドチャンピオンシップ2009）開催 2019年ラグビーワールドカップが日本で開催決定	
2010 平成22	2019年ラグビーワールドカップ日本開催組織委員会の設立準備を開始	
2011 平成23	ニュージーランドで第7回ワールドカップが開催	東日本大震災が発生
2013 平成25	日本ラグビーフットボール協会が公益財団法人へ移行	
2015 平成27	イングランドで第8回ワールドカップが開催 岡村正氏、日本ラグビーフットボール協会の13代目会長に就任	
2016 平成28	リオデジャネイロオリンピック・パラリンピック開催 7人制ラグビーが正式種目として実施	
2019 令和元	森重隆氏、日本ラグビーフットボール協会の14代目会長に就任	

インタビュアー
佐野慎輔

産経新聞客員論説委員。笹川スポーツ財団理事、上席特別研究員。報知新聞社を経て産経新聞社入社。シドニー支局長、外信部次長、編集局次長兼運動部長、サンケイスポーツ代表、産経新聞社取締役等を歴任し、現職。スポーツ記者歴30年間以上、野球とオリンピックを各15年間担当。日本オリンピック・アカデミー理事、野球殿堂競技者表彰委員。東京オリンピック・パラリンピック競技大会組織委員会メディア委員。

ライター
斎藤寿子

新潟県出身。大学卒業後、業界紙、編集プロダクションを経て、2006年よりスタッフライターとしてスポーツ専門Webサイトで記事を執筆。主に野球、バレーボール、テニスを担当。2011年より取材を始めた障がい者スポーツでは、パラリンピックやアジアパラ競技大会、各競技の国内外の大会を取材。2015年よりフリーライターとして活動している。

第1章

世界が認めた東洋一のレジェンド

坂田好弘

sakata yoshihiro

15歳の時、偶然の出合いで知り、ひと目で魅了されて始めたラグビーで、日本を代表するトッププレーヤーに上り詰めた坂田好弘氏。大学、社会人時代には何度も日本一を経験しました。日本代表として行ったニュージーランド遠征ではオールブラックス・ジュニア相手に４トライを挙げ、歴史的勝利の立役者となります。その実力はオールブラックス入りを切望されるほどのもので、「世界のサカタ」として名を馳せました。2012年には東洋人として初めてラグビー殿堂入りを果たした坂田氏に、“ラグビー人生”を語っていただきました。

坂田好弘（さかた・よしひろ）1942年生まれ。高校からラグビーをはじめ、19歳で日本代表に初選出。1968年、日本代表として参加したニュージーランド遠征でオールブラックス・ジュニア相手に4トライをきめて大金星をあげる。引退後は大阪体育大学ラグビー部監督に就任。2012年、ラグビー殿堂入りを果たす。現在は関西ラグビーフットボール協会会長を務める。

聞き手／佐野慎輔　　文／斉藤寿子　　構成・写真／坂田好弘、フォート・キシモト
取材日／2018年8月30日

始まりは合格発表の日の運命的な出合い

――坂田さんはまさに〝日本ラグビー界の神さま〟的存在なわけですが、ラグビーを始めたきっかけは何だったのでしょうか？

　私がラグビーを始めたのは高校生からなのですが、出合いは本当に偶然でした。中学時代、柔道に夢中になっていた私にとって、ラグビーというスポーツはそれまで見たことも聞いたこともなかったんです。初めて目にしたのは、高校の合格発表の日でした。その日、合否を確認に高校に行ったのですが、体育館に貼り出されたのを見て「よし、合格したぞ」と。その時に、ふとグラウンドの方に目を向けると、ラグビー部が練習をしていたんです。その時に初めて目にしたラグビーに衝撃を受けました。それまでやっていた狭い道場での柔道とは違って、あんなに広々としたグラウンドを思い切り走り回るスポーツがあるとは……と。それで、すぐにラグビーをやろうと決めまして、その足でラグビー部の部室に行って「入部したい」と告げました。すぐに「入れ入れ」と大歓迎されまして、もうその場で入部が決まったんです。もしその時ラグビー部が練習をしていなかったら、おそらく柔道を続けていたと思います。そしたらまったく違う人生を歩んでいたでしょうね。そういう意味でも、私がラグビーを始めたのは本当に偶然だったんです。

――中学時代は柔道をされていたということですが、成績はいかがだったのでしょうか？

自分で言うのもなんですが、結構強かったんですよ。京都府の大会では個人で準優勝するくらいでした。中学3年生の春には初段も取っていまして、当時、京都府内で黒帯を持っている中学生は5人ほどしかいなかったと思います。第一志望として自宅近くにある洛北《らくほく》高校（京都府）を受験したのですが、柔道も大好きでしたから、もし洛北高校の受験に落ちていたら、おそらく私学の柔道の強い高校に行っていたと思います。

――それまで夢中になっていて、しかも黒帯まで取っていた柔道からラグビーへの転向に、周囲の反対やご自身の迷いはなかったのでしょうか？

まったくなかったですね。今でしたらスカウトが来て、どこどこの高校にと勧誘があったとは思うのですが、当時はそういうものがまったくありませんでしたから、自分でもあっさりとラグビーへの転向を決めました。

――実は、坂田さんのご出身の京都というのはラグビーが一気に広がっていった地域でもあり

京都下鴨神社内にある「第一蹴の地」顕彰碑

ますよね。公式的な日本ラグビーの始まりは慶應義塾大学ですが、一方で戦後すぐに京都では学校対抗戦が行われ、盛んになっていったという歴史があります。

　はい、そうなんです。日本でのラグビーは、１８９９年に慶應義塾大学に赴任したイギリス人の英語教師、エドワード・Ｂ・クラーク氏が紹介したのが始まりとされています。現在の慶大ラグビー部の前身である慶應義塾《けいおうぎじゅく》體育會《たいいくかい》蹴球部《しゅうきゅうぶ》が設立されたわけですが、慶應義塾大学には京都出身の学生もいて、その学生が帰省した際に、京都大学の前身である旧制第三高校の学生にラグビーを教えたんです。それが１９１０年でした。翌１９１１年には三高にも正式にラグビーが発足したんです。そして、その三高に続いて、旧制同志社中学校（現・同志社高校）、旧制京都府第一中学校（現・洛北高）、京都市立第一商業学校（現・西京高校）……というふうに、京都府内で瞬く間にラグビーが広がっていったんです。

――つまり、発祥は慶應義塾大学にありますが、発展という意味では京都だったということですね。

その通りです。私の自宅のすぐ近くにある下鴨神社には三高の学生が初めてラグビーというスポーツに触れた地としてラグビーの神さまを祀る「雑太社《さわたしゃ》」が昨年再興されまして、すぐ隣には「第一蹴の地」と刻まれた石碑があります。

――坂田さんは、まさにラグビーの聖地で育って、そのままラグビーの神さまに導かれていったということになりますね。

そうかもしれませんね。本当にラグビーとの出合いは、偶然の重なりからでしたからね。

坂田好弘氏（取材当日）

入部1週間での初試合初トライ

――坂田さんにとって、まず最初に大きな影響を受けたのは、やはり洛北高校の池田実監督だったのでしょうか？

はい、そうです。池田先生からラグビーというスポーツを一から教えていただき、3年連続で全国大会や国民体育大会に出場するという幸運にも恵まれました。当時の洛北高校は、近畿ではほとんど負けたことがないというほどの強豪でした。

――どんな練習をされていたのでしょう。特別な練習などはありましたか？

いやあ、特別な練習はしていなかったと思いますよ。池田先生から細かいことを教わった記憶もありませんし、しごかれたということもなかったですからね。非常に自由な雰囲気でラグビーをさせてもらっていました。練習中、池田先生はグラウンド脇の楠の傘の下に立っておられて、じっと見ているんです。それで練習が終わると、ひと言、ふた言おっしゃるだけでした。

――その少ない言葉のなかで、印象的だったことはありましたか？

坂田氏の思い出が詰まった京都の自宅のミニラグビー博物館

入部して1週間後、まだルールさえまともにわからない状態の中、「明日、試合だからな」と言われたんです。それで池田先生に「ラグビーって、どうすればいいんですか？」と質問したところ、先生が教えてくれたのは、2つのことでした。「ボールを持ったら走れ」そして「ボールを持っている選手をつかまえろ」と。

――入部してすぐに試合に出て、動けたりするものでしょうか？

相手は同志社大学の2軍チームだったのですが、その試合で初トライを挙げました。その時から、すでにウイングだったのですが、なにせルールがよくわかっていなかったので、ポジションの意味も理解していませんでした。でも、味方の選手がポンと蹴ったボールが私の目の前に転がってきたので、私は走ってそのボールを受けたんです。「ボールを持ったら走れ」という池田先生の教え通り、私はとにかく一生懸命走りました。そしたら後ろから味方の「押さえろ、押さえろ」という声が聞こえてきて、倒れながらボールをグラウンドに押さえたんですが、それがトライだったんです。自分では何をしたのか、全然わかっていませんでした（笑）。ただ、17年間の現役生活でおそらく700トライほどしていると思うのですが、今でもあの初トライのことは鮮明に覚えています。

――最初からウイングに抜擢されたということは、もともと足が速かったんですね。

はい、走るのは子どものころから得意でした。中学時代も柔道部でしたが、陸上の大会に駆り出されて、短距離や走高跳に出たりしていたんです。

――近畿では負けなしだったわけですが、全国ではどのくらいまで勝ち進んだのでしょうか？

だいたいベスト8くらいまではいつも勝ち進んでいましたね。

――それほど高いレベルでやっていたら、やはり自然と大学でもラグビーを続けようと思ったわけですね？

そうですね。ただ今のように、どこの高校を出て、どこの大学に入るみたいなものはありませんでしたから、まあ、成り行きに任せてというところが大きかったかと思います。高校3年生の時に進学を決める際、たまたま同志社大学からスポーツ推薦でのお声がけをいただきまして、自宅のすぐ近くでしたから、「いいかな」と。それで受験したのですが、高校の先生方は「無理だろう」と思っていたみたいで、「受かりました」と言ったら「本当か⁉」と何度も聞かれました（笑）。

「イン・アンド・アウト」習得のカギとなった恩師の訓え

――当時の大学ラグビー界は、早稲田大学、慶應義塾大学、明治大学の関東勢に、関西でダントツの同志社大学の4大学がしのぎを削るというかたちでした。それこそ同志社大学は関西で唯一無二の強豪校でした。当時は岡仁詩監督でしたが、どんな指導でしたか？

高校時代の池田先生とはまた違って、岡先生は細かい組み立てを指導する理論派の方でした。どちらかというと高校時代は本能でやっていましたが、大学ではきちんとした戦略を立てたラグビーでした。

――当時の「同志社ラグビー」というのは、どういうスタイルだったのでしょうか？

選手一人ひとりが考えながらラグビーをしていたということと、戦術・戦略的には世界のラグビーについての研究が進んでいました。岡先生の恩師は星名秦先生という方で、京都大学ラグビー部出身で１９２８年に京大が全国制覇した時のキャプテンでした。岡先生は、星名先生が同志社大学の監督だった時の教え子だったんです。その星名先生の理論的なラグビーを岡先生が継承して、私たちを指導してくださったのですが、当時から世界のラグビーの研究は非常に進んでいました。イングランドやオーストラリア、南アフリカといったラグビーの強豪チームの理論を持ち込み、国内では進んだラグビーをしていたと思います。

――パスワークでスピーディに展開する「横の早稲田」、フォワードを重視して突進していく「縦の明治」と言われましたが、同志社大はどのように表現できましたでしょうか？

ひと言で言うと、「自由奔放」ですね。ベースには理論的な戦術がありましたが、最終的には自由なスタイルでのラグビーだったと思います。なかでもフォワードの強さは圧倒的でした。スクラムはどこにも負けませんでしたし、よくスクラムトライを決めていました。

――練習は厳しかったと思いますが、思い出に残っていることはありますか？

今でも覚えているのは、1年生の時の夏合宿です。長野県の菅平高原で行われていたのですが、チーム内での紅白戦をやるんですけども、その練習試合で私が4年生のキャプテンをハンドオフ（相手をつき離す）しながら独走してトライをしたんですね。自分では「これはナイストライだ！」と思って褒められるかと思っていたら、岡先生にこっぴどく叱られたんです。「坂田、ウイングというのは真っすぐ走るもんや！　逃げながら走ってどないするんや！」と。でも、私としてはハンドオフするのも、かわすのも技の一つだと思っていましたので「何を言われているんだろうなぁ」と理解できませんでした。

――ウイングというのは「真っすぐ走る」というよりも、相手をかわしながら「走り抜ける」という気がするのですが……。

そうですよね。私もそう思っていました。それで、何年後かに改めて岡先生に真意を聞いたことがあるのですが、その時は「そんなこと言ったかな？」と忘れられていました（笑）。でも、後に「あれは大きなヒントになったな」と思いました。なぜかというと、自分よりも大きな体格の海外勢相手には、そんなまともにハンドオフしたり、かわすなんて技術は通用しなかったでしょうからね。だから、大学の時に「真っすぐ走る」ということを念頭に置いたプレーをしたことは大きかったと思います。もちろん、単に真っすぐ走れば、そのまま相手に正面衝突してしまいますので、そうではなくて、相手のちょっと内側に入って、相手がそれに反応してバランスを崩した隙に真っすぐに走るんですね。そうすると、当たり負けしないんです。「イン・アンド・アウト」という技術で、練習で何度も失敗しながら3年くらいかけて完成させたのですが、これは岡先生の言葉を受けて「真っすぐに走るにはどうすればいいかな」と考えたからこそ身に付けられたものだったと思います。この技術があったのとないのとでは、私のラグビー人生は大きく変わっていたと思いますね。

決勝での戦いに備えられた夏合宿

――大学1年生、3年生の時には、日本選手権（1年生時は「NHK杯争奪ラグビー大会」。1963年に「日本選手権」となる）社会人チームの近畿日本鉄道（近鉄）を破って2度も日本一になりました。今では、大学と社会人とでは力の差が大きく、大学が勝つことは考えられなくなってしまいました。当時と何が違ってきているのでしょうか？

当時の社会人チームというのは、まだ選手層が薄かったと思うんです。しかしその後、大学を卒業した優秀な選手がどんどん社会人チームに上がっていくことで、大学チームが勝てなくなっていったのではないでしょうか。

――ちょうど坂田さんが大学を卒業するころに、社会人チームが強くなっていったということなんでしょうね。

そうだと思います。私が社会人になってからは、大学には負けなくなっていきましたね。

――坂田さんは、大学卒業後は近鉄に入社されて、そこでも活躍されました。近鉄に入社したのはどういうきっかけだったのでしょうか？

実は大学で2度も日本一になっていましたから、「もうラグビーはいいや」と思っていたんです。自由とは言っても、当時の同志社大学には日本一にならなければいけないというプレッシャーが常にありましたから、そのなかで4年間がんばったわけですし、社会人になってまでラグビーはいいなと。それで、どこかで子どもたちにのんびりとラグビーを教えられたらな、くらいに思っていたんです。そしたら、東京の企業から声をかけてもらいまして、簡単に「行きます」と返事をしたところ、そのあとで大学のＯＢから近鉄への話をいただいたんです。「もう東京の企業に『行きます』と返事をしてしまいました」と正直に言いましたら「それは私が

近鉄と早稲田大学で争われた日本選手権で優勝、引退に花を添えた

なんとかするから」と。それで近鉄に行くことになったのですが、当時の近鉄は強かったですから、入るからには覚悟を決めてラグビーをやろうと思いました。ところが入社してみたら、ラグビーで採用されたかどうかなんてお構いなしに、ちゃんと仕事をさせられるわけです。ほかの社員と同じように、1年間研修がありまして、経理から鉄道の仕事まですべての部署をまわりました。最初は駅舎の掃除から始まって、それから車掌というふうになっていき、最後は運転手までやりました。それから正式に配属先が決まり、私は駅務につきました。

――そうした通常勤務をしながらラグビーの練習もされていたんですか？

はい、そうです。だから大変でしたよ。鉄道会社は宿直の日がありますから、その日は練習することができないんです。ですから、2日に1回くらいしか練習することができませんでした。しかも、その練習がまた厳しくて、花園ラグビー場（大阪府）から生駒の山を登らされたりしました。本当に「もう、なんやねん」と思いましたよ。これだけ仕事をやらされて、山まで登らされて。「こんなチームが日本一になるはずがない」と。そしたら入社2年目、3年目に全国社会人大会で連覇したんです。

――合宿も、相当厳しかったのではないですか？

夏と冬に合宿をするのですが、夏の合宿では花園ラグビー場のスタンドの下で寝るんです。西日があたるところに大広間がありまして、もうサウナにいるようなものでした。そこで大汗をかきながら寝るんです。それも昼間は通常通り仕事をしていますからね。疲れた体に鞭を打って練習をして、それでそんな蒸し風呂状態のところで寝させられて……。暑くて寝られないからと布団に水をかけていた後輩もいました。

――当時は、社会人チームはどこも同じような厳しさがあったのでしょうか？

今と比べたら、そうだったと思いますね。ただ、お盆休みなんかに合宿をするとなると、だいたい涼しい避暑地に行ったりしてやっていました。ところが、近鉄だけはわざわざ暑いところでやるわけです。入社した1年目の時は「この会社はなんなんだ？　涼しいところで効率的に練習した方が、絶対に力がつくのに」と思っていました。でも、全国社会人大会を迎えた時にその練習の意図がようやくわかったんです。当時は1月2、4、6、8日と1日おきに試合が行われていて、もう最後の決勝の時には疲労困憊で何も考えられなくなるんです。試合前にトイレに行くことも人から確認されないと忘れたりしてね。それくらい頭が朦朧とする中で試合をしなければいけなかった。だから頭で考えてプレーなんかできないんです。もう本能で動くしかない。その時に理屈の通らない厳しい夏合宿の成果が出るんです。頭が働かなくても、体が動くようになっていたんですね。その時に初めて「そうか、この時のためにあの合宿があったのか」と。

――近鉄は最初から全国大会の決勝のことを考えていたというわけですね。

当時の近鉄はそうでしたね。すべては決勝のことを考えての準備だったんです。どれだけくたくたに体が疲れた状態でも、無意識でプレーできるようにしていたんです。

NZを震撼させた大番狂わせの快挙

――坂田さんは、大学時代にはすでに日本代表にも選ばれていました。

初めて代表に呼ばれたのは、19歳、大学2年生の時でした。フランスのチームとの試合だったのですが、その時は先輩に明治大学出身の宮井国夫さんという素晴らしいウイングがいましたので、試合には出場できませんでした。

――社会人時代の1968年には、名将の大西鐵之祐監督のもと、オールブラックス・ジュニアに23対19で勝利するという快挙を成し遂げられました。

初めてニュージーランドのラグビーに触れたのは、私が大学4年生の時でした。現役学生と社会人のOBの混合で「オール同志社」として、来日したカンタベリー大学と交流試合をしたんです。その時に結構いい試合をしまして、それでカンタベリー大学が翌年に、今度は私たちをニュージーランドに招待してくれたんです。それでカンタベリー大学やリンカーン大学などと対戦しました。その時に感じたのは、「ラグビー選手って、試合が終われば、こんなにフレンドリーになれるんだな」ということでした。アフターマッチファンクションがあったのです

カンタベリー大学VS全同志社大学の試合後、カンタベリー大学の選手に肩車される

が、ほとんど言葉も通じないのに、それでも「こんなに世界にはラグビー仲間がたくさんいるんだ」と思えたんです。その2年後に、今度は日本代表としてニュージーランド遠征に行きまして、オールブラックス・ジュニアと対戦しました。

――当時は、海外のラグビーについて日本では知られていたのでしょうか？

いやあ、おそらくほとんど何も情報はなかったと思いますよ。私が1969年に「ニュージーランドに留学する」と言ったら、近鉄のご年配の先輩は「ニューギニアか？」と言っていたくらいでしたから、ニュージーランドについては何も知識がなかったと思います。ですから、私たちもオールブラックス・ジュニアがどれだけ強くて、どれだけ価値ある対戦なのか、ほとんどわかっていませんでした。

――実際、オールブラックス・ジュニア※との試合は、どんなものだったのでしょうか？

これは、日本の作戦勝ちでしたね。フォワード勝負では絶対的に不利ですから、スクラムを組んだ瞬間にボールを入れるんですよ。それですぐにフッカーがかきだしたら、ダイレクトにパスを出すんです。その時、相手はまだ一生懸命スクラムを押しているわけです。それでフルバックがスーッとラインに入ってきて、裏に抜けてトライを決めると。日本のメンバーの平均身長は172センチ、平均体重は72.5キロでした。一方、相手は平均で185センチに90キロという感じでしたから、まさに大人と子どものようなものでしたよ。そんな小さな日本人のチームが大きなオールブラックス・ジュニアに勝ったわけですから、相手も相当驚いたと思います。

坂田氏が4トライを決めたニュージーランド遠征時のオールブラックス・ジュニア戦（1968年）

――その作戦を考えられたのは、大西監督だったんですね？

※ オールブラックス・ジュニアとは、「オールブラックス」とは別に、23歳以下の選手で構成されたニュージーランド代表のことをさす。

大西理論を導入し早稲田大学監督、日本代表監督を務めた大西鐵之祐

はい、そうです。大西さんは、ずっとニュージーランドの強いところ、弱いところを研究していて、それがオールブラックス・ジュニアの試合で花開いたという感じでしたね。実はこのあと、何度も日本ラグビー協会から当時のビデオが欲しいと頼んだのですが、結局手元には届きませんでした。

――撮影されていなかったのでしょうか？

それは絶対にありません。私たちは試合後にホテルでビデオを観ていますし、同じ時期にフランスとのテストマッチのビデオもしっかり残っていますから、アジアとの珍しい一戦を残していないわけがないんです。しかし、ニュージーランドとしてはまさかアジアの日本に負けるとは思っていなかったと思うんですね。ですから、相当な屈辱だったはずです。試合後のアフターマッチファンクション※は異様な雰囲気でした。ふつうは海外の選手たちはみんなお酒を飲んで陽気に騒ぐのに、その時だけはシーンと静まり返っていたんです。ですから、ビデオを渡してくれなかったのも、そんな屈辱的な試合はお蔵入りしたかったんじゃないかなと。

——日本にとっては歴史的快挙だったわけですが、その試合で坂田さんは4トライを挙げました。

当時はオールブラックス・ジュニア相手に4トライを挙げたことが、どれだけすごいことかは全然わかっていませんでした。相手は「とんでもない奴だ」と思っていたかもしれませんが、私自身は単にいつも通りトライしただけのことでしたから。

オールブラックス入りを切望された実力

——その試合の活躍がきっかけで、カンタベリー大学から声がかかったのでしょうか？

いえいえ、希望したのは私の方でした。ニュージーランドのラグビーと触れ合う中で、「こ

※ アフターマッチファンクションとは、試合了後に両チーム選手・スタッフ・レフリー・協会関係者が一同に集い、軽食や飲物を摂りながら交流を深めるイベント。そこでは敵・味方なく、お互いの健闘をたたえ合う。

こでやってみたいな」と思ったんです。楽しいというのもありましたし、自分の技がどこまで通用するか試してみたくなったんですね。オールブラックス・ジュニアとの試合後には、オークランド大学やヴィクトリア大学との交流試合がありまして、その時に当時の団長だった金野滋さんに「ニュージーランドでラグビーをしたいので、一度、話をしてもらえないでしょうか？」と頼み込んだんです。そしたら、「これは代表の遠征だから、個人のことはできない」と。その代わり金野さんが代表チームについていてくれていた世話役の人に話をしてくれまして、その人がちょうどヴィクトリア大学のOBで、早速面接に連れて行ってくれたんです。それで遠征を終えて帰国した後に、私がニュージーランドに留学に来る、と現地の新聞に載りまして、それを日本人の駐在員が日本に送ってきてくれました。それがサンケイスポーツに大きく出たわけです。

――近鉄は承諾したんですか？

最初は、怒られました。「何も聞いてないぞ！　勝手なことをするんじゃない！」と。当然ですよね。ただ、運よく南半球だったので、シーズンの時期が重ならないことが幸いしました。日本のシーズンが終わってからニュージーランドに行けばいいということになって、「無給休暇」というかたちで許可を得ました。

単身でニュージーランドに渡り、カンタベリー州代表としてプレー

――ということは、自費留学だったわけですよね。費用を工面するのは大変だったのではないでしょうか？

はい、とても苦労しました。親戚を駆けまわって借金をして行ったんです。私が入ったのは、カンタベリー大学のラグビーチーム。向こうは大学生でなくてもOBや私のような部外者でも入れるオープンチームなんです。当時、カンタベリー大学には16軍まであって、1軍は他のクラブの1軍と試合をし、2軍は他のクラブの2軍と試合をするといったように、それぞれのレベルと目的に見合ったチームで試合をすることができました。試合が終わってお酒を飲む楽しみなどはどのチームにもありました。

ニュージーランドで「1969年度年間最優秀5選手」に選出される

ニュージーランド大学選抜に選ばれた際に着用したユニフォーム

日本のように1チームに100人も置いて、ほとんどの選手が試合に出られないで終わるなんてことはないんですね。試合のために練習をするというのが基本的な考え方。試合に出る楽しみもないのに練習だけするなんていうことは考えられないんです。それは、とてもいいなあと思いました。だから私は大阪体育大学の監督時代には、関西大学リーグに2軍リーグ、3軍リーグまで作って、それぞれ試合を組むようなシステムにしました。

――そのニュージーランド留学時代には、ニュージーランド大学選抜や、世界各国から優秀な選手を集めて編成されるバーバリアンズにも選ばれました。翌年にはニュージーランド代表として南アフリカ遠征メンバー候補にも挙げられ、オールブラックス入り寸前までいきました。

私としては、特別に活躍したという実感はなかったんです。でも、現地の人たちの評価は、私が思っていたよりも高かったかもしれませんね。27試合に出場して30トライを決めたのですが、それはカンタベリー州の中では戦後の新記録でした。そんなことを小さな日本人がやってのけたわけですから、衝撃的だったと思います。それで1年の留学を終えて帰国するという時に、もう1年残って、ニュージーランド代表として南アフリカ遠征に行ってほしいと言われました。今だったらどんなことをしてでも残っていたと思いますが、当時はそれがどれほどすごいことなのかを理解していませんでした。それに、日本語は通じない、日本食は食べられない、日本人がひとりもいない環境から早く抜け出して、日本に帰りたいという気持ちでいっぱいでした。

就任5年目に訪れた指導者としての転機

――1975年1月の日本選手権を最後に現役を引退され、近鉄も退社されました。その後、指導者となるわけですが、やはりそれまで指導を受けた方々の影響はあったのでしょうか？

高校、大学、社会人、日本代表と多くの方々の指導を受けてきたわけですが、実際自分が指導者になった時には、誰の影響も受けることなく、「坂田好弘」独自の考えで指導しました。それも、5年、10年、15年と年数を重ねるにつれて、その指導方法は変わっていきました。私は高校から数えて17年間現役生活を送った後に引退して、2年間の空白の時間を経て大阪体育大学ラグビー部の監督に就任したのですが、その時にまず最初に頭にあったのは、「関西で優勝すること」でした。当時、まだ学生たちは本気で関西一のチームになるなんて思ってもいなかったでしょうけれど、自分が経験してきた同志社大学や近鉄での厳しい練習をかけあわせたメニューをこなせば、実現すると信じていました。ですから練習の厳しさだけはどこよりも負けていませんでした。ところが、実際の試合ではなかなか勝てなかったんです。それでも自分もやってきたんだから、厳しい練習さえすれば絶対に勝てるようになると信じていたんです。でも、選手は疲れるばかりで、試合ではまったく勝てませんでした。

――あの時代の坂田さんだったからできたけれど、誰でもできることではなかったということですね。

そうなんです。でも、それが最初はわかりませんでした。だから「まだやれる、まだやれる」

大阪体育大学監督としてのラストゲーム。大学選手権の早稲田大学戦。
両チームから花道で送られる。

と。練習が終わって、選手が少しでも元気そうにしていると、不満に思えて「まだまだ練習量が足りないんだな」と。ですから、試合に負けると、原因は練習量が不足しているか、もしくは選手が悪いとしか考えられませんでした。あの時は、「もっと練習するぞ」と押しつけでしかありませんでしたね。今ではわかるのですが、練習して逆に下手になる練習はいくらでもあるんです。

――「下手になる練習」とはどういうことでしょうか？

練習というのは、いい形を体に覚えさせるからこそ成果が出るんです。でも、それを形はいい加減で、ただ長時間やればいいという練習では、どんどん下手になります。

体が元気な時の形と、くたくたの時の形では、全然違いますからね。それをくたくたの時の悪い形のまま繰り返し練習すれば、その形で体が覚えてしまうわけです。でも、そのことに気づいたのは、相当後になってからのことでした。

――それからは、指導方法は変わりましたか？

就任5年目の時、選手が試合中に相手と衝突して血を流してグラウンドに倒れたんです。その時、私はラグビーでは流血なんてよくあることだからと、「放り出せ！」と言いました。すると、隣に座っていたのが、私を学生時代から見てくれていた新聞記者だったのですが、その記者が「坂田！　今何て言った？　放り出せ、はないだろう！」とものすごい剣幕で怒りだしたんです。その時、私は「何を言ってるんだ？」としか思いませんでした。当時は当たり前のことでしたからね。でも、試合が終わってから少し考えた時に「そうだよな。試合をやっている選手は痛い目に遭って苦しんでいるのに、『放り出せ』なんて言う監督ってどうなんだろう？」と思ったんです。逆の立場だったらどうかなと考えた時に、自分が選手で倒れて「放り出せ！」と言われたら、そんな監督のことは絶対に信用しないなと。その時に初めて「そうだ、やっているのも痛い目に遭っているのも選手なんだ」と気づきました。それを機に、考えがガラリと変わりました。

――それからは、どのような指導をされるようになったのでしょうか？

選手に練習メニューを考えさせるようにしたんです。そしたらメニュー自体は、私がやらせていたものと、ほとんど変わりませんでした。要はやらされているものなのか、自分たちで考えて納得したものかどうか、ということだったんです。でも、その違いは非常に大きかった。エネルギーの創出量がまるで違ったんです。選手たちから発する言葉も変わっていきました。同じ厳しいメニューのはずなのに、それまで私が「やれ」だったのが、自分たちから「やろう！頑張ろう！」と言い始めたんです。

――一歩引いて、視野を広げて見るようになったということでしょうか？

はい、おっしゃる通りです。大阪体育大学が強くなっていったのは、それからでした。結局、36年間、指導者をしましたけれども、最終的に行き着いたのは「選手がいてこその自分だったな」と。選手たちから学ぶことはたくさんありました。指導者が上とかではないんですよね。最後は人間同士の付き合いなわけです。

最重要課題は子どものやる気に応える環境づくり

――さて、来年はアジアでは初開催となるラグビーW杯があります。そこでラグビー文化を日本に根付かせていくことが大切になると思いますが、いかがでしょうか。

正直申し上げますと、今の段階では、非常に難しいなと思ってしまいます。もちろん、予定通りに大会が開催されて、試合もスムーズに行われることでしょう。しかし、それで果たしてラグビー文化が根付くかというと、どうかなと。ラグビーの本場と言われる、イングランド、ニュージーランド、オーストラリアというのは、生活の中の一部としてラグビーが溶け込んでいるんですよね。ところが日本では、例えばW杯を観た子どもが「ラグビーをしたい」と思った時に、すぐに始められる環境があるかというとないわけです。私の自宅の目の前にも、小学校の校庭や公園がありますが、そこに芝生がしかれていて、自由に裸足で駆け回れたり、転げ回ったりできるようになっていれば、ラグビーに限らず、子どもたちがスポーツを始める土壌になると思うのですが、実際はそうではありません。それと拠点となる地域に密着したクラブも少ないですよね。まずはそういう部分での環境を整備していかないと、本当の意味でのスポーツの楽しさ、体を動かす楽しさを、子どもたちに伝えることはできないと思います。

――今、日本のスポーツ界ではさまざまな問題が噴出しています。特に次世代のことを考えると、課題は山積しているわけですが、ラグビー界はいかがでしょうか？

私が高校でラグビーを始めて約60年が経ちますが、当時ラグビー競技場と呼べたのは東京の秩父宮ラグビー場、大阪の花園ラグビー場、名古屋の瑞穂ラグビー場の3カ所でした。それが60年経った今、どれだけ増えたかというと、ほとんど変わっていません。そういう中でW杯が開催されるわけです。サッカーは２００２年にW杯を開催したのを機に競技場が増えて、その後はJリーグで使用されています。一方、来年のラグビーW杯では12会場中9会場が２００２年の時に使用したサッカー競技場なわけです。そして、W杯が終われば、再びサッカー競技場に戻るわけですよね。本来は逆にならなければいけなかったと思います。9会場は新設したラグビー競技場で、残り3会場はサッカー競技場を借りましたと。そうすれば、9会場はW杯後もラグビーに使われるわけです。とにかくやる環境がなければ、スポーツは発展しません。

――そんな状況のなかで、W杯が開催されるわけですが、W杯が終わったあとのビジョンをどう描くかということが重要ではないでしょうか。

私もそう思います。今回、約90の自治体が参加国の事前キャンプ地に手を挙げてくれました。

ということは、それだけラグビーができる環境があります、ということですよね。そのうち59の自治体が内定したと。落選した30の自治体は何か不備があったのかもしれませんが、それを例えば日本ラグビー協会が支援の手を差し伸べて、ラグビーができる環境の確保をすれば、それだけで違うのではないかと思うんです。そうして、W杯が終わった時に「ラグビーをやりたい！」という子どもが出てきた時に、それぞれの地域のラグビー場を紹介できるようにすれば、広がっていきますよね。そういう子どもたちこそが、W杯開催の最大の財産になると思います。

――坂田さんは2012年に東洋人として初めて国際ラグビー評議会（IRB）のラグビー殿堂入りを果たされています。そのような立場も含め、坂田さんにとって〝ラグビー〟とはどのような存在でしょうか、お聞かせ下さい。

ラグビーから数え切れない多くのことを学びました。いわば私にとって人生の師匠のような存在です。ですから、今でもラグビーから離れることはきないんです。

IRB（国際ラグビー評議会）の「ラグビー殿堂」に日本人初、世界で51人目に選出される

坂田好弘氏　略歴

	ラグビー関連・世相	坂田氏略歴
1942 昭和17	日本ラグビーフットボール協会、大日本体育大会蹴球部会に位置づけられる	坂田好弘氏、大阪府に生まれる
1945 昭和20	第二次世界大戦が終戦	
1947 昭和22	秩父宮雍仁さま、日本ラグビーフットボール協会総裁に就任 九州ラグビー協会（現・九州ラグビーフットボール協会）創設 東京ラグビー場（現・秩父宮ラグビー場）が竣成 日本国憲法が施行	
1949 昭和24	第1回全国実業団ラグビー大会開催	
1950 昭和25	第1回新生大学大会開催。「全国大学大会」の名称となる 朝鮮戦争が勃発	
1951 昭和26	安全保障条約を締結	
1952 昭和27	全国実業団ラグビー大会、第5回から全国社会人ラグビー大会に改称	
1953 昭和28	田辺九萬三氏、日本ラグビーフットボール協会の2代目会長に就任 東京ラグビー場を秩父宮ラグビー場に改称	
1955 昭和30	日本の高度経済成長の開始	
1956 昭和31	香山蕃氏、日本ラグビー蹴球協会の3代目会長に就任	
1961 昭和36	第1回NHK杯ラグビー試合（現・日本選手権）開始	
1962 昭和37	秩父宮ラグビー場、国立競技場に移譲	
1963 昭和38	日本代表、戦後初の海外遠征（カナダ）	全日本のメンバーに選出される
1964 昭和39	第1回日本選手権試合開催 東海道新幹線が開業	
1965 昭和40	第1回全国大学選手権大会開催	近畿日本鉄道に入社

1968 昭和43	湯川正夫氏、日本ラグビーフットボール協会の4代目会長に就任	日本代表としてニュージーランド遠征に選出される。オールブラック・ジュニアに4トライを挙げて歴史的勝利に貢献し、「Flying Wing Sakata」として名をとどろかせ、ニュージーランドの「プレイヤー・オブ・ザ・イヤー」にも選ばれる
1969 昭和44	第1回アジアラグビー大会開催。日本は全勝で優勝 アポロ11号が人類初の月面有人着陸	ニュージーランドのカンタベリー大学に留学し、カンタベリー州の代表選手に選出される
1970 昭和45	横山通夫氏、日本ラグビーフットボール協会の5代目会長に就任	ニュージーランド代表南アフリカ遠征メンバーの候補となる
1971 昭和46	第1次・高校日本代表のカナダ遠征	
1972 昭和47	椎名時四郎氏、日本ラグビーフットボール協会の6代目会長に就任	
1973 昭和48	全国高校選抜東西対抗試合開始 オイルショックが始まる	
1975 昭和50		現役を引退
1976 昭和51	ロッキード事件が表面化	
1977 昭和52		大阪体育大学ラグビー部監督に就任
1978 昭和53	日中平和友好条約を調印	
1979 昭和54	阿部譲氏、日本ラグビーフットボール協会の7代目会長に就任	
1982 昭和57	代表キャップ制度を発足 東北、上越新幹線が開業	
1987 昭和62	第1回ワールドカップが開催（オーストラリア・ニュージーランドの共同開催） 以後、第7回大会まで日本代表チームは連続出場を果たす	
1990 平成2	磯田一郎氏、日本ラグビーフットボール協会の8代目会長に就任	
1992 平成4	川越藤一郎氏、日本ラグビーフットボール協会の9代目会長に就任	
1993 平成5	第1回ジャパンセブンズ開催	

1995 平成7	金野滋氏、日本ラグビーフットボール協会の10代目会長に就任 阪神・淡路大震災が発生	
1997 平成9	香港が中国に返還される	
2000 平成12	IRBワールドセブンズシリーズ日本大会開催	
2001 平成13	町井徹郎氏、日本ラグビーフットボール協会の11代目会長に就任	
2002 平成14	女子ラグビーが日本ラグビーフットボール協会に加入 女子ラグビーは、第4回女子ワールドカップに初参加	
2003 平成15	ジャパンラグビー トップリーグが社会人12チームで開幕	
2005 平成17	森喜朗氏、日本ラグビーフットボール協会の12代目会長に就任	
2006 平成18	ジャパンラグビートップリーグチーム数は12チームから14チームへ増加	
2008 平成20	リーマンショックが起こる	
2009 平成21	U20世界ラグビー選手権(IRBジュニアワールドチャンピオンシップ2009)開催 2019年開催の第9回ラグビーワールドカップの日本招致成功	
2010 平成22	ラグビーワールドカップ日本開催組織委員会の設立準備を開始	
2011 平成23	東日本大震災が発生	
2012 平成24		関西ラグビーフットボール協会会長に就任 東洋人初となるラグビー殿堂入り
2013 平成25	日本ラグビーフットボール協会が公益財団法人へ移行	
2015 平成27	岡村正氏、日本ラグビーフットボール協会の13代目会長に就任	日本ラグビーフットボール協会副会長に就任
2016 平成28	リオデジャネイロオリンピック・パラリンピック開催 7人制ラグビーが正式種目として実施	
2019 令和元	森重隆氏、日本ラグビーフットボール協会の14代目会長に就任	

第2章

価値あるレガシーとしてのラグビーW杯開催へ

河野一郎

kono ichiro

ソウル、バルセロナ、アトランタと３大会連続で日本オリンピック選手団のチームドクターを務め、1996年からは日本ラグビーフットボール協会の強化推進本部長として、平尾誠二氏とともに日本ラグビー界の改革を進めてきた河野一郎氏。現在では日本のスポーツ界における重要な政策である「ＧＯＬＤＰＬＡＮ」の礎を築き上げるなど、重要な役割を果たされてきました。その河野氏に、2019年ラグビーW杯開催の意義や今後の日本スポーツ界の在り方などについて話を聞きました。

河野一郎（こうの・いちろう）1946年生まれ。ソウル、バルセロナ、アトランタ大会で日本オリンピック選手団のチームドクターを務め、1996年に日本ラグビーフットボール協会の強化推進本部長に就任。現在は日本オリンピック・パラリンピック組織委員会副会長、ラグビーワールドカップ2019組織委員会事務総長代行を務める。

聞き手／佐野慎輔　　文／斉藤寿子　　構成・写真／河野一郎、フォート・キシモト
取材日／2018年9月3日

「アマチュアリズム」からオープン化へ世界ラグビーの変遷

——いよいよ2019年ラグビーW杯まで、ちょうどあと1年というところまで迫ってきました。ラグビーW杯2019組織委員会の事務総長代行として、準備状況をどのように見ていますか？

「順調です」と言いたいところではありますが、2020年東京オリンピック・パラリンピックと同様に、大会開幕まではやはりさまざまな事象が出てきますので、現在はそういうものを一つひとつクリアしながら向かっているところですね。

——東京オリンピック・パラリンピックと比べますと、正直、ラグビーW杯のほうはまだ盛り上がりに欠けているように思えるのですが、いかがでしょうか？

おっしゃる通りです。そこが私たちにとっては課題のひとつでもあります。ただ、オリンピック・パラリンピックのような総合大会と、W杯のような単一競技の大会とでは少し異なる部分もあるのかなとは思います。特にラグビーはW杯の歴史がまだ浅い。今年のロシア大会が21回目だったサッカーと比べると、ラグビーは来年の日本大会が9回目と、ほんの最近のことな

釜石にて、東京2020オリンピック・パラリンピックマスコット（右）と
ラグビーワールドカップ2019マスコット（左）（2018年）

んですね。そういった意味では、大会自体がまだまだ発展途上にあると思います。

――その発展途上の中において、欧州、オセアニア、南アフリカといったラグビー先進国ではなく、わずか9回目にしてアジアの日本で開催するというのは、非常に大きな意義があるのではないでしょうか？

はい、本当に大きな意味を持つ大会になると思います。というのも、今やサッカーは世界において完全にプロ化していますが、ラグビーは日本も含めて、まだプロ化が成熟しているとは言えません。ラグビーは1995年にアマチュア主義が撤廃され、オープン化されました。それ以前、北半球はオープン化には乗り気ではありませんでした。一方、南半球のオーストラリア、ニュージーランドは早くにプロ化に動き出していました。そういった中で、今日までさまざまな課題をクリアしながらきたわけですが、例えば2003年にオーストラリアで開催されたラグビーW杯は、当初はニュージーランドとの共催の予定でした。ところが、ニュージーランドのスタジアムはすでにほかのスポンサーとの契約が締結されていたために、「スタジアムでは大会スポンサー以外の広告を排除する」という条件に合わず、結局オーストラリア単独の開催となりました。サッカー界では考えられないことだと思いますが、つい最近の2003年の時点でまだそういうことが起こっていたんです。もちろん、それ自体がラグビーという競技の価値を下げるわけではありませんが、いわゆる発展していくなかでのひとつのプロセスに今もあるわけです。そういうなかで、アジアでは初開催となる来年の日本大会は、次世代へのステップアップというふうに捉えられると思います。

――日本でいえば、サッカーは1993年にJリーグ（日本プロサッカーリーグ）が始まるなか、当時のラグビーは「アマチュアリズムの優等生」という捉え方をされていました。そのラグビーがプロ化に舵を切るというのは、非常に大変なことだったのではないかと思います。

相当大変なことでした。日本ラグビー協会は、一度、日本体育協会（日体協）から脱退したことがありました。今では考えられないことですが、1956年に日体協がその年のメルボルンオリンピックへ選手団を派遣するために、競輪からの助成金を受けました。それがアマチュアリズムに反するということが理由での脱退でした。1年後には再加盟するわけですが、それは当時、いかに日本ラグビー界がアマチュアリズムを堅持していたかということの表れであったと思います。ただその後、日本ラグビー界も「アマチュアリズムが何たるか」を考えながら、改めながら歩んできたわけです。特にアマチュアリズムを強く提唱していたのは、日本代表の監督も務めた大西鐵之祐さんでした。現在もなお、大西先生の訓えというのは日本ラグビー界においてさまざまなところで残されていますが、「アマチュアリズム」という点においてだけは見直されてきた部分ではあると思います。

世界から認められている日本ラグビーの存在

――ラグビーW杯は1987年に第1回大会が開催されました。日本はアジアで唯一、その第1回大会から出場しています。これは誇れる歴史です。

実は、1995年にアマチュア主義を撤廃し、オープン化が決定されたのは、日本で行われた理事会でのことでした。当時から特にアジアのなかではラグビー人脈において日本は非常に

2016東京オリンピック・パラリンピック招致委員会事務総長を務める（2009年コペンハーゲン）

強かったんです。そういったなかで、当時日本ラグビー協会会長だった金野滋さんが早くから世界とつながりを持っておられて、その関係で１９９５年に日本で理事会が開催され、そこでオープン化が決定したんです。

——そうした歴史を考えると、当時から日本ラグビーは世界においても影響力をもっていたのではないでしょうか。

はい、日本の発言力は決して小さくはなかったと思います。とはいえ、やはり限定的ではあったとは思います。ただ、理事会を伝統国以外の日本で開いたこと自体が極めて稀なことだったと思いますし、特に欧州からすれば〝ファー・イースト〟（極東）

なわけですからね。それだけ世界も日本の存在というものの重要性を理解していたということだと思います。ただ、オープン化決定によって最もあおりを受けたのは日本でした。当時、日本代表はアマチュア選手ばかりでしたから。実際、1995年のラグビーW杯でニュージーランドに17－145という歴史的大敗を喫したこと（「ブルームフォンテーンの悪夢」）からも、すでにプロ化が推し進められていたチームとの差が露呈することになりました。

――しかし、それからわずか20年足らずで、ラグビーW杯開催にまでこぎつけたというのは、非常に大きな成果ではないでしょうか。

はい、その通りです。その要因としては、世界のラグビー界としっかりと人脈が築かれていたということが挙げられます。当時から日本はアジアのなかでは飛び抜けて強かったですから、世界においても日本ラグビーに対する認知度というのは高かったわけです。その背景として、最も大きかったのは、1960年代に大西さん率いる日本代表がオールブラックス・ジュニア※相手に大金星を挙げ、その試合で4トライを挙げた坂田好弘さんが翌年にはニュージーランドのクラブチームで大活躍し、「世界のサカタ」としてその名を轟かせたこと。さらに1971年にはイングランドが来日し、日本とテストマッチをした際に負けはしたものの日本はイングランドに一度もトライを与えずにシーソーゲームをしたこと。実は現在のワールドラグビー（W

※ オールブラックス・ジュニアとは、A代表の「オールブラックス」とは別に、若手を中心としたニュージーランド代表。

ラグビーワールドカップニュージーランド大会・開幕戦

R）※のチェアマンであるビル・ボーモントさんは1971年の時のイングランド代表のキャプテンだったのですが、この時代の日本の活躍は世界に非常に大きなインパクトを与えたはずです。

——日本は2011年大会でも招致を試みましたが、選ばれませんでした。この時は、まだ開催するには時期尚早だったのでしょうか？

というよりも、世界的な事情だったと思います。2011年大会の開催地が決定したのは2005年だったのですが、その2年前の2003年大会で当初オーストラリアとの共同開催を予定していたニュージーランドが前述したような理由で開催できな

※ ワールドラグビーとは、世界のラグビー協会の統括組織。

2016東京オリンピック・パラリンピック招致活動（左：本人、右：森元首相）

かったというなか、いわゆる〝同情票〟が集まったということはあったのかなと。実は当初は南アフリカが選ばれるのではないかというのが大方の予想でした。そこで、投票前日に日本とニュージーランドで会合を開きまして、南アに対抗するためにもお互いに協力し合おうと。ところが、ふたを開けてみれば、ニュージーランドが1票差で南アに勝ってしまったというわけです。

――2回目の挑戦となった2019年大会で招致に成功した要因は何だったのでしょうか。

さまざまなことがありますが、まずひとつは、やはり森喜朗日本ラグビー協会名誉会長のお力添えがあります。2003年に招致に失敗した際、投票翌日に国際ラグビー評議会（IRB：2014年に「ワールドラグビー」（WR）に名

国際ラグビー評議会会議にて（中列左から三番目）

称変更）の会長にアポイントを取りまして、朝一番に面会したんです。私たちは「今回は残念だったけれど、次回は必ずということでご挨拶に行くのだろう」と思っていたのですが、森会長は言葉遣いこそやわらかくはありましたが、非常に強い口調でこう言われたんです。「自分たち（ラグビーの先進国である欧州やオセアニア）の中だけでパスを回し合ってどうするのか。ラグビーを世界に広げたいというから日本は手を挙げたのに、なぜその日本で開催しないのですか」と。最後には「こういうことをし続けるのであれば、日本がIRBを脱退しても仕方ない」と、「脱退」という言葉まで出して、強く主張されたんです。この森会長のご発言のおかげで、「ああ、日本というのは単に〝はい、はい〟と言うだけの国ではないんだな」というふうに認識されたと思います。これが次の招致につながったはずです。

日本開催はラグビー界の〝ターニングポイント〟

——そうしたなかでついに来年日本でラグビーW杯が開催されるわけですが、これは日本に限らず、世界のラグビー界においても重要な〝ターニングポイント〟となるのではないでしょうか。

そうなると思います。日本がいわゆる「加盟国」と言われるフルメンバーシップになったのは1987年。それまではイングランド、ウェールズ、アイルランド、スコットランド、オーストラリア、ニュージーランド、南アフリカ、フランスの8カ国・地域に限られていましたが、1987年に日本のほか、カナダ、アルゼンチン、イタリアもフルメンバーシップとして認められました。私は、その日本がフルメンバーシップに入った最初の委員会の時からラグビーに携わり始め、これまでラグビー界がさまざまに移り変わっていく姿を見てきました。その主たる出来事が2007年のフランスで開催されたラグビーW杯でした。同大会では、フランス国内のさまざまな地域のスタジアムで広域的に試合を開催したんです。しかも興行的にも大きな成功を収めたことで、ラグビーの新たな可能性が見い出されました。このフランス大会の成功によって、「今後は内向きよりも外向きに動いていった方が将来性があるだろう」という流れになっていったんです。その流れのなかでの２０１９年の日本開催が、今度はアメリカ大陸での初開催への道が開かれようとしているのです。

――一方、日本にとっては自国開催の意義はどこにあるのでしょうか？

もちろん、日本にとっても大事なターニングポイントになることは間違いありません。２０１１年はニュージーランドでラグビーW杯が開催されたわけですが、実は同大会は経済面からすればなかなか難しい大会になるだろうということが予測されていました。それでも、ラグビーというスポーツが国技として非常に大事にされている国で開催すると、やはり大会としては成功するわけで、そのことが証明されました。そして２０１５年のイングランド大会では〝レコード・ブレイキング〟という言葉通り、いろいろな意味で大成功に終わりました。観客動員数は延べ２４７万人にのぼり、海外からは過去最高の約47万人を数えました。また経済効果も４兆円あったとされています。自ずと来年の日本大会は、そのイングランド大会の上を目指しましょうということになり、９年前の２００９年に開催が決定した時とは、条件が違って

2020年東京オリンピック・パラリンピック招致関係者と
（2012年ロンドンオリンピック時、前列右端）

きたわけです。

――オリンピック・パラリンピックと似通っていますね。2012年ロンドンオリンピック・パラリンピックが「史上最高の大会」と謳われたことによって、2020年東京オリンピック・パラリンピックに対する世界の期待値が跳ね上がりました。同じように、ラグビーも2015年イングランド大会の成功が、2019年日本大会のハードルを高くしたというわけですね。

そういうことですね。もちろんプラスの面もたくさんあると思いますが、その分、大変なことも増えたということはいえると思います。イングランドでは自国のラグビー協会が所有している「トゥイッケナム・

スタジアム」という聖地がありますが、日本はすべて自治体が所有するスタジアムになります。聖地を持たない日本にとって「ラグビーW杯」がなかなかイメージしづらいということはあると思うんですね。それはイングランドと日本との歴史と文化の違いですから仕方ないことですが、やはり日本でラグビーW杯を成功に導くことはそう簡単なことではないなと。ただ、これをクリアすれば、日本のラグビーにとって大きなステップになることは間違いありません。

――今回は全国12会場で行われますが、ほとんどが既存のサッカースタジアムを使用するなか、〝ラグビーの町〟岩手県釜石市では「釜石鵜住居復興スタジアム」が新設され、大阪府の「東大阪市花園ラグビー場」と、埼玉県熊谷市の「熊谷スポーツ文化公園ラグビー場」はラグビーW杯のために大改修が行われました。こうした動きは、まさにラグビーW杯開催が決定したからこそです。

そうですね。そうしたなかで、運営もこれまでとは異なる考え方になってきています。これまではどちらかというと、トップリーグなどではたとえ会場が満員にならなくても見応えのある試合をすることこそが重視されてきました。しかし、それでは興行面においての成功には至りません。ラグビーW杯では放映権料やスポンサー料は上部団体にいきますから、私たち組織委員会は入場料でほとんどすべてを賄わなければなりません。ですから、やはり今回のラグビ

旧国立競技場で開催されたラグビーワールドカップ2019日本PRイベント。
「JAPAN2019」の人文字

ーW杯では、いかに観客を動員することができるか、足を運んでまで試合を観たいと思ってもらえるか、ということが非常に重要となります。ですから、観客が足を運びにくい面があるとすれば、そこは改善していきましょうというふうにして、今動いているところです。

「GOLD PLAN」の礎となった「平尾プロジェクト」

――日本ラグビー界にとって転機となったひとつが、史上最年少の19歳で代表入りし、3大会連続でラグビーW杯に出場するなど「ミスター・ラグビー」として日本ラグビー界に貢献した平尾誠二さんが手がけた

「平尾プロジェクト」と呼ばれた改革でした。そのきっかけが当時協会の強化推進本部長となった河野さんでした。

当時の日本代表の選手選考は、どこどこの派閥からということが多かったんです。そんな日本ラグビーを変えられるのは平尾さんしかいないということで日本代表のヘッドコーチ（HC）をお願いしました。そしたら「僕が料理をするのであれば、材料から選ばせてもらわないと。それが監督を引き受ける条件です」と言うので、「よし、わかった。協会の方は私に任せてくれ」と。そこでまずは協会のセレクション・コミッティという部門をなくしました。それまではHC不在で、すべての選手選考をセレクション・コミッティで決定するというのが伝統でした。しかしそれを撤廃し、代表チームが直接選手選考をできるようにしたんです。協会からは叱られましたが（笑）、ただこのことによって、全国から広く優秀な選手を集めることができるようになりました。それまでは高校日本代表のなかから優秀な選手がそのまま強豪の大学に進み、日本代表に上がっていくということが通例でした。しかし、それでも見落としている選手がいるのではないかということで、平尾さんはオーディションを行ったんです。そうすると、やはりひとりや2人は、通常ルートからではないところから日本代表に上がってくる選手が出てくるんですね。

――その代表例が、大畑大介さんや、「スポーツ歴史の検証」でも登場（第54回）していただいた岩渕健輔さんでしたね。

そうです。当時は新興だった東海大学付属仰星高校の大畑や、決して強豪校ではない青山学院大学の岩渕は、セレクション・コミッティでは決して選ばれなかったはずです。そのほか、記録のためにロッカールームにビデオカメラを設置したり、各国の情報を得るためにスタッフを海外に派遣したりと、現在では当たり前に行われていることばかりですが、当時は非常に画期的なものでした。つまり「平尾プロジェクト」によって新しいタレントを発掘し、テクニカル・コミッティという部門をつくって情報分析に力を入れるようになったんです。また、マネジメントをそれぞれ独立させるということで、それまでコーチが一手に引き受けていたことを、それぞれの専門スタッフに分けました。これが、２００１年に日本オリンピック委員会（ＪＯＣ）が策定した国際競技力向上戦略「ＧＯＬＤ ＰＬＡＮ」の基となっているんです。

――「GOLD PLAN」は、どのような経緯で策定されたものなのでしょうか？

きっかけは、ニュージーランドに大敗した１９９５年のラグビーW杯でした。確かにラグビーでは大差がありましたが、一方オリンピック競技を考えると、ニュージーランドはそれほどたいした成績を収めてはいなかったんですね。そこで、必ず何か突破口があるはずだというこ

河野一郎氏（取材当日）

とで、いろいろと考えた時に、最も日本に不足しているのは競技間の交流ではないかと。もうひとつは、優秀な専門スタッフを集めなければいけないと思いました。そこで勝田隆さん（現・日本スポーツ振興センター理事）や、小野剛さん（現・日本サッカー協会技術委員会委員）らとドイツやアメリカに研修に行って、「こうしたらいいんじゃないか」ということを学びながら話し合いを重ねて、「ＧＯＬＤ ＰＬＡＮ」の土台をつくりあげました。

大学院への見直しで「大学スポーツ」の多様化へ

――さて、これからの日本ラグビー界を考

早稲田大学VS帝京大学の攻防

えますと、やはり気になるのが人気の低迷です。

日本のラグビーが最も人気が高かったのは、1990年代前後。今思えば、その当時はラグビー人気がずっと続くものと信じていたのだと思います。ところが、1993年にサッカーがプロ化してJリーグが始まりました。そのころ、日本のラグビー界は「果たしてプロ化して成功するのだろうか」と半信半疑にサッカー界を見ていたと思います。しかし、Jリーグが成功し、いよいよラグビーもプロ化への道を進むことになりました。とはいえ、そう簡単にはラグビー人気が復活するわけではありません。では、どうしなければいけないか、ということが今問われているわけですが、ひとつはやはり日本代表の強化ですよね。それとトップリーグの発展と、大学ラグビーの再構築。これらが大事になってくるのだろうと思います。

――ラグビーが人気だった時代、やはりスーパースターを多く輩出した大学ラグビーという存在は欠かせませんでした。しかし、現在ではその大学ラグビーも人気が高いとは決していえません。

現在、大学ラグビーの最も課題となっているのは、現役学生がスタジアムに応援に足を運ばないことにあるのではないかと思います。これはラグビーだけの問題ではありません。例えば、六大学野球リーグ。ひと昔前でしたら、〝早慶戦〟は必ず満員でチケットを入手するのも一苦労でした。ところが、今では空席が目立つことも珍しくありません。また、ラグビーならではというと、日本選手権で大学チームと社会人チームが対戦し、時には大学が勝つこともあり、おおいに盛り上がりましたよね。しかし、近年ではプロ化したトップリーグのチームに大学チームが勝つことはほとんど不可能になってしまった。大会自体も２０１７年からはトップリーグの上位４チームによるリーグ順位決定トーナメントと統合するかたちとなり、大学チームの出場枠が撤廃されました。そうすると、やはり大学スポーツ内での改革が重要となるのかなと。

大学選手権で優勝した帝京大学チーム

——そういったなかで、今、NCAA※（全米大学体育協会）の日本版をつくろうという話が持ち上がっています。河野さんは、これについてはどのようなお考えをお持ちでしょうか？

そうですね。まず、NCAAが100年ほどかけてつくりあげられたものであることを踏まえると、そう簡単に日本版がつくられるわけではなく、ある程度の時間が必要だと思います。また、アメリカのエッセンスをそのまま日本に持ち込むことは難しいですよね。そういうなかで、私は大学院に目を向けてはどうかなと考えています。大学スポーツの期限を4年間ではなく、大学院までの6年間とすると、少し違った局面を見出すことができるのではないかなと。

※NCAAとは、アメリカの大学スポーツを統治する組織で、学生がスポーツを通じて充実した学生生活を送れるように、人格形成、学業、キャリア、資金の支援を行い、安全確保や文武両道を達成できる仕組み作りを行っている。

スパンを伸ばせることもありますが、大学院に進むということは学業も大切にしなければなりませんし、大学院に進むことで就職においても広がりを持つことができるはずです。さらに学業も大事にしたいと考える海外からの留学生にも門戸が開きやすくなれば、競技における交流の輪も広がります。今、日本のスポーツ界でも重視され始めた「デュアルキャリア」という考え方からしても、大学院という場を見直すことで、多様な道を開くことができるのではないかと思います。

2019年ラグビーW杯開催による「スポーツレガシー」への期待

――現在日本のスポーツ界では、組織幹部によるパワハラや指導者からの暴力など、さまざまな問題が浮上しています。河野さんは、日本のスポーツ界についてはどのように見ていますか？

ひとつは、やはり問題が起きた時に何かしらのペナルティがないといけないと思います。そのためには、各競技団体を得点で評価する明確な指標が必要ではないかと。そうしたルールが求められていると思いますね。実は私は国際ラグビー連盟の技術委員だったことがあるのですが、例えば近年ラグビーでは「ハイタックル」が問題視されていました。脳震盪を起こす可能性が高く、危険なプレーだということで、厳しいルールを設けました。途中のプロセスは関係なく、結果的に相手の肩よりも手が上にかかっていれば、すべてペナルティになります。しかし、そのルールを導入した時には大反対が起こりました。「あんなのラグビーでは普通だろう。そんなに危なくないじゃないか」と。それでも、とにかく手が肩より上にかかったら即座にペナルティということを徹底的に行ったことで、今ではハイタックルが激減し、選手が脳震盪を起こすことも減ってきています。つまり物事は、ルールを明確化し、厳正に行うことで変わってくるんです。それともうひとつは、柔軟性です。ルールを明確にしても、やはりどこかで何かが起こるもの。その時にいかに柔軟に変えていくことができるかということです。

――ドーピングについてはいかがでしょうか？

これまで日本では民事事件の領域でおさまっていたものが、最近では刑事事件にまで広がりつつあります。そうした現状を踏まえた方法やルールを考えてペナルティを課していく必要があると思います。もちろん、スポーツ界自体の自浄作用に期待したいところですが、その前にその自浄作用が働くためのメカニズムが必要です。そのために文部科学省やスポーツ庁が何らかの方針を出すべきかなと。特にスポーツ庁はせっかく設立されたのですから、もっと機能的に、フル稼働できるようになると良いと思います。

――スポーツに対する国のサポートについては、どのように感じられていますか？

国家プロジェクトの一つとして「スポーツ立国戦略」を策定するなど、スポーツの価値が認められ、国からのサポートも拡大傾向にあります。ただ、今ではだいぶ変わりましたが、少し前までは日本ではスポーツは国から〝オンリーサポート・ノーコントロール〟だったことが問題だなと感じていました。これはよく言えばスポーツ界が自立しているというようにも考えられますが、ともすると〝無責任タニマチ〟にもなりかねないんです。やはり支援する側は支援するだけの価値を提示し、支援を受ける側はその価値を見出す責任があるわけです。単に〝お金だけちょうだい〟では、良好な関係を築くことはできませんし、スポーツは発展しません。ところが、毎年政府から発表される「骨太方針」には、これまで一度も「スポーツ」という言葉が出てきたことがありませんでした。それでは国のスポーツに対する考え方がわからないわけです。そこで国会議員の先生方にスポーツへの意見をアンケートしようとしたことがありました。もちろんこちら側と違う意見があってもいいんです。要は国会議員の先生方がどのようにスポーツを考えているかを知ることができれば、スポーツ界としても対応することができますよね。

――また、医師のお立場としてうかがいたいのですが、２０２０年東京オリンピック・パラリンピックで問題視されている暑さ対策については、9月20日に開幕するラグビーW杯においても無視することはできません。どのような対策が考えられるでしょうか？

アスリートはすでにトレーニングで暑さに対応した体づくりなどを行っていることと思いますが、観客側も今からの準備が非常に重要です。人間の体の仕組みというのは意外にシンプルで、外気が体温よりも高いと、その熱が体内に入ってくるわけです。そこで大事なのが、どうやって体内に入るのをブロックするか。あるいは体内にこもった熱を冷やすかです。もちろん、冷たいものを体に当てたり、水分を補給することは重要です。もうひとつは、汗をかくこと。人間の体は汗をかくことによって体温をコントロールしているんですね。ですから、うまくコントロールするためには、ふだんから汗をかく体にしておかなければいけないんです。その汗がどこからくるかというと、体内からですよね。体内にあるタンクを広げるには、筋力が影響しているんです。つまり、ふだんから運動をして汗をかくことが、熱中症の予防対策につながります。

――なるほど。私たち一人ひとりが、今からできることがあるというわけですね。

はい、その通りです。ですから、まだ正式には発表されていませんが（インタビュー時点…

50,000人ものランナーが参加して毎年4月に開催されるパリマラソン

２０１８年9月）、来年のラグビーW杯開催にともなって、「ラグビーウォークムーヴメント」をつくろうと思っています。どこの会場にしても、最寄り駅やバス停から歩かなければいけないわけですよね。だったら、嫌々歩くのではなく、どうせなら楽しく歩きましょうと。そうすると、心身にかかる負担も軽くなりますし、また都市づくりにもいいのではないかと思っているんです。私が参考にしたいなと思ったのは、以前見たフランスのパリで開催されたマラソン大会。ランナーが走る先々に地元のワインが用意されていたんです。現在では日本国内でもスイーツなどが用意されたマラソン大会がありますが、ラグビーW杯やオリンピック・パラリンピックでも、会場ま

での道のりに、地元グルメやスイーツを用意していくことで〝歩く楽しみ〟をつくったらどうかなと。そうして楽しく歩けるような場所をつくることで、街が活気づき、人が健康になる。こうしたことを国の政策課題にするには、ラグビーW杯とオリンピック・パラリンピックは、非常に良いチャンスになると考えています。

――国民の健康増進につながり、ひいては医療費削減につながりますね。

はい、おっしゃる通りです。それもまた、ラグビーW杯やオリンピック・パラリンピックの大きなレガシーとなる。「スポーツレガシー・プロジェクト」のひとつです。

――2019年ラグビーW杯の大会期間中には、パラリンピック競技のウィルチェアーラグビーの「ワールドチャレンジ」という大会が同時開催されます。

実は日本ラグビー協会の中竹竜二コーチングディレクターには、日本ウィルチェアーラグビー連盟の副理事長を兼任してもらうなど、ウィルチェアーラグビーとの交流は深まってきています。ウィルチェアーラグビー日本代表はリオデジャネイロパラリンピックでは銅メダルを獲得し、今年8月の世界選手権ではオーストラリアを破って優勝しました。同じ〝ラグビー仲間〟として非常に嬉しいですし、一緒にラグビーW杯やオリンピック・パラリンピックを盛り上げていきたいですね。

――最後に、日本スポーツ界が進むべき道について、河野さんはどのようにお考えでしょうか？

理想像を語る前に、まずは課題を一つひとつ解決していくことが先決だと思います。そうした課題をクリアしていく先に、スポーツが日本国民にとって真の文化となるのではないでしょうか。現在は、どうしてもイベント的な部分で収まってしまっているような気がします。それをいかに生活の一部にスポーツを取り入れることができるかにあるかなと。ＩＯＣ（国際オリンピック委員会）のトーマス・バッハ会長が「バリュー（価値）を見出さないスポーツは単なるエンターテインメントに過ぎない」とおっしゃっていましたが、その言葉の意味を考え、実行していくことによって、日本の「スポーツ立国」としての将来が見えてくると思います。

河野一郎氏 略歴

	ラグビー関連・世相	河野氏略歴
1945 昭和20	第二次世界大戦が終戦	
1946 昭和21		河野一郎氏、東京都に生まれる
1947 昭和22	秩父宮殿下、日本ラグビーフットボール協会総裁に就任 九州ラグビー協会(現・九州ラグビーフットボール協会)創設 東京ラグビー場(現・秩父宮ラグビー場)が竣成 日本国憲法が施行	
1949 昭和24	第1回全国実業団ラグビー大会開催	
1950 昭和25	第1回新生大学大会開催。「全国大学大会」の名称となる 朝鮮戦争が勃発	
1951 昭和26	安全保障条約を締結	
1952 昭和27	全国実業団ラグビー大会、第5回から全国社会人ラグビー大会に改称	
1953 昭和28	田辺九萬三氏、日本ラグビーフットボール協会の2代目会長に就任 東京ラグビー場を秩父宮ラグビー場に改称	
1955 昭和30	日本の高度経済成長の開始	
1956 昭和31	香山蕃氏、日本ラグビーフットボール協会の3代目会長に就任	
1961 昭和36	第1回NHK杯ラグビー試合(現・日本選手権)開始	
1962 昭和37	秩父宮ラグビー場、国立競技場に移譲	
1963 昭和38	日本代表、戦後初の海外遠征(カナダ)	
1964 昭和39	第1回日本選手権試合開催 東海道新幹線が開業	
1965 昭和40	第1回全国大学選手権大会開催	
1968 昭和43	湯川正夫氏、日本ラグビーフットボール協会の4代目会長に就任	

1969 昭和44	第1回アジアラグビー大会開催。日本は全勝で優勝 アポロ11号が人類初の月面有人着陸	
1970 昭和45	横山通夫氏、日本ラグビーフットボール協会の5代目会長に就任	
1971 昭和46	第1次・高校日本代表のカナダ遠征	
1972 昭和47	椎名時四郎氏、日本ラグビーフットボール協会の6代目会長に就任	
1973 昭和48	全国高校選抜東西対抗試合開始 オイルショックが始まる	東京医科歯科大学医学部卒業。在学中はラグビー部に所属
1976 昭和51	ロッキード事件が表面化	
1978 昭和53	日中平和友好条約を調印	
1979 昭和54	阿部譲氏、日本ラグビーフットボール協会の7代目会長に就任	
1982 昭和57	代表キャップ制度を発足 東北、上越新幹線が開業	
1987 昭和62	第1回ワールドカップが開催（オーストラリア・ニュージーランドの共同開催）以後、第7回大会まで日本代表チームは連続出場を果たす	
1988 昭和63		日本オリンピック選手団のチームドクターに就任
1990 平成2	磯田一郎氏、日本ラグビーフットボール協会の8代目会長に就任	
1992 平成4	川越藤一郎氏、日本ラグビーフットボール協会の9代目会長に就任	
1993 平成5	第1回ジャパンセブンズ開催	
1995 平成7	金野滋氏、日本ラグビーフットボール協会の10代目会長に就任 阪神・淡路大震災が発生	
1996 平成8		日本ラグビーフットボール協会の強化推進本部長に就任。若手選手の発掘に貢献する
1997 平成9	香港が中国に返還される	

２０００ 平成12	ＩＲＢワールドセブンズシリーズ日本大会開催	
２００１ 平成13	町井徹郎氏、日本ラグビーフットボール協会の11代目会長に就任	日本オリンピック委員会理事に就任
２００２ 平成14	女子ラグビーが日本ラグビーフットボール協会に加入 女子ラグビーは、第４回女子ワールドカップに初参加	
２００３ 平成15	ジャパンラグビー トップリーグが社会人12チームで開幕	
２００４ 平成16		筑波大学大学院 人間総合科学研究科教授に就任
２００５ 平成17	森喜朗氏、日本ラグビーフットボール協会の12代目会長に就任	
２００６ 平成18	ジャパンラグビートップリーグチーム数は12チームから14チームへ増加	東京オリンピック・パラリンピック招致委員会事務総長に就任
２００８ 平成20	リーマンショックが起こる	
２００９ 平成21	Ｕ２０世界ラグビー選手権（ＩＲＢジュニアワールドチャンピオンシップ２００９）開催 ２０１９年ラグビーワールドカップが日本で開催決定	
２０１０ 平成22	２０１９年ラグビーワールドカップ日本開催組織委員会の設立準備を開始	日本アンチ・ドーピング機構会長に就任
２０１１ 平成23	東日本大震災が発生	日本スポーツ振興センター理事長に就任
２０１３ 平成25	日本ラグビーフットボール協会が公益財団法人へ移行	日本ラグビーフットボール協会理事に就任
２０１４ 平成26		日本オリンピック・パラリンピック組織委員会副会長に就任
２０１５ 平成27	岡村正氏、日本ラグビーフットボール協会の13代目会長に就任	
２０１６ 平成28	リオデジャネイロオリンピック・パラリンピック開催 ７人制ラグビーが正式種目として実施	ラグビーワールドカップ２０１９組織委員会事務総長代行に就任
２０１９ 令和元	森重隆氏、日本ラグビーフットボール協会の14代目会長に就任	

第3章

ラグビーとサッカーから学んだ「スポーツの力」

大東和美

ohigashi kazumi

高校からラグビーを始め、大学４年生時にはキャプテンとして大学選手権、日本選手権で優勝するなど、伝統の早稲田大学ラグビー部の輝かしい時代に活躍した大東和美氏。社会人時代には日本代表にも選ばれ、現役引退後の1976年には、母校の早稲田大学ラグビー部の監督に就任し、大学選手権で優勝に導きました。また、サッカーのＪリーグの４代目チェアマンを務めるなど、日本スポーツ界に大きく貢献。現在は日本スポーツ振興センターの理事長を務めている大東氏に、早稲田大学ラグビーの強さの理由や、プロチーム経営のコツ、来年のラグビーW杯への期待などをうかがいました。

大東和美（おおひがし・かずみ）1948年生まれ。早稲田大学ラグビー部に入部。キャプテンとして率いた4年生時に大学選手権、日本選手権で優勝を飾る。プロサッカークラブ・鹿島アントラーズの社長を経て、Jリーグ4代目チェアマン、日本サッカー協会副会長に就任。現在は日本スポーツ振興センターの理事長を務める。

聞き手／佐野慎輔　　文／斉藤寿子　　構成・写真／大東和美、フォート・キシモト
取材日／2018年9月4日

大西時代から継承される強さの理由

――大東さんは、早稲田大学ラグビー部ご出身です。４年生の時にはキャプテンを務め大学選手権で優勝。さらに日本選手権では新日鐵釜石を破って日本一に上り詰めました。あの時代の早稲田大学というのは、なぜ、あれほど強くあり続けられたのでしょうか？

もちろん学生ががんばって練習していたということもありますが、それに加えて、やはり指導者の力も大きかったと思います。１９５０～60年代に早稲田大学の黄金時代を築いた大西鐵之祐先生をはじめ、私が4年生の時（１９７０年）は日比野弘先生が監督就任1年目の時でしたが、両先生とも後に日本代表の監督も務めた早稲田大学の大先輩。そのほかの監督も、皆さん熱心に、かつ丁寧に指導してくださったことで、学生が力を発揮することができたのだと思います。

――大東さんは４年間、４人の監督から指導を受けられています。１年生の時が藤島勇一さん（後に共同通信社福岡支社次長）、２年生の時には白井善三郎さん（後に日本ラグビーフットボール協会専務理事）、３年生の時が木本建治さん（３度早稲田大学の監督に就任。２度目の

早稲田大学、日本代表等を通し指導を受けた大西鐵之祐（右）と。本人（中）

1988年には16年ぶり4度目の日本選手権優勝に導く)、そして最後は日比野さんでした。毎年監督がかわったにもかかわらず、常に大学選手権で優勝争いをする強豪チームであり続けることができていた要因はどこにあったのでしょうか？

当時の早稲田大学では監督が替わることは、そう珍しいことではありませんでしたが、強さが継承できたのは、やはり大西先生時代からの早稲田大学のラグビースタイルを軸とすることにブレがなかったからだと思います。大西先生は日本代表の監督としてもご活躍された方ですが、その時代のチーム、選手に合った戦い方を常に考えておられた方でした。代表的なのは「接近・展開・連続」という持久力と瞬発力を駆使

日本代表OB戦で。大西（前列左から4人目）、金野（前列左から3人目）等と。本人（中列中央）

した戦術理論や、守備に専念するのが通常だったフルバックを攻撃に参加させる戦略のサインプレー「カンペイ」を生み出されました。そうしたチームに合った戦略を立てることで、チームの強さを引き出していたのではないでしょうか。

——とはいえ、相手もさることながら、自分たちもまた、毎年のように変わる戦略を理解していかなければいけなかったのは大変だったと思います。

そうですね。ですから、最も重要だったのはコミュニケーションを図ることでした。お互いをわかり合っていたからこそ、監督や戦略が変わっても、チームはひとつになることができていたのだと思います。私の時代の早稲田大学は、決して個々の能力が他校を上回っていたわけではありませんでした。ただし、一人ひとりのメンタルは強かったですね。ですから結束力があった。それもまた、強さを生み出していたのだと思います。

——ほかの伝統校と比べると、早稲田大学では高校まで無名だった選手がレギュラーになることが少なくないという印象があります。

本人の努力はもちろんあると思いますが、「考えるラグビー」が選手たちを成長させるのだと思います。指導者の言うことをただ聞くだけではなくて、練習の時から選手に考えさせることが往々にしてありました。

——大西先生が考案されたと言われるサインプレー「カンペイ」は、大西先生のご著書によれば、実は合宿時に選手たちが考え出したものを元にしたものだったとか。

はい、そうなんです。夏の菅平（長野県菅平高原）での合宿の時に、大西先生が学生と一緒に考案したフルバック（最後尾に位置し攻守にわたって高い能力が求められるポジション）のライン参加の戦術で、「菅平」で生まれたことから「カンペイ」と呼ばれています。そういったことは珍しくありませんでした。練習メニューも委員に選ばれた選手たちが中心になって決

大学選手権で優勝し、主将として優勝カップを受け取る（1971年）

めていました。

――そんな伝統ある早稲田大学ラグビー部のキャプテンは責任も重大だったと思います。任命された時はどんなお気持ちでしたか？

「青天の霹靂」という感じでした。何人か候補はいたと思いますが、僕は2年生の時から試合に出させてもらっていたこともあって、「もしかしたら」という気持ちがあったんです。ですから、ある程度の心の準備はできていました。

――プレッシャーはありませんでしたか？

常にリーダーとしての責任の重さというのは感じていました。逆に言えば、それを

大東和美氏（取材当日）

感じなければ、キャプテンは務まらないと思いますしね。ただ、時折、ふと孤独を感じることがありました。それこそ試合では、監督は指示を出すことができませんから、すべてキャプテンが判断をします。自分ひとりで決めなければいけない孤独さは、やはりありましたね。

「民主的なチーム」早稲田大学への憧れ

——そもそも大東さんがラグビーを始めたきっかけは何だったのでしょうか？

中学生の時までは野球少年だったのですが、報徳《ほうとく》学園高等学校（兵庫）入学後に、楕円状の独特のボール形状と、15人という大人数で戦うというところに魅かれてラグビー部に入りました。

――報徳学園と言えば、野球の名門でもありますが、野球部に入ろうとは思わなかったのでしょうか？

まあ、中学生の時にそれほど強いチームにいたわけではありませんでしたから、そこまで野球でという気持ちはありませんでした。そんな時にラグビーと出合って、「あ、面白そうだな」と。

――実際にやってみていかがでしたか？

やはり見ているだけと、やるのとでは、まったく違いました（笑）。タックルだ、スクラムだと、野球とは違ってコンタクトプレーの連続でしたからね。ただ、不思議なことにやめたいと思うことはありませんでした。よく日本では「ノーサイド」という言葉が使われますが、チームメイトはもちろん、対戦相手も含めて自然と〝ラグビー仲間〟になるんですね。それが何よりの魅力でした。

――関西ご出身の大東さんが関西の雄、同志社大学ではなく、関東の早稲田大学に進学を決めたのはなぜだったのでしょうか？

早稲田大学に行った先輩から「早稲田は民主的なチーム」という話を聞いていたことが一番大きかったと思います。もちろん練習は厳しいけれど、理不尽な縦社会ではなく民主的だと。また、文武両道というところにも魅かれて、2年生の時にはもう早稲田大学に行くことをほぼ決めていました。

――実際に入ってみていかがでしたか？

練習は想像以上に厳しかったですね。特に毎年恒例の菅平高原（長野）で行われる夏合宿では、徹底的に走って、徹底的にスクラムを組むんです。もう練習するか、寝るかの生活でした。ただ、それも全部自分たちで決めてやっていたことでしたから、決してやらされていたというわけではなかったんです。そういう意味でも、聞いていた通り本当に民主的なチームでした。寮では食事の支度や清掃はすべて学生がやっていたのですが、分け隔てなく上級生もやっていましたからね。その時代においては、非常に珍しかったと思いますよ。

――それは大西先生の訓えが継承されていたからだったのでしょうか？

いえ、おそらく大西先生がというよりも、早稲田大学の伝統的な気質だったと思います。

――伝統といえば、「試合前儀式」は有名ですが、改めてどんなものなのかを教えてください。

試合前日のミーティングで、監督が一人ひとり名前を呼んで、塩で清めたジャージを手渡していくんです。夜寝る時には、そのジャージを枕元に置いて寝ます。それを公式戦では毎試合行うのが早稲田大学の習わしで、結束力につながっているんです。

雪辱を果たしての学生王座奪還

――大東さんは最初はポジションがフッカー（スクラムの中心。スクラムをコントロールすると同時にボールを足でかきだすポジション）でしたが、4年生の時はプロップ（スクラムの端に位置し、相手フォワードと激しく組み合う支柱的ポジション）として活躍されました。ポジション変更は、監督の日比野さんのご指示だったのでしょうか？

日比野さんご自身はバックス（後ろの7人のことを指し、攻撃の起点となるスタンドオフなどボールを持って走るポジション）出身でしたから、フォワード（前の8人のことを指し、スクラムを組むポジション）のことは詳しくなかったと思いますが、監督も含めてチームの話し合いのなかで、私はプロップでということになりました。

――いきなり不慣れなポジションになって、しかもキャプテンでしたから、苦労されたのでは？
実は高校時代にはプロップを務めたこともありましたから、そのへんは大丈夫でした。現在ではスクラムもタックルのルールも当時とはずいぶん変わってきていて、プロップの役割も今とは少し違いますが、私たちのころはスクラムは距離を置いた状態で組みましたので、いかに早く相手と組むかということが駆け引きとしてありました。

――早稲田大学は特に低い姿勢からスクラムを組むのが有名です。
そうです。たとえ押すことができなくても、決して相手に押されるなというのが重視されているんです。

――そういった意味で「力負けしないフォワード」がいたことが、早稲田大学の強さを引き出していましたよね。
そうですね。そこから展開ラグビーをしていくというのが、私たちのスタイルとしてありました。

――早稲田大学時代の一番の思い出は何ですか？

大学選手権決勝で日本体育大学を破り優勝（中央でボールを持っている選手、1971年）

4年生の時に日本一になれたことも嬉しかったのですが、悔しさを晴らした大学選手権も印象に残っていますね。というのも、1、2年生の時には連覇をしていながら、3年生の時に決勝で日本体育大学に負けて準優勝に終わったんです。その日本体育大学に決勝で勝って、学生日本一として終えられたのは本当に嬉しかった。大学選手権で優勝した時にしか歌うことができない『荒ぶる』を歌えて喜びもひとしおでした。もうひとつ忘れられないのは、私たちが卒業した翌年にひとつ下のチームも日本選手権で三菱自動車工業京都を破って日本一になってくれたことでした。それまで大学で日本一の座をつかんでいたのは、同志社大学と早稲田大学だけだったのですが、連覇は

日本選手権決勝で社会人の雄・新日鐵釜石を破り日本一に輝く
（左から3人目、1971年）

史上初の快挙でした。それが本当に嬉しかったですね。

社会人で生きた〝大人へのプロセス〟

——大学で数々の輝かしい成績を残したにもかかわらず、大学卒業後はラグビー部のない住友金属工業（現・新日鐵住金）に就職されました。

いくつかの企業から声をかけていただいていたのですが、地元の関西に戻ることを考えていたことと、「モノづくりに関わりたい」という思いがありまして、それで住金に決めました。実は、私が勤務した工場にはラグビー部があったんです。もちろん決して強くはありませんでした。関西でもCランクくらいのチームでしたから。でも、そこでラグビーを続けていました。

——ラグビーが強い企業からもお声がかかっていたのでは？

はい、確かにそうでした。ただ、4年生でラグビー部を引退した時には達成感があって、「もうラグビーはいいかな」と思っていたんです。大学チャンピオンにも日本一にもなれましたから「やり残したことはないな」と、いわゆる燃え尽き症候群の状態になっていたんでしょうね。それで普通のサラリーマンの道を歩もうと思って、住金に就職しました。

——ところが、社会人2年目には日本代表に選出されて、ヨーロッパ遠征にも参加されました。そして1976年度には母校、早稲田大学監督として大学日本一にもなられています。

大学を卒業する時には「もういい」と思っていたのですが、やはり離れてみると寂しいという気持ちがありました。ですから代表に選ばれた時には嬉しかったですし、選ばれたからにはしっかりとやろうと思いました。ただ環境が環境だっただけに、とても大変でしたね。練習時間を確保したりすることも難しかったですし、チームでは強い相手と組むこともできなかったですから。

日本代表海外遠征時の試合（日本選手左端）

――仕事もこなさなければいけない中で、ラグビーとの両立は大変だったのではないでしょうか？

そうですね。ただ、やはり学生時代にラグビーで培ったものがありましたから、精神的に弱音を吐くということはなかったですね。「絶対に負けない」という気持ちもありましたし、「受け持った仕事はきちんとやる」ということも当たり前のようにありましたので、大変ではありましたが、苦労したという感じはありませんでした。

――ラグビーで学んだことが社会人としても生かされたわけですね。

はい、それは非常にあったと思います。ラグビーというスポーツは、〝子どもから大人〟へと成長させてくれる要素が含まれていると思うんですね。結局、心身ともに子どものままではラグビーは成立しません。自分のことだけでなく周りを見て、お互いを理解して信頼し、自分の役割をきっちりと果たす。そういうふうに大人へと成長していく過程で必要なものを得ながら強くなっていくのがラグビー。もちろん、ラグビーに限ったことではなく、本来スポーツとはそういうものなのだと思います。

ラグビー人気復活へ期待したいラグビーW杯

——さて、いよいよアジア初開催のラグビーW杯まで、あと1年となりました。

ラグビーW杯は、オリンピック・パラリンピック、サッカーW杯と並ぶ「世界3大スポーツ大会」と言えます。そのラグビーW杯が自国で開催されるというのは、もしかしたら人生に一度きりのことかもしれません。そう考えると、日本のラグビー関係者やラグビーファンは、大きな期待感があると思いますし、私もドキドキワクワクしています。今大会は全国12会場で行われますので、ぜひひとりでも多くの人にラグビーの魅力を感じていただき、どの会場も満員になることを願っています。

――大東さんは、日本以外にはどのチームのラグビーに特に興味がありますか？

現役時代にニュージーランド遠征でジュニアチームと対戦していますし、またラグビーW杯では現在連覇をしていますので、やはりオールブラックス（ニュージーランド代表の愛称）ですね。私たち日本代表が遠征で行った時には、ニュージーランドでラグビーは国技ですから、もちろんスタジアムは満員で、大歓声のなかで試合をしたのですが、歓声やブーイング、拍手のタイミングなど、「ああ、やっぱりラグビーをよく知っているなあ」と感じました。来年のラグビーW杯開催を機に、日本もそうなるといいですよね。そして、そんな最高の環境のなかで子どもたちがラグビーの魅力に触れて「やってみたいな」という気持ちになってくれたら嬉しいなと思います。

――大東さんが現役時代だったころはラグビーは人気スポーツのひとつでした。しかし、現在は人気が低迷して久しいわけですが、復活の兆しを見せたのが２０１５年のラグビーW杯での日本代表の躍進でした。決勝トーナメント進出には至りませんでしたが、それでもグループリーグで優勝候補の筆頭だった南アフリカを撃破したあの試合は、ラグビーの魅力が詰まっていました。

やはりラグビーというスポーツは、フィジカルの強さが不可欠。その点、当時日本代表監督を務めたエディ・ジョーンズ（現・イングランド代表監督）は徹底的にフィジカルを鍛え上げました。トレーニングの内容だけでなく、例えば栄養面においても、しっかりとマネジメントしていた。やはり今は科学の時代。単に練習だけやっていても勝てる時代ではありません。さまざまな角度から科学的根拠によるアプローチが必要です。それを積み上げてきた結果が、あの2015年の南ア戦だったのだと思います。私は、現地ブライトン（イギリス）で観戦していましたが、あの試合は本当に感動しました。何よりもスタジアムの観客が、勝った日本を称えてくれていたことが嬉しかったですね。ああいう姿を来年のラグビーW杯でも見られたら、きっとラグビー人気も高まるはずです。

震災時に痛感した「スポーツの力」

――大東さんは、2005年にサッカー・Jリーグの鹿島アントラーズの専務取締役を経て代表取締役社長を務めました。また、2010年には4代目のJリーグチェアマンに抜擢されました。

当然、最初はサッカーのことはまったくわかりませんでしたし、サッカー関係者との人脈もないなかでのスタートでしたから、鹿島アントラーズへの辞令が出た時には、正直驚きました。

鹿島アントラーズ時代、サポーターに囲まれて（前列左から3人目）

ただ、未知の世界だったからこそ「面白そうだな」とは思いました。

——実際にはいかがでしたか？

プロチームの経営というのは、自分自身がアマチュアしか経験してこなかったこともあって、予想以上に難しかったですね。収入は主に入場料、スポンサー料、あとはグッズ等の商品の売り上げの3つなわけですが、入場料と商品の売り上げについてはお客さんの集まり次第。ですから、なかなか見通しが立たないんです。たとえ2万人動員した試合があっても、果たして次の試合にも同じくらい入るかというと、必ずしもそうではありません。ですから、年間計画を立てるのが非常に難しかったです。そのなかで予算を立てながら選手の獲得にも動かなければいけません。赤字覚悟で優秀な選手を獲得するのもひとつですが、優秀な選手がいるからといってチームが勝てるわけではない。ケガをする危険性もあるし、チームにフィットしない可能性もありますからね。

——大東さんは何を基準にして選手を獲得していたのでしょうか？

私がというよりも、すでに鹿島アントラーズには高卒の若い選手を取ってきて育成するということがチームの方針としてありましたので、スカウト陣は高校生の発掘に注力していました。現在日本代表として活躍している柴崎岳（現・スペインのプリメーラ・ディビシオン・ヘタフェCF所属）は、高校2年生の時にはもう卒業後はアントラーズに所属するという契約をしていたんです。

——当時からアントラーズは強豪チームであり続けています。その秘訣は何でしょうか？

スポーツは勝敗だけではないと言われることもありますが、やはりプロの世界は、勝たなければいけないと思いますね。「勝ち癖」ではないけれど、勝つことによってチームに自信や勢いが生まれるんです。これがあるのとないのとでは、まったく違います。

鹿島アントラーズ時代、サポーターに胴上げされる

――大東さんが社長時代には、リーグで3連覇を果たしました。

「オマエは持っているな」とよく言われましたが、あれは嬉しかったですね。でも、あそこまでいくには大変だったんですよ。社長就任1年目のシーズン開幕直後はまったく結果が出なくて、サポーターから呼び出しがありましてね。「社長、どうなってるんだ？　新米だからダメなんだ！」と、もうボロクソに言われましたよ（笑）。ところが、シーズン終盤、最後の9試合をすべて勝ったんです。しかも最終戦を迎えた時には首位は浦和レッズで、2位がアントラーズだったのですが、浦和が横浜FCに0－1で負けて、アントラーズは清水エスパルスに3－0で勝ったんです。それで大逆転での優勝を成し遂げました。そこから3連覇してくれました。

――その手腕が買われて、２０１０年にはＪリーグのチェアマンに就任されました。

チェアマンとして私が最も印象に残っているのは、２０１１年。就任して半年後の3月11日に東日本大震災が起きました。あの日は金曜日で、翌日にはリーグ戦第2節目の試合が予定されていましたので、すでにアウェーのチームは移動していたわけです。当時私は東京の事務所にいたのですが、地震がおさまった後に、まずは全チームの状況を確認させました。そうしたところ、仙台、鹿島、水戸のスタジアムは使用できる状況ではないことがわかったんです。もちろん、東北を中心にパニック状態に陥っていましたから、その日のうちに全試合中止を決めました。また、日本代表は3月25日（モンテネグロ戦）、29日（ニュージーランド戦）にはキリンチャレンジカップが予定されていました。しかし、それも2試合ともに中止にしたのですが、代

Jリーグチェアマン時代

わりに提案したのがチャリティマッチ。ただ、当初は「そんなサッカーどころではないのでは」という意見もあったんです。私もいろいろと考えたのですが、やはりやろうと決めました。サッカー界ができることは、やはりサッカーだろうと思ったんです。そこで3月29日、日本代表とJリーグ選抜とのチャリティマッチを大阪の長居スタジアムで行ったのですが、なんと4万人以上ものお客さんが来てくれたんです。これは嬉しかったですね。試合自体も盛り上がりましたし、試合後にはラモス瑠偉などOBも大勢駆けつけてくれまして募金活動をしたのですが、長蛇の列を目にした時は、スポーツの力を感じずにはいられませんでした。

——あの時は日本中でスポーツの力が見直され、改めて「スポーツっていいな」と感じた人も多かったと思います。しかし、最近は残念ながら組織幹部によるパワーハラスメントや指導者からの暴力など、スポーツ界の不祥事が相次いでいます。

いろいろなことが要因しているかとは思いますが、共通して言えるのは、リーダーの資質の問題だということ。権力を持つ者こそ、謙虚な姿勢が大事なんです。今後は選手の強化の前に、指導者の教育が必要だと思います。私たち日本スポーツ振興センター（JSC）も、選手へのサポートはもちろん、指導者の教育プログラムをつくっていきたいと思っています。

スポーツの発展に不可欠な「ロマンとそろばん」

――ラグビーW杯の翌年の2020年には東京オリンピック・パラリンピック、そして2021年にはワールドマスターズゲームズ2021関西と、3年連続でさまざまな国際大会が日本で開催されます。

非常に楽しみですね。そして、こうした国際大会の開催を機に、日本でもスポーツの環境がさらに整備されていく大きなチャンスになるのではないかと思います。

――環境整備という点では、例えばイギリスには「トゥイッケナム・スタジアム」がありますし、ニュージーランドには「イーデン・パーク」という代表的なラグビースタジアムがあります。その点、日本はいかがでしょうか？

スタジアムは日本のラグビー界が抱えている課題のひとつです。日本にも秩父宮ラグビー場や花園ラグビー場の専用競技場がありますが、本来であれば、サッカーが2002年日韓W杯を開催した時のように、ラグビーも今回のW杯開催を機にスタジアムが増えていくのが理想だったとは思います。

――スタジアムのほかに、日本ラグビー界が直面している課題とは何でしょうか？

やはり選手の育成が急務だと思います。そのためにも、子どものころからラグビーに触れることのできる環境が必要なのですが、小学校、中学校でラグビーをやれるところはほんの一握りしかありません。

――初心者の子どもたち向けに考案されたタグラグビー※は、校庭や公園でも簡単にできますから、ラグビーの普及にもつながるのではないでしょうか。

おっしゃる通りです。タグラグビーは危険な接触プレーがありませんから、安全にラグビーを体験することができます。このタグラグビーの体験が、本格的にラグビーを始めるきっかけになると期待しています。

――今後、日本スポーツの発展のためには、何が必要でしょうか？

私はスポーツに必要なのは「ロマンとそろばん」だと思っています。やはりスポーツには夢は不可欠。夢があるからこそ、魅力があるし、感動してもらえると思うんです。ただ、その夢を追ったり叶えるためには資金が必要なんです。どちらかひとつだけでも、うまくいきません。両方そろってこそ、スポーツは発展する。私はそう思っています。いずれにしても、来年のラ

※タグラグビーとは、タックルの代わりにボールを持った相手選手の腰に付けたタグを取りに行き、タグを取られた選手は止まった状態でパスをしなければならず、突き飛ばしたり、つかんだりといった接触プレーはすべて反則となるため、安全にラグビーを楽しむことができるように考案されたもの。

ジャカルタで開催された第18回アジア競技大会7人制ラグビー女子で金メダルを獲得（2018年）

グビーW杯は今後の日本ラグビー界にとっては、大きなターニングポイントになることは間違いありません。今年8月にインドネシアで開催されたアジア大会では、7人制ラグビーで男子が銀メダル、女子が金メダルに輝きました。また、パラリンピック競技であるウィルチェアーラグビーも8月の世界選手権（オーストラリア）で世界ランキング1位の地元オーストラリアを破って優勝しました。こうした日本ラグビー界に吹いている風に乗って、来年のラグビーW杯でもぜひ日本の躍進する姿を見たいですね。そして、2020年オリンピック・パラリンピックにつなげていけたらと思います。

大東和美氏 略歴

		ラグビー関連・世相	大東氏略歴
1948	昭和23		大東和美氏、兵庫県に生まれる
1949	昭和24	第1回全国実業団ラグビー大会開催	
1950	昭和25	第1回新生大学大会開催。「全国大学大会」の名称となる 朝鮮戦争が勃発	
1951	昭和26	安全保障条約を締結	
1952	昭和27	全国実業団ラグビー大会、第5回から全国社会人ラグビー大会に改称	
1953	昭和28	田辺九萬三氏、日本ラグビーフットボール協会の2代目会長に就任 東京ラグビー場を秩父宮ラグビー場に改称	
1955	昭和30	日本の高度経済成長の開始	
1956	昭和31	香山蕃氏、日本ラグビーフットボール協会の3代目会長に就任	
1961	昭和36	第1回NHK杯ラグビー試合(現・日本選手権)開始	
1962	昭和37	秩父宮ラグビー場、国立競技場に移譲	
1963	昭和38	日本代表、戦後初の海外遠征(カナダ)	
1964	昭和39	第1回日本選手権試合開催 東海道新幹線が開業	
1965	昭和40	第1回全国大学選手権大会開催	
1967	昭和42		報徳学園高等学校卒業。在学中からラグビーを始める
1968	昭和43	湯川正夫氏、日本ラグビーフットボール協会の4代目会長に就任	
1969	昭和44	第1回アジアラグビー大会開催。日本は全勝で優勝 アポロ11号が人類初の月面有人着陸	
1970	昭和45	横山通夫氏、日本ラグビーフットボール協会の5代目会長に就任	

1971 昭和46	第1次・高校日本代表のカナダ遠征	早稲田大学教育学部卒業。在学中はラグビー部に所属し、フッカーとして活躍。また、1970年度には主将を務め、大学選手権優勝、新日鐵釜石に勝利して日本選手権制覇を達成 住友金属工業に入社
1972 昭和47	椎名時四郎氏、日本ラグビーフットボール協会の6代目会長に就任	日本代表に選出される。テストマッチに計6試合出場
1973 昭和48	全国高校選抜東西対抗試合開始 オイルショックが始まる	
1976 昭和51	ロッキード事件が表面化	早稲田大学ラグビー部監督を務め、大学選手権優勝に導く
1978 昭和53	日中平和友好条約を調印	
1979 昭和54	阿部譲氏、日本ラグビーフットボール協会の7代目会長に就任	
1982 昭和57	代表キャップ制度を発足 東北、上越新幹線が開業	
1987 昭和62	第1回ワールドカップが開催（オーストラリア・ニュージーランドの共同開催）以後、第7回大会まで日本代表チームは連続出場を果たす	
1990 平成2	磯田一郎氏、日本ラグビーフットボール協会の8代目会長に就任	
1992 平成4	川越藤一郎氏、日本ラグビーフットボール協会の9代目会長に就任	
1993 平成5	第1回ジャパンセブンズ開催	
1995 平成7	金野滋氏、日本ラグビーフットボール協会の10代目会長に就任 阪神・淡路大震災が発生	
1997 平成9	香港が中国に返還される	
2000 平成12	IRBワールドセブンズシリーズ日本大会開催	日本ラグビーフットボール協会評議員に就任

2001 平成13	町井徹郎氏、日本ラグビーフットボール協会の11代目会長に就任	住友金属工業（現・新日鐵住金）九州支社長に就任
2002 平成14	女子ラグビーが日本ラグビーフットボール協会に加入 女子ラグビーは、第4回女子ワールドカップに初参加	
2003 平成15	ジャパンラグビー トップリーグが社会人12チームで開幕	
2005 平成17	森喜朗氏、日本ラグビーフットボール協会の12代目会長に就任	
2006 平成18	ジャパンラグビートップリーグチーム数は12チームから14チームへ増加	鹿島アントラーズ・エフ・シー代表取締役社長に就任
2008 平成20	リーマンショックが起こる	
2009 平成21	U20世界ラグビー選手権（ＩＲＢジュニアワールドチャンピオンシップ２００９）開催 ２０１９年ラグビーワールドカップが日本で開催決定	
2010 平成22	２０１９年ラグビーワールドカップ日本開催組織委員会の設立準備を開始	日本プロサッカーリーグ理事長（Jリーグチェアマン）に就任
2011 平成23	東日本大震災が発生	
2013 平成25	日本ラグビーフットボール協会が公益財団法人へ移行	報徳学園高校ラグビー部アドバイザーに就任
2014 平成26		Jリーグメディアプロモーション取締役会長に就任 日本サッカー協会名誉副会長に就任
2015 平成27	岡村正氏、日本ラグビーフットボール協会の13代目会長に就任	日本スポーツ振興センター理事長に就任
2016 平成28	リオデジャネイロオリンピック・パラリンピック開催 7人制ラグビーが正式種目として実施	
2019 令和元	森重隆氏、日本ラグビーフットボール協会の14代目会長に就任	

第4章

「すべてを教わった」ラグビー一筋の人生

松尾雄治

matsuo yuji

「ラグビーは社会の縮図」という考えを持つ父親のもと、小学生の時からラグビーが生活の中心だったと語る松尾雄治氏。大学3年生の時に監督の指示のもと、スクラムハーフ（パスのスペシャリストで、スクラムの中間にボールを入れる役割を担うポジション）からスタンドオフ（パス、キック、ランでゲームをコントロールしゲームで司令塔の役割を担うポジション）へとかわり、その後、「日本ラグビー史上最高のスタンドオフ」と呼ばれるほどの名選手となりました。大学卒業後、9年間在籍した新日鐵釜石では7連覇を含む8度の日本一を達成しました。「ラグビーからすべてを教わった」と語る松尾氏のラグビー人生を振り返っていただきました。

松尾雄治（まつお・ゆうじ）1954年生まれ。目黒高校ラグビー部、明治大学ラグビー部を経て1976年に新日鐵釜石ラグビー部に入部し、日本選手権で8度優勝。1975年、日本代表に初選出され、通算キャップ24を獲得。引退後はニュースキャスター、成城大学ラグビー部監督として活躍。2011年、NPO法人スクラム釜石を設立。

聞き手／佐野慎輔　　文／斉藤寿子　　構成・写真／松尾雄治、フォート・キシモト
取材日／2018年10月4日

小学生の時から〝ラグビー漬け〟の日々

――新日鐵釜石での松尾さんのご活躍は今も語り草となっていますが、そもそも松尾さんがラグビーを始めたきっかけはお父さんだったそうですね。

そうなんです。私の父親もラガーマンでして、「ラグビーというのは、社会の縮図なんだ。ひとりでやっているわけではなく、みんなでやるもの。それがラグビーなんだ」ということをよく言われました。実際、ラグビーで最初に教わったのは「ひとりでは何もできない」ということでしたね。

――子どものころから、ラグビーが中心の生活だったのでしょうか？

はい、そうでした。ラグビー熱の父親のもと、もう生活の中心というよりも、生活のほとんどすべてがラグビーだったと言っても過言ではありませんでした。父親には極端な言い方をすれば、「勉強はしなくていいから、とにかくラグビーを一生懸命やりなさい」と言われていました。今の時代からすれば、ビックリしますよね（笑）。でも、私の父親は大まじめにそういうことを言う人でしたから、学校の先生も大変だったと思います。私も本当に勉強そっちのけ

幼少の頃からラグビーボールと戯れていた

ラガーマンであった父（後列）と。前列左が雄治、右が弟の雄吾

でラグビーばかりしていました。

——お父さんの言うことをよく聞く、素直な少年だったんですね。

素直というよりも、とにかく父親は頑固で、僕にとっては怖い存在でしたからね。父親は自分なりの哲学を持っていて「鉛筆を持って机に向かうよりも、ボールを持ってグラウンドを駆けまわることの方が大事なんだ」と。「ラグビーは人として大切なことをすべて教えてくれる」というのが父親の考えでした。親戚が集まる席でも、「勉強ができる子どもは勉強すればいい。でも、勉強のできないオレから生まれたうちの子どもに勉強でいい大学に行けというのは到底無理なことだし、本人にとっても酷なこと。うちの子どもはオレから生まれたからには、ラグビーしかないんだ」と言っていましたね。まあ、そういう父親に育てられましたから、僕には生まれた時からラグビーしかなかったんです。ただ、振り返ると、父親の言っていることも「そうだな」と思うことも少なくありませんでした。例えば、「人間はひとりで生きているわけではないのだから、友だちの気持ちを思いやったり、周りへの配慮がとても大切で、それはラグビーが教えてくれる」と。そういう人間性を高めるにはラグビーが一番だ、というのが父親の考えでした。

――小学生の時にラグビーを始めて、31歳で現役引退をするまでラグビー一筋の人生を歩まれたわけですが、その間、ラグビーが嫌いになったり、やめたいと思ったことはあったのでしょうか？

それは、なかったですね。というのも、私の父親はラグビーに対しては厳しかったけれども、ラグビーの練習で手を抜かない限り、そのほかのことは自由でした。ですから、それほどがんじがらめに縛られた生活をしていたわけではなかったんです。ただ、ラグビーの練習をさぼったり手を抜くことだけは、絶対に許されませんでした。

――ラグビーは楽しかったですか？

正直に言えば、楽しいという気持ちではやっていませんでしたね。楽しいと思えたのは、引退する最後の3年くらいかなあ。新日鐵釜石で監督兼任だったのですが、自分がチームを指揮するようになって初めて「ああ、ラグビーっていろんなやり方があるんだなあ。楽しいものなんだなあ」と感じることができました。そういう気持ちで最後、引退することができて良かったなと思います。

――それまでは楽しさではなく、どんな気持ちでラグビーをしていたのでしょうか？

やらされていると言うと語弊があるかもしれませんが、「もう自分にはこの道しかないんだ」という気持ちでやっていました。

――松尾さんの華麗なステップを見ていると、楽しくラグビーをやっているように思えました。

皆さん、そういうふうに言ってくださるのですが、実際はまったく違いました。もちろん、好プレーをしてみんなに「ナイスプレー！」と言われたりしたときには嬉しいという気持ちはありましたよ。ただ常に心にあったのは「負けたらどうしよう」とか「巧いプレーができなければ、みんなに示しがつかない」とか、そんなことばかりだったんです。でも、そういう時代だったということもあったと思います。私よりも少し後の世代、同志社大学や神戸製鋼でプレーし、日本代表として活躍した平尾誠二くんの時代には「楽しさ」というのもあったと思いますが、私たちの時代はとにかく決められたことを組織としてしっかりと遂行するということしかありませんでした。

人間性を〝鍛えられた〟高校時代

——松尾さんに多大なる影響を与えたおひとりとして、私立目黒高校の梅木恒明監督の存在は欠かすことはできませんが、そもそも2年生の時に成城学園高校から目黒高校に転校した理由は何だったのでしょうか？

正直に申しますと、私は成城学園を退学となったんです。というのも、「ラグビーさえしていれば、勉強はしなくていい」というような父親でしたから、私はその言葉通り、学校には放課後のラグビーの練習の時にしか顔を出さず、ろくに授業も受けていなかったんです。それで退学となりまして、どこにも行くところがなくなってしまいました。仕方ないので、父親と練習をしていたんですね。とはいえ、2人ですから、走るくらいしかできないんです。父親は「自分もつい熱くなって、学校に『退学とは上等だ！』と啖呵をきってしまったけれど、よく考えてみれば学校に行かないとラグビーの練習さえもできないんだな」と思ったそうです。そんな

松尾雄治氏（取材当日）

ふうにまったく行くあてがなくて困っていたところに、父親の高校時代の友人から連絡がありまして、その方が当時明治大学ラグビー部監督を務めていた北島忠治先生の本を読んだそうで、「そこに『去る者追わず、来る者拒まず』と書いてあったから、一度北島先生のところに行ってみろ」と言ってくれたんです。それで父親と一緒に明治大学のグラウンドに行ったのですが、実は北島先生と父親は同じ旧制・成城高等学校の同級生でラグビー部では一緒にスクラムを組んだ仲だったんです。北島先生も父親のことを覚えてくれていて、父親が訳を話したところ、北島先生が私にこう言ったんです。「本当に、毎日一日も休まずに練習に来れるか？」と。私が「はい」と答えましたら、北島先生が「よし、わかった」と。それで、翌日から私は自転車で明治大学の八幡山グラウンドに通って練習するようになったんです。そしたら、そこに目黒高校のラグビー部が毎日のように練習に来ていたんですね。それで北島先生が、当時目黒高校の監督を務めていた梅木先生に私を紹介してくれまして、「ラグビーはそこそこできるから、なんとかオマエのところで世話してくれないか」と頼んでくださったんです。梅木先生も北島先生からのお願いを無下に断ることもできなかったんでしょうね、「はい、わかりました」と即答でした。まるでドラマのような話ですが、試験も面接もなくて、その場で本当に目黒高校への転校が決まったんです。その日、北島先生に「松尾、明日から目黒に行きなさい」と言われて、そのままグラウンドから合宿所となっていた梅木先生のご自宅に行きました。それ以降、卒業するまで実家には戻りませんでした。家族からすれば驚いたでしょうね。朝、練習に行ったきり、そのまま2年間も帰ってこなかったわけですからね。

――梅木先生は、どのような指導者だったのでしょうか？

「鬼の梅木」と呼ばれていましたが、本当にその通りでした。勝負に厳しかったことはもちろんですが、梅木先生がそれ以上に注力されていたのは生徒たちの人間形成でした。私のような、いわゆる不良で、どこにも行くあてがないような生徒たちばかりでしたが、その生徒を更生させることに一生懸命だったんです。「自分なんか」というような腐った心を、ラグビーで更生させるんだと。当時は厳しさしかわかりませんでしたが、今は本当にすばらしい方だったなと感謝しています。やり方自体は、確かに賛否両論あったかもしれませんが、でも私は「人を育てる」という信念を持って、どこにも行くところがなかった私たちを日本一のラグビー部に導いてくださった梅木先生の情熱は本当に尊敬しています。誰にでもできることではありません。

――松尾さんは目黒高校に転校してすぐにレギュラーを取られたんですか？

はい、すぐに試合に出させてもらっていました。ただ、「まあまあ、できるな」というくらいのもので、体力も技術も、先輩とは雲泥の差がありました。目黒高校はすでに日本一になっていた強豪校でしたからね。自分とのレベルの差を思い知らされました。

――高校時代の一番の思い出は何ですか？

思い出といっても、もう辛くて厳しい練習のことしかないですねえ。練習が終わると、「ああ、今日も生きて帰れるな」と思う毎日でしたから。私が3年生になるころには、同じ学年で残ったのはたった3人でした。それほど練習が厳しかったんです。ですから、その後の大学の練習は高校時代からすれば、楽で楽で仕方なかったですね。

人間性を〝磨かれた〟大学時代

――高校卒業後は、明治大学に進学しますが、北島先生はどのような指導者だったのでしょうか？

北島先生は、あまり決めごとをしない方で、とても自由なラグビーでした。先生が口を酸っぱくして言っていたのは「正々堂々とやること」。とにかくまっすぐな気持ちでラグビーをやりなさい、ということだけでした。ですから、勝つためにはどんな手段もいとわないというようなことは絶対にありませんでした。私たちが「こんなふうにしたら勝てるんじゃないか」と

明治大学時代の恩師北島忠治監督

いうような戦略の話をしても、先生はまったくいい顔をしなかったですね。例えば、私の時代にはボールがひとつしかなくて、今のようにすぐに代えのボールを用意するなんてことはありませんでしたので、故意に見当違いのところにボールを大きく蹴って、時間を無駄に使うなんてこともよくありました。ほかにも「この角度なら、レフリーには見えない」ということを研究することも、勝つための常とう手段だったんです。でも、北島先生は絶対にそういうことは認めませんでした。「そんなのはラグビーじゃない」と。

――北島先生のご指導で、印象に残っていることはどんなことですか？

ある日、北島先生にこんな話をされたことがありました。チームの中には、4年間一度も試合に出場できずに引退していく選手も多くいます。でも、そういう選手たちが卒業後に社会に出て、数年後に北島先生の目の前に現れた時に「ああ、学生の時のままだなあ」と思うことがよくあるそうなんです。そういう選手は、大学時代、一度も公式戦のユニフォームに袖を通すことができなくても、決して腐ることなく、一度も練習を休まずに、ただひたすらボールを追いかけていたと。「松尾、そういう選手こそ、本当のラガーマンなんだ。オマエたちは確かに努力をしてレギュラーとして活躍しているかもしれない。でも、卒業後に必ず彼らのような選手に教えられることはたくさんあるからな」と言われた時には、ドキっとしましたね。

満員の観客を集めた旧国立競技場での伝統の早明ラグビー

――ラグビーをするということは「人間性」を養うことなんだと。

そういうことですよね。勝敗だけではないんだと。実際、北島先生は卒業後に挨拶に行くと、どの選手にも私たちレギュラー陣と分け隔てなく接しておられました。「ラグビーで成功した者がすごいわけでも偉いわけでもないんだ」ということを北島先生から教えていただいたんです。真の教育者とは、北島先生のような方を言うのだと思いますね。

――今では松尾さんと言えば、日本を代表するスタンドオフとして有名ですが、実は大学2年生までは、ずっとスクラムハーフでしたね。

そうなんです。当時はスクラムハーフとして日本代表にも選ばれていましたから、3年生の時に代表の試合を終えて帰ってきて、いきなり北島先生にスタンドオフへの転向を命じられた時は驚きました。そんな簡単にできるわけがないと思いましたし、何よりスクラムハーフとしてなら世界にも通用するというような絶対的な自信がありましたからね。将来的には海外チームでプレーすることも可能なんじゃないかと思っていました。

——ショックも大きかったのでは？

そうですね。スクラムハーフとして世界で活躍するという夢が叶わないなと。ただ「そうか、チームのために自分はあるんだな」ということを改めて考えさせられた出来事でした。自分をここまで育ててくれた北島先生に期待されてのことなのだから、自分の夢を捨ててでも、しっかりと役割を果たさなければいけないと思ったんです。

変化し続けたことにあった新日鐵釜石の強さ

――大学卒業後、東京に拠点のあるチームをはじめ、いろいろなところから誘いがあったと思いますが、わざわざ東北の新日鐵釜石に入社したのは、どのような経緯だったのでしょうか？

いろいろなチームからお誘いを受けましたが、新日鐵釜石のラグビーへの純粋な気持ちに魅かれたのが一番でしたね。大学時代、毎年6月に釜石に合宿に行くのが恒例となっていまして、そのころから新日鐵釜石の選手たちとも交流があったんです。本当に素朴で、「なんでこんなにラグビーが好きなんだろうか？」と思ってしまうほどラグビー愛に溢れているチームという印象がありました。それと、大学4年生の時には「自分はラグビーに骨をうずめる」という覚悟をしていましたから、最もラグビー漬けになれる場所がいいなと思っていたんです。それで、すぐに遊びに行きたくなってしまうだろう都会ではなく、遊ぶようなところがない釜石でラグビーに没頭しようと。ただ、当初は社会人でラグビーをやるのは3、4年くらいのつもりでいました。あのころは、大卒の選手はみんな、3、4年で引退するのが当たり前でしたからね。ですから、3、4年頑張って、その後はそのまま新日鐵で鉄鋼マンとして働くなり、あるいは東京に戻って家業を手伝うなりしようと考えていたんです。まさか9年もプレーするなんて思

日本選手権大会決勝の同志社大学戦で相手を翻弄

いもよりませんでした。人生わからないものですね（笑）。

――松尾さんが入社した1年目に、新日鐵釜石は日本選手権で初優勝しました。

そうなんです。しかも相手は大学時代の最大のライバルだった早稲田大学でしたから、嬉しかったですね。その翌年はトヨタ自動車に負けてしまったのですが、3年目からは7連覇しました。

――勝ち続けるということは、本当に大変なことだったと思います。

大変でしたね。トップに立てば、当然相手チームから研究されますので、それでも勝てるようにしなければいけないわけです。そのためにはどんどん自分自身を磨かなければいけないし、チームも変化して、さらなる強化を図っていかなければならない。実際、私へのマークも厳しくなっていきましたし、ほかの選手もそれまでは簡単に抜けていたのが、相手が研究してきたことによって、なかなか抜けなくなっていったりもしました。でも、そこで今度はそれまでほとんどマークされていなかった選手が活躍したりしたんです。停滞しなかったことが、勝ち続けられた最大の要因だったと思います。

――そうしたなかで、松尾さんの華麗なプレーはラグビーファンを魅了し続けました。特にタックルをしに来た相手に対して、フッとタイミングをずらして、スッと狭いところを抜け出していくあのステップはすごかった。あの独特のステップは、どのようにして体得したものだったのでしょうか？

理屈ではなかったと思いますね。子どものころからラグビー一筋でやってきたなかで、自然と身に付いた技術だったと思います。

――意外にも、それほど足が速かったわけではなかったとか。

まったく速くはなかったですよ。むしろ遅い方だったと思います。私よりも足が速かった選手はごまんといました。

ラグビーとの決別を覚悟した〝7連覇〟秘話

――現役最後の2年間は、新日鐵釜石の監督を兼任されました。グラウンド内外でチームを牽引する立場となり、まさに〝松尾雄治のチーム〟というなかでまとめあげて勝利に導いたわけですが、苦労も多かったのではないでしょうか。

監督に就任した時に、まず自分自身のラグビー哲学を貫き通しながら、どのようにしてチームをひとつにまとめあげたらいいのかなと考えました。そこで選手起用において心に決めたのは「調子の悪いベテランではなく、調子の良い若手を使う」ことでした。やはり組織というのは、常に新陳代謝が必要で変わり続けていかなければいけません。実際、当時の新日鐵釜石はそういうチームだったから強かったんです。私が在籍した9年間で、ずっとレギュラーとして試合に出場したのは、わずか3人しかいませんでした。そのほかは、毎年のように激しく選手が入れ替わっているんです。「これまで活躍したベテランだからといって、試合に出られる保証はない」という緊張感があったからこそ、選手がどんどん成長したし、チームも強くなっていって、〝日本一の座〟を守り続けられていた。だから、私もそうしようと思っていました。ところが、たった一度、私はその哲学に反したことをしたんです。それが現役最後の試合となった日本選手権決勝でした。当時、私はケガをしていてドクターストップがかかっていました。手術をしたばかりで、ほとんど足首が動かない状態でしたし、まだ傷口がふさがっていなかったんです。医師からも「試合に出場するなんて絶対に無理」と言われていました。そんな状態だったにもかかわらず、監督である自分はケガして本調子でない「松尾雄治」を出場させてしまったんです。

――しかし、当時の状況からすれば、大スターの松尾さんが出場しなければ、ファンは納得しなかったのではないでしょうか。

確かにそれはあったかもしれません。でも、私自身は神聖なアマチュアスポーツを汚すようなことをしてしまったとしか思えなかったんです。私の後釜には佐々木和寿という若手選手がいて、彼は「松尾さんに何かあれば、いつでも僕が頑張ります！」というふうにして一生懸命練習してきていたわけです。にもかかわらず、その佐々木選手を出さずに、本調子でない私が出場してしまった。つまりは彼を裏切ってしまったんです。ラグビーの人気取りに走った自分自身が恥ずかしいし、今でも佐々木選手には「松尾雄治は嘘つきだ」と言われているような気がしてなりません。現役引退後は、いっさい、ラグビーボールを持つことも、グラウンドに足を踏み入れてもいけないと思いました。

――松尾さんが引退した2年後には、第1回ラグビーW杯（1987年）が開催されました。日本のラグビーファンは誰もがそのW杯に松尾さんは出場するものだとばかり思っていたはずです。ところが、松尾さんは日本選手権7連覇を最後に現役引退を表明し、ラグビーの現場から姿を消してしまった。それがとても残念でなりませんでした。

結局、あの試合で私はラグビーに対して〝嘘つき人間〟になってしまったんです。あれだけ「調子のいい選手を起用する」という方針でやってきたのに、最後の最後に、調子の悪い自分を出してしまったわけですからね。ラグビーというのはひとりだけが目立ってしまっては、チームにはなりません。そのことを選手にずっと言ってきたのに、ケガした松尾雄治が試合に出場して、しかも国立競技場で胴上げされたわけです。もう自分はラグビーに携わる資格はないなと思いました。試合の後、まっすぐ病院に行ったのですが、ベッドの上で「ああ、自分はなんてことをしてしまったんだろう……」と。もちろん、7連覇を達成してファンや会社の皆さんの喜ぶ姿は嬉しかったけれど、一ラガーマンとしての自分を考えると「絶対にしてはいけないことをしてしまった」という気持ちしかありませんでした。ラグビーの神さまから「オマエ

松尾雄治氏（取材当日）

松尾氏の著書
『人はなぜ強くなければならないか』の表紙

は、もう終わりだ」と告げられたような気がして、そこで〝ラグビーとの決別〟を決心したんです。私が現役を引退して19年間、ラグビーに直接かかわらなかったのは、それが理由です。

勝敗よりも人間教育に注力した大学の指導

――現役を引退してからは、スポーツキャスターとして活躍されました。

本来であれば、お世話になったラグビー界に残って仕事をしなければいけない立場だったとは思うのですが、やはりラグビーに直接かかわることは許されないと。それでもラグビーを盛り上げるためにも側面から何かできることがあればという思いでスポーツキャスターを引き受けさせていただきました。ただ、〝ラグビーの松尾雄治〟というようなイメージを持たせないようにしようと気を付けていましたし、直接ラグビーを語ることもなるべく避けていました。

――2004年からは8年間、成城大学の監督を務められました。これはどんなきっかけがあったのでしょうか？

1年間ですが、附属の成城学園に在籍していたつながりで、「成城大学ラグビー部を指導してくれないか」というお話をいただいたんです。でも、最初は「私はラグビーを教える資格がない人間なんです」と何度もお断りしていました。それでも「なんとかお願いできないか」と。そこまで言われてお断りするのも悪いなという気持ちになって、「じゃあ、わかりました」と。引き受けたからにはちゃんと指導したいという気持ちが強くなりまして、オフ日の月曜日以外は週に6日、グラウンドに通い続けました。

――同じ監督業でも、新日鐵釜石の時とは、指導方針も違ったのではないでしょうか。

おっしゃる通りです。「ラグビー」の「ラ」の字から教えなければいけないような選手たちばかりでしたから、まずは「スポーツをすることの意味」から教えていくような感じでした。

そういう意味では、大学時代の恩師である北島先生から教わったことを、私も学生に伝えたいと思いました。例えば、グラウンドで平気でタバコを吸ったりパンを食べたりするのではなく、グラウンドに来たら一礼し、帰る時にも一礼する。それがラグビーをする者の礼儀だということを教えました。また、試合中に相手のミスを喜ぶようなことをしてはいけないと。ラグビーでどう勝つかということよりも、スポーツを通して人間性を育てることが一番でしたね。

——日本ラグビー界全体を見ると、1985年に松尾さんが引退し、そしてその後を引き継ぐようにして神戸製鋼の7連覇に大きく貢献するなど日本を代表するスタンドオフとして活躍した平尾誠二さんも1998年に引退。その後はラグビー人気の衰退が続いています。

正直に言えば、やはり日本ラグビー協会にもその責任の一端はあると思います。人気を誇っていた時代にその後のことを考えた対応が遅れたのではないでしょうか。協会としてもそれなりにやってきたのかもしれませんが、ラグビーがさらに発展するためにはもっと努力する必要があったのではないかと思います。

釜石鵜住居復興スタジアムのオープニングで行われたレジェンドマッチに出場した（右、2018年）
提供：釜石鵜住居復興スタジアムオープニングイベント開催実行委員会

〝奇跡のチーム〟誕生の地、釜石

――そのなかで来年にはラグビーW杯が日本で開催されます。このW杯開催が日本にもたらすものとは何でしょうか？

ラグビーW杯が開催されることによって、日本スポーツの社会的地位がさらに高まると思います。それこそ私が子どものころは、「スポーツができたからって、将来なんにもならない」みたいなことはよく言われていました。いい大学に入って大きな企業に入ることが、人生の成功、幸せだと考えられていた時代がありました。しかし、今は違いますよね。スポーツだって立派な職業になるし、それに超高齢化社会を迎えつつある現代の日本にとっては運動することが奨励される時代になった。それに、私が最も言いたいのはスポーツは人を育ててくれるということ。スポーツマンシップの精神があれば、社会の秩序を守ることにもつながるし、人や物を大切にするようにもなる。諦めない心や、最後までやり遂げる強さなど、スポーツからは本当にたくさんのものを学ぶことができます。子どもたちの人間教育には欠かすことができません。ラグビーW杯も2020年東京オリンピック・パラリンピックも、そうしたスポーツ本来の魅力を知る機会になることを切に願っています。

――ラグビーW杯が開催される12会場のひとつには釜石が入りました。「釜石鵜住居復興スタジアム」のこけら落としが今年8月に行われ、新日鐵釜石（現・釜石シーウェイブス）と神戸製鋼のOB戦「レジェンドマッチ」が開催されましたが、W杯開催地に実際に立ってみて、どんなお気持ちになりましたか？

建設予定地だった時にも一度訪れたことがあったのですが、実際にラグビー競技場となった「釜石鵜住居復興スタジアム」を目の前にして、ちょっと信じられない気持ちでしたね。「ああ、ここで本当にラグビーW杯が行われるんだな」と思ったら、感慨深くなりました。2011年3月の「東日本大震災」の影響で、町の様子もすっかり変わりましたが、でも僕がこんなことを言うのは違うかもしれませんが、あの震災があったことで、また釜石がもう一度活気づいた町に生まれ変わったんだ、というふうにしてもらえたら嬉しいですよね。「釜石鵜住居復興スタジアム」がそのスタート地点になってくれたらなと。そしてラグビーW杯をきっかけにして、「釜石」という町の名前を世界の人々が知ってくれたら、こんなに嬉しいことはないなと思いました。

――私たちの世代からすれば、「釜石」というと、やはり1970～80年代の「新日鐵釜石」というラグビーチームの印象が強い。8月の「レジェンドマッチ」を観に行って、改めて「この小さな町から、前人未到の日本選手権7連覇をするような強豪チームが誕生したのか」と驚かずにはいられませんでした。

ありがとうございます。そんな風に言っていただけると、本当に嬉しい限りです。しかも、当時の新日鉄釜石はほとんどが高校を卒業したばかりの選手が占めている若いチームでした。大学卒業の選手は、私も含めて3、4人しかいなかったんです。当時から大卒が主流の時代でしたから、そんなチームは全国どこにもなかったと思います。そういうなかで、毎年毎年、結構メンバーが入れ替わるなかで強くなっていきました。現役を引退して34年、その後いろいろなチームを見てきましたが、いつも思うのは「あの時代の新日鐵釜石というのは、奇跡のチームだったな」ということです。

釜石鵜住居復興スタジアムのオープニングで行われたレジェンドマッチ（2018年）
提供：釜石鵜住居復興スタジアムオープニングイベント開催実行委員会

――それこそ「奇跡の町の奇跡のチーム」と言えましたよね。

はい、本当にそう思います。もう、あのようなチームは、今後二度と出てこないかもしれませんね。

〝遠い夢物語〟だった釜石でのラグビーW杯開催が現実に

――その釜石で、来年にはいよいよラグビーW杯が開催されます。

本当にすごいことですよねえ。まず日本でラグビーW杯が開催されること自体が、私からすれば信じられないことでした。開催決定のニュースを聞いた時は、喜びよりもまず「嘘でしょ？」と驚きのほうが先にきたほどです。それほど、ラグビーW杯開催は私たちラガーマンにとっては遠い夢物語でした。第1回大会からアジアで唯一W杯に出場し続けているとはいえ、日本は未だ決勝トーナメントに進出できていないというのが実情です。そのような国でラグビーW杯を開催するということを世界に認めていただいたということが、本当にすごいことです。ずっと諦めずに開催招致に名乗りをあげ続けてきたからこそで、たくさんの人たちのご尽力のおかげですよね。本当に嬉しく思います。

——今大会は、釜石を含めて全国12会場で開催されます。

そのことにも驚きました。私は最初、国立競技場など2、3カ所で開催するのかなと思っていたんです。それがふたを開けてみれば、12カ所。しかもそのなかのひとつに「釜石」という名前があったわけですから、二重の驚きでした。「釜石」という町の存在が、日本のラグビー関係者の皆さんに「W杯を開催するに値する場所」として認めていただいたということですからね。「まさか……」という驚きの気持ちとともに、もう本当に喜びがこみ上げてきました。

——「あの釜石でやるのは当然」という思いだったラグビーファンはたくさんいたと思います。それほど日本のラグビーファンにとって、未だ「釜石」は〝ラグビーの町〟という印象が強く残っています。

いやあ、それは嬉しいなあ。私も全国のラグビーファンや関係者の皆さんから「釜石でラグビーW杯をやるべきだ」という声がたくさんあがったというお話は聞いていました。本当にありがたいことだなあと思いましたね。私も一ラガーマンとして、日本のラグビー界の発展を支えていきたいという思いのもと、現在は全国で講演会やトークショーなどに呼んでいただき、そこでラグビーや釜石についてお話したりしているわけですが、正直に言えば、そういう場で「いつか釜石でW杯を開催してほしい」ということは、気持ちはあっても、なかなか口に出して言うことはできませんでした。まさか本当に実現するなんて、ちょっと予想できませんでしたからね。

――2011年3月の「東日本大震災」後には、松尾さんを中心にして、釜石や東北の復興をめざす「スクラム釜石」というNPO法人を立ち上げました。その活動もラグビーW杯開催につながったのではないでしょうか。

確かにスクラム釜石の活動をするなかで、周囲からは「ラグビーW杯を開催したい！」という声はたくさんあがっていました。ただ、当時は「いやいや、ちょっとそれは難しいんじゃないかなあ」というのが私の本音でした。「まずは復興を」ということもありましたからね。でも、その声がどんどん大きくなっていって、結果的には現実になった。よく私が子どもの時に、おじいさんやおばあさんに「何事も諦めずに、小さいことからコツコツと努力し続けていくことが大切」と教わりましたが、今回の釜石でのラグビーW杯開催実現は、まさにそういうことだと思うんです。「昔おじいさんやおばあさんが言っていた、小さなことからコツコツという話は、本当だなあ」と、この齢にして思いました。

――最後に、松尾さんにとって「ラグビー」とは？

ひと言で言い表すことは難しいですが、なにせラグビー一筋で生きてきた人間ですから、やはり私の人生の〝バイブル〟と言っていいのではないかなあと思いますね。ラグビーというのは、本当に激しくて、痛みを伴うし、辛いこともたくさんある大変なスポーツです。でも、だからこそ、チームみんなが一人ひとりの選手を尊敬し合うようになるんです。不思議なことに、一緒にラグビーをやっている仲間で〝嫌な人〟ってひとりもいないものなんですよ。みんながみんなを認め合って協力し合わなければ成立しないのがラグビー。そんなラグビーから、私はすべてを学んだと言っても過言ではありません。

松尾雄治氏 略歴

	ラグビー関連・世相	松尾氏略歴
1954 昭和29		松尾雄治氏、東京都に生まれる
1955 昭和30	日本の高度経済成長の開始	
1956 昭和31	香山蕃氏、日本ラグビーフットボール協会の3代目会長に就任	
1961 昭和36	第1回NHK杯ラグビー試合（現・日本選手権）開始	
1962 昭和37	秩父宮ラグビー場、国立競技場に移譲	
1963 昭和38	日本代表、戦後初の海外遠征（カナダ）	
1964 昭和39	第1回日本選手権試合開催 東海道新幹線が開業	
1965 昭和40	第1回全国大学選手権大会開催	
1968 昭和43	湯川正夫氏、日本ラグビーフットボール協会の4代目会長に就任	
1969 昭和44	第1回アジアラグビー大会開催。日本は全勝で優勝 アポロ11号が人類初の月面有人着陸	成城学園高校に入学後、ラグビー強豪校である目黒高校（現・目黒学院）に転入。ラグビー部に所属する
1970 昭和45	横山通夫氏、日本ラグビーフットボール協会の5代目会長に就任	全国高校ラグビー大会に出場し、準優勝
1971 昭和46	第1次・高校日本代表のカナダ遠征	
1972 昭和47	椎名時四郎氏、日本ラグビーフットボール協会の6代目会長に就任	明治大学に入学
1973 昭和48	全国高校選抜東西対抗試合開始 オイルショックが始まる	
1975 昭和50		ラグビー日本代表に選出される。日本代表の司令塔としてキャップ24を獲得
1976 昭和51	ロッキード事件が表面化	全国大学選手権、日本選手権優勝 新日鐵釜石に入社。新日鐵釜石ラグビー部（現・釜石シーウェイブス）に所属

1978 昭和53	日中平和友好条約を調印	社会人選手権、日本選手権優勝。以後、1984年までスタンドオフとして日本選手権7連覇を達成
1979 昭和54	阿部譲氏、日本ラグビーフットボール協会の7代目会長に就任	
1982 昭和57	代表キャップ制度を発足 東北、上越新幹線が開業	新日鐵釜石ラグビー部にて選手兼監督に就任。以後、選手・主将・監督としてラグビー部に貢献
1985 昭和60		現役を引退。以後、スポーツキャスターとして活躍
1987 昭和62	第1回ワールドカップが開催（オーストラリア・ニュージーランドの共同開催）以後、第7回大会まで日本代表チームは連続出場を果たす	
1990 平成2	磯田一郎氏、日本ラグビーフットボール協会の8代目会長に就任	
1992 平成4	川越藤一郎氏、日本ラグビーフットボール協会の9代目会長に就任	
1993 平成5	第1回ジャパンセブンズ開催	
1995 平成7	金野滋氏、日本ラグビーフットボール協会の10代目会長に就任 阪神・淡路大震災が発生	
1997 平成9	香港が中国に返還される	
1998 平成10		日本ラグビーフットボール協会　普及育成委員会委員に就任
2000 平成12	IRBワールドセブンズシリーズ日本大会開催	
2001 平成13	町井徹郎氏、日本ラグビーフットボール協会の11代目会長に就任	
2002 平成14	女子ラグビーが日本ラグビーフットボール協会に加入 女子ラグビーは、第4回女子ワールドカップに初参加	
2003 平成15	ジャパンラグビー トップリーグが社会人12チームで開幕	
2004 平成16		成城大学ラグビー部監督に就任
2005 平成17	森喜朗氏、日本ラグビーフットボール協会の12代目会長に就任	

２００６ 平成18	ジャパンラグビートップリーグチーム数は12チームから14チームへ増加	
２００８ 平成20	リーマンショックが起こる	
２００９ 平成21	Ｕ２０世界ラグビー選手権（ＩＲＢジュニアワールドチャンピオンシップ２００９）開催 ２０１９年ラグビーワールドカップが日本で開催決定	
２０１０ 平成22	２０１９年ラグビーワールドカップ日本開催組織委員会の設立準備を開始	
２０１１ 平成23	東日本大震災が発生	東日本大震災の釜石市の復興を目的に、ＮＰＯ法人スクラム釜石を設立
２０１３ 平成25	日本ラグビーフットボール協会が公益財団法人へ移行	
２０１５ 平成27	岡村正氏、日本ラグビーフットボール協会の13代目会長に就任	
２０１６ 平成28	リオデジャネイロオリンピック・パラリンピック開催 ７人制ラグビーが正式種目として実施	
２０１９ 令和元	森重隆氏、日本ラグビーフットボール協会の14代目会長に就任	

第5章

見直すべき指導者として必要な要素

森 重隆

mori shigetaka

高校からラグビーを始め、明治大学では１年生から試合に出場。日本代表としてのキャップ数（出場回数）は27と、当時、日本を代表するセンターバックとして活躍されたのが森重隆氏。新日鐵釜石時代には、その釜石黄金時代の礎を築き上げました。
また、現役卒業後には母校の福岡高校の監督を22年間務め、2015年からは九州ラグビーフットボール協会会長、日本ラグビーフットボール協会副会長に就任された森氏。今回はラグビーＷ杯2019日本大会への期待や、指導者としての在り方などについて、その森氏にうかがいました。

森 重隆（もり・しげたか）1951年生まれ。福岡高校ラグビー部、明治大学ラグビー部を経て新日鐵釜石ラグビー部に入部し、日本選手権4連覇。日本代表として通算27キャップを獲得。現役引退後は母校・福岡高校で監督を22年務め、2015年に九州ラグビーフットボール協会会長、日本ラグビーフットボール協会副会長※に就任。

聞き手／佐野慎輔　　文／斉藤寿子　　構成・写真／森 重隆、フォート・キシモト
取材日／2018年10月15日
※2019年6月に日本ラグビーフットボール協会会長に就任

忘れられない初めての花園ラグビー場での感動

――現在、日本ラグビー界においてさまざまな面でご活躍されていますが、森さんがラグビーを始めたのは、いつだったのでしょうか？

　中学校時代は9人制のバレーボール部に所属していました。1964年、私が中学1年生の時に東京オリンピックが開催されまして、大松博文監督率いる全日本女子バレーボールチームが金メダルに輝いたんです。それに大いに感化され、バレーボール部に入部したのですが、高校ではラグビー部に入りました。

――森さんが進学された福岡高校は県内有数の進学校でもあり、ラグビーの伝統校でもあります。福岡高校に進学すると決めた時からラグビー部に入ろうという気持ちがあったのでしょうか？

　同じ中学校から福岡高校には30人ほどが進学したのですが、なぜかバレーボール部出身者のほとんどが勧誘されてラグビー部に入ったんです。また、当時の福岡高校で全国大会に行けるような強豪クラブは、ラグビー部くらいしかなかったんですね。それでというところもありま

福岡高校の中心選手として活躍（手前）

した。

──ラグビー部の部員はどのくらいいたのでしょうか？

私の学年は11人入ったのですが、ひとつ上の学年は5～6人でしたので、3学年で30人弱だったと思います。今では考えられないほどのぎりぎりの人数でした。

──ポジションははじめからセンターバック（守備ではタックル、攻撃ではゲームメイクしたり自ら突破してトライのチャンスをつくる役割を担うスピードとパワーの両方を要するポジション）だったのでしょうか？

私は身長が低いほうでしたので、最初は

1969年、全国大会に出場した時の福岡高校のメンバー（中列左から3番目）

スクラムハーフ（パスのスペシャリストで、スクラムではそのスクラムにボールを入れる役割を担うポジション）でした。当時は、身長が低い選手はスクラムハーフと決まっているようなところがあって、私は半年以上、当然のようにスクラムハーフをやっていました。もちろん、1年生の時は上の学年にスクラムハーフの先輩がいましたから、試合には出られませんでした。

――スクラムハーフはゲームを左右する大事なポジションですから、非常にやりがいがあったのではないでしょうか。

本来はそうだと思うのですが、私自身はスクラムハーフとしてのやりがいを感じるところまでいかずに、2年生からセンターバックに替わってしまいました。足だけは速かったので、当時の監督さんから「オマエ、センターやれ」と。

——高校時代の一番の思い出を教えてください。

1年生の時に全国高等学校ラグビーフットボール大会（毎年12月末から翌月1月の始めに開催）に出場しまして、初めて花園ラグビー場に行ったのですが、中学生の時に全国大会の経験はありませんでしたから「こんな大きな大会があるんだ」と驚きました。全国から集まってきた他校のラグビー部の選手はみんな体格が大きいんです。がっちりとした体つきに圧倒されました。私自身は試合には出なかったのですが、チームが負けた時も不思議と悔しさは感じませんでした。「これが全国大会なんだな」ということへの感激の気持ちのほうが大きかったんです。「ラグビー部のお正月はこういうふうにして過ごすのか。また来年、ここに来たいな」という気持ちで帰りました。

——ラグビー部の練習は相当厳しかったのでは？

非常に厳しかったですね。練習は授業が終わった後の放課後、2～3時間程度だったのですが、特に夏の合宿が過酷でした。今のように涼しい場所に行くなんてことはなく、学校に寝泊まりして、ＯＢも来てみっちりと鍛えられました。夏合宿は本当に辛かったですね。

――後に母校の監督を務められますが、当時と今とでは学校の部活動に、どんな違いがあるのでしょうか？

当時は今のように保護者が介入することはまったくなかったですね。試合を観に来るようなこともありませんでした。部に入ったら、みんなお任せします、という感じでした。ある意味で学校側を信頼していたのだと思います。ですからどれだけ厳しいことをやらされても、保護者からクレームがつくというようなことはありませんでした。もうすべてを学校にお任せすると。だからこそ今では考えられないような良き厳しさがあったなと思います。

「打倒早稲田」に燃えた大学時代

――高校卒業後、明治大学に進学されましたが、ラグビー名門校の中でも明治大学を選ばれた理由は何だったのでしょうか？

当時の福岡高校の監督さんが明治大学の出身の方で、毎年のように2～3人が福岡高校から明治大学に行っていたんです。私自身は地元の福岡大学でアイスホッケーをやろうかなと思っ

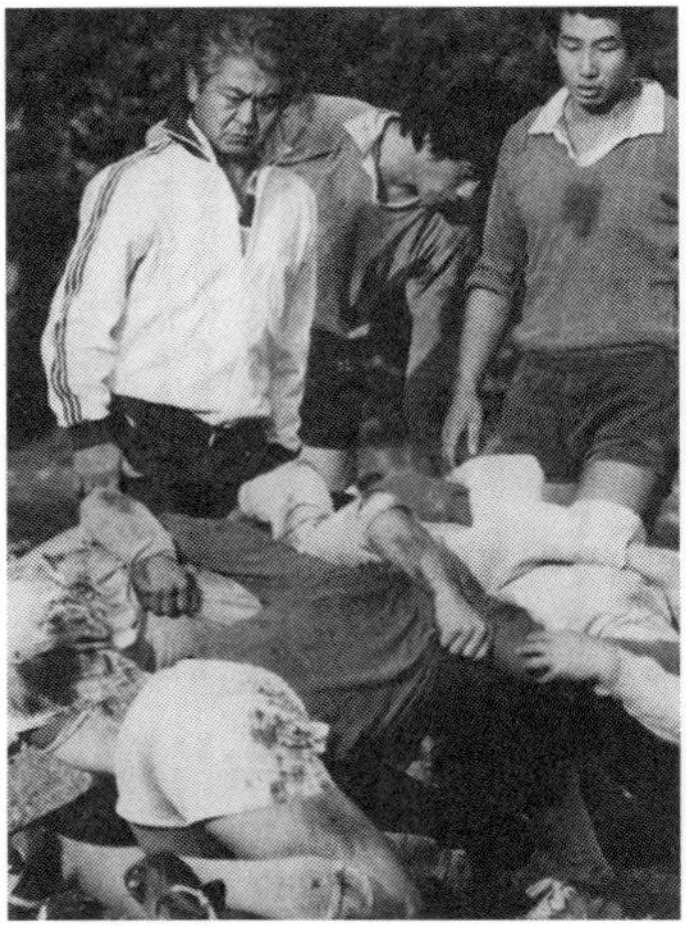

明治大学の激しい練習風景

明治大学時代は闘志溢れるプレーで活躍

ていたのですが、監督さんが私に「明治大学に行かないか」と言ってくださいまして、せっかくなので「じゃあ、明治大学に行こうかなと」。でも、周囲からは「オマエは早稲田大学じゃないのか？」と言われていましたね。身長は低かったけれど、足だけは速かったので、早稲田大学向きだと思われていたんでしょうね。当時の早稲田大学には俊足の選手が多かったですから。

——逆に言えば、足の速い選手が多かった早稲田大学ではなく明治大学に入ったことで、「足があるバックスが入ってきたぞ」と森さんへの期待感も大きかったのではないでしょうか。だからこそ1年生の時から試合に出場されていたのではないかと思うのですが。

確かに運よく1年生の時から試合には出場していましたが、期待されていたかどうかはちょっとわからないですね（笑）。ただ、実は「早稲田大学に行きたいな」と思ったことも何度かあったのですが、やっぱり明治大学に入って正解だったなとは思いました。

――それは明治大学に入ってみて、明治大学の良さがわかったと。

下級生のころは雑用ばかりさせられて、上下関係が厳しかったですから、明治大学の良さはわからなかったですねえ（笑）。でも、「住めば都」ではありました。当時はどこも同じような厳しさはあったと思いますしね。

――明治大学の北島忠治監督（当時）は、どのような指導だったのでしょうか？

ラグビーに関しては、細かいことを指導するというような監督ではありませんでした。ただ、ストッキングをくるぶしまで垂らしてたりすると、「服装は我の為にあらず。人様への礼儀である」と。そしてなにより卑怯なことをするのは絶対に許しませんでしたし、相手への礼儀に対しては厳しく言われました。北島先生は「勝負に勝て」とは絶対に言わないんです。「学生らしい、いいラグビーをしなさい」と。でも、細かくは言ってくれませんから、僕ら選手はどういうものが「学生らしいラグビー」なのかがわかりませんでした。後にOBに聞いてみると、「卑怯なことをせずにルールを守ってプレーする」と。つまり大学を卒業して社会に出た時に必要なことをラグビーを通じて身に付けてほしいということだったと思います。当時、最大のライバルだった早稲田大学ラグビー部の選手とは、よくお酒を飲みかわす機会もあったのですが、いつも話にのぼるのは勝負に対する考え方の違いでした。「早稲田大学は、『ここまでだったら違反にならない』というようなルールぎりぎりのところをついてくる。でも、オレたちにしてみたら、やっちゃいけないことはやっちゃいけないんだ」と、よく議論を交わしていました。当時の早稲田大学は、例えばセットプレーであるラインアウトの際に、ボールを投入するのにフェイントをかけ時間差を使ったりして相手を惑わそうとしてきたんです。早稲田大学にしてみたら「これはテクニックだ」と言うけれど、私たちにすれば「それは違うだろう」と。でも、そういう両校の違いが、ラグビーファンにしてみたら面白くて、早明戦の人気が高かったのだと思います。

――森さんが大学時代は、国立競技場で試合が行われていましたが、早明戦はいつも満員で盛り上がっていましたよね。

私が大学3年生の時までは秩父宮ラグビー場で試合が行われていましたが、たしか改装する

早明戦のスコアボード

ために使用できなくなり、4年生の時には国立競技場でした。満員の国立競技場で試合をするのは選手冥利に尽きました。学生ラグビーにそれほど大勢の観客が集まるなんて、今考えると、すごいことでしたよね。

――当時の学生ラグビーといえば、明治大学と早稲田大学が抜きんでていて、そこに関西の同志社大学が絡んでくるというような図式でした。やはり森さんたち明治大学の選手にとって一番は「打倒！早稲田」だったのでしょうか？

そうですね。北島先生には「東京大学に負けてもいいから、早稲田大学にだけは絶対に負けるな」と言われていました。というのも「社会に出たら東京大学の選手が上司になるんだから、今からゴマをすっていたほうがいいんだと。でも、対等な立場の早稲田大学には絶対に負けるなよ」と（笑）。もちろん先生も冗談で言っていただけで、自分でそう言いながら笑っていましたが、それほど早稲田大学へのライバル心は並々ならぬものがありました。

――当時のラグビー人気の高さは何が要因だったのでしょうか？

今との一番の違いは、一般の学生が観戦に来てくれていたというところだと思います。ラグビー部のOBはもちろんですが、例えラグビー部でなかったとしても「僕はあの選手と同じ学部です」なんていう一般の学生がみんな観に来てくれていました。それだけ一般の学生たちが母校のラグビー部を誇りに思ってくれていたと思いますし、それが人気の高さにつながっていたのだと思います。

――現在はラグビー人気が低迷して久しいですが、2015年ラグビーW杯で日本代表が優勝候補の南アフリカを破り、そして来年には日本でアジア初のラグビーW杯が開催されるということで、今再びラグビーが注目されています。今後、ラグビー人気をさらに広げていくには、何が必要でしょうか？

2015年、ワールドカップイングランド大会南アフリカ戦で日本が歴史的勝利をあげる

やはり学生ラグビーの人気復活が欠かせないのではないでしょうか。すべてアメリカの学生スポーツの真似をすることがいいとは思いませんが、例えば明治大学や早稲田大学が自分たちの競技場を持ち、そこをホームグラウンドとして一般学生も足を運ぶような仕組みが必要でしょう。これはラグビー以外の学生スポーツにも言えることだと思います。

――日本版NCAA（UNIVAS）※が来年、設立される予定です。

私は大賛成です。ただこんなことを言うと時代錯誤と言われるかもしれませんが、日本の学生スポーツはビジネスとは切り離して考えていくべきだとは思います。もち

※NCAA（全米大学体育協会）とは、アメリカの大学スポーツを統治する組織で、学生がスポーツを通じて充実した学生生活を送れるように、人格形成、学業、キャリア、資金の支援を行い、安全確保や文武両道を達成できる仕組み作りを行っている。

ろん収益を得ることは必要ですが、それをビジネスにするのではなく、入場料などで得た収益は大学に還元するような仕組みであってほしいと思います。

代表辞退を考えた初試合

――森さんは大学時代に日本代表候補にも選ばれるほどの注目選手でした。

大学では1年生の時には試合に出場しましたが、2、3年生の時にはケガでシーズンを棒に振ってしまいました。4年生になって、ようやくまた試合に出られるようになったのですが、そしたらその年に初めて日本代表候補の合宿に呼ばれたんです。合宿は菅平高原（長野県）で行われたのですが、予想以上の厳しさに驚きました。「ここまでいじめなくてもいいんじゃないの？」と思うくらいに厳しかったですね。でも、それになんとか耐えまして、そしたら翌年春のニュージーランド遠征のメンバーに選ばれました。

――それ以降、日本代表ではキャップ（出場回数）27と活躍されました。

ニュージーランド遠征の前に、外国人クラブ「横浜ＹＣＡＣ（Yokohama Country&Athletic Club）」との壮行試合がありまして、私たち若手メンバーが出て大差で勝ったんです。ところ

日本代表ではCTB（センター）として活躍

が試合後、キャプテンに呼ばれまして、「今日の試合は何だ？　大事なニュージーランド遠征を控えているというのに。嫌ならやめろ！」と叱られたんです。おそらくチームを引き締めようと考えてのことだったと思うのですが、若かった私は「そんなこと言われるなら、やめよう」と。というのも、私がイメージしていた日本代表とは違うなと思ったんです。「チーム一丸となって戦う」というのが私が抱いていた日本代表の姿でした。ところがキャプテンからそんなことを言われて「こんな高圧的なのが日本代表というのならやめよう」と。それでその試合後に少しオフがあって福岡の実家に帰省した際、両親に「オレ、代表を辞退しようと思う」と打ち明けました。そしたら母親からは「まだ一度も遠征に行ってもいないのに、もったいない！」と。実家には日本ラグビーフットボール協会から桜のジャージと「代表に選出されました」という手紙が届いていましたから、大喜びしていたところに、いきなり私が「やめる」なんて言い出すものですから、驚いたんでしょうね。必死で止められまして、「ああ、やっぱり親としては嬉しいんだなあ」と。それで続けることにしたんです。

――「いつか自分たちが中心選手になったら」という思いはありましたか？

そうですね。同世代に同郷の植山信幸がいまして、彼は私よりも1年早く日本代表に入ってイングランド遠征も経験していました。そんな彼にいろいろと聞いたり、2人で「オレたちの時代になったら改革していこう」というようなことはよく話していましたね。

コミュニケーションと練習で築いた釜石の黄金時代

――一方、大学卒業後は新日鐵釜石に入られましたが、九州出身の森さんが東北の企業を選ばれたのは意外でした。どのような経緯があったのでしょうか？

私が大学3年生の時に声をかけてもらったのが、博報堂と新日鐵釜石だったんです。ところが、私はなぜか「博報堂」を「任天堂」と間違えていまして（笑）、「なんで自分が呼ばれたんだろうなあ」と不思議に思っていたんです。ただ、せっかく声をかけていただいたので、そこに行こうと思っていたんですね。そうしたところ、新日鐵釜石からも話があったんです。学生時代に釜石には合宿で行っていまして、新日鐵釜石のチームとも交流があったんです。試合が終われば、選手同士で楽しそうに和気あいあいとしているチームの雰囲気がすごく良くて、自分が理想とするものと合致しているイメージがありました。それで「新日鐵釜石に行ってラグビーをしたい」と。それで博報堂さんには丁寧にお断りをして、釜石に行くことに決めました。もし釜石に行っていなかったら、おそらく私がこうやってラグビーに長らく携わることもなかったと思いますので、今思えば人生の転機だったと思います。

――新日鐵釜石時代に、勝って一番嬉しかった試合はどの試合でしょうか？

入社3年目の1976年、日本選手権で早稲田大学を破って初めて日本一になった試合ですね。というのも、大学4年生の最後の早明戦で、早稲田大学に負けていたんです。そしたらその早稲田大学を倒す機会に恵まれたので、「絶対に勝ちたい」という思いで臨んだ試合でした。その年、同じ明治大学からは日本を代表するスタンドオフ（パス、キック、ランでゲームをコ

新日鐵釜石時代のプレー

ントロールしゲームで司令塔の役割を担うポジション）として活躍した松尾雄治が新日鐵釜石に入社してきたんです。キック力のある松尾が加わったことで、フォワードを前に行かせるという戦術ができたことが大きかったと思います。それでチャンスが生まれて、私が〝いいとこ取り〟をすると（笑）。翌1977年の日本選手権では決勝の前に敗れてしまいましたが、1978年から新日鐵釜石は7連覇しました。よく「1977年も勝っていれば8連覇だったのに惜しい」と言われますが、私はあの負けがあったからこその7連覇だったと思います。

――まさに新日鐵釜石の黄金時代でしたね。

チームを統率する力のある松尾が入ったことによって、試合でイメージ通りのラグビーができていました。それともうひとつは、それだけの練習をしていました。勤務を終えてからですから、それほど長時間ではありませんでしたが、集中して練習に取り組んでいました。これは松尾からの提案だったのですが、ボールを持たずに走ることに重点を置くメニューをこなしたりして、チーム全員で必死に練習したことが強さを引き出していたのだと思います。当時の釜石は、よく秋の国民体育大会で負けていたのですが、かえってそれで日本選手権に向けてチームが引き締まったというところもあったかなと思います。

――チーム内は仲が良かったんでしょうね。

コミュニケーションがとれるチームでしたね。チームには東北出身者も多くて、ふだんは言葉数が少ない選手もいました。そういう選手とコミュニケーションをとるのに一番効果的だったのは、やっぱりお酒の席。「一緒にお酒を酌み交わさないと、本音がわからない」なんて言いますが、本当にその通りだと思いますね。ふだんはこちらが「何か言いたいことないか？」と聞いても「別に……」なんて言っていても、お酒の席では言いたいことだらけ、なんてことはよくありました（笑）。

選手・監督として新日鐵釜石の7連覇に貢献

――入社7年目には、新日鐵釜石の監督に就任しました。

前年に当時の部長から「来年監督をやってくれないか」と言われたのですが、「釜石のラグビーに監督は特に必要ないですよ」と断ったんです。でも、部長が「いやあ、監督不在というのはやっぱりまずい。形式的に監督は必要だから」と。それで「形だけということならいいですよ」とお引き受けしました。ただ30歳でしたから、選手としては「今年で最後だな」と思っていましたので、「もしかしたら1年しかできないかもしれないです」とは言いました。

――30歳で現役引退というのは早い気がしますが。

今なら専門のトレーナーについてトレーニングをしながら選手寿命は延ばせるかもしれませんが、当時は30歳で引退というのはごく普通でした。プレーもそうですが、何より気力が失われていくんですね。それこそ相手をやっつけて勝ちたいという気持ちにならなくなっていきました。特にラグビーというのは格闘技的要素が強いスポーツですから、そういう気持ちがないとやれないんです。

――いざユニフォームを脱ぐとなると、寂しくはなかったですか？

寂しいとか、残念とかという気持ちよりも、ほっとしたというほうが大きかったですね。「もうあんなきついことをしなくていいんだ」と解き放たれるような感じがしました。もうやり残したことはないと。

ラグビー文化の本場 NZ遠征の意義

――現役引退後は、福岡に戻って家業を継がれました。

実家は大正15年からのガラス屋だったのですが、私はひとりっ子でしたので、引退する前から「帰ってこい」と言われていたんです。

――1993年には、母校の福岡高校の監督に就任されて、2010年には全国大会に導きました。

私は現役を引退して、実家に戻ってきてからというもの、ゴルフにすっかりはまってしまいまして（笑）、仕事をしながらもゴルフを楽しむというような生活を謳歌していました。そしたら突然、福岡高校のOBから連絡があって「オマエの原点は福岡高校にあるんだから、監督をしろ」と。実はその少し前に、知人の方から「自分の息子は福岡高校のラグビー部に憧れて入ったけれど、今の監督の指導はおかしい。森さん、監督をやってくれませんか」というようなお話があったんです。気になっていろいろと調べたところ、確かにあまりいい指導とは言えなかったんです。

それで最初はコーチとして入ったのですが、指導していくうちに「この選手たちをなんとかして勝たせてあげたい」という熱い気持ちがこみ上げてきて、すっかりはまってしまい、気づけば22年間指導に明け暮れました。自分でもこんなに長く指導者を続けるとは思っていませんでしたが、周りに支えていただいたからだったと感謝しています。

――何がそれほどの熱を生み出したのでしょうか？

高校生が練習するのを見て、自分が高校生だったころを思い出したんです。私があれほど感動した全国大会の舞台、花園ラグビー場に選手たちを連れて行きたいと思いました。

――ニュージーランド遠征にも連れて行かれましたよね。当時、高校生が海外に遠征に行くというのは珍しかったと思います。

どうしても全国大会に連れて行きたいと思い、意識や経験値を高めるためにも「よし、ニュージーランドに行こう」と思い立ったんです。もちろん経費がかかりますから、すぐに行けるわけではありませんでした。それで学校側に「ニュージーランドに連れて行きたいと思っているので、次に入ってくる1年生の保護者会で『2年後の3年生の時にはニュージーランドに行きます』ということをお話してください」とお願いをしました。実際、2年後に実現しまして、それ以降は3年に1回ニュージーランドに行くようになりました。

――なぜ、ニュージーランドを選ばれたのでしょうか？

初めて日本代表の遠征でニュージーランドに行った時に、「ああ、この国には勝てないな」と思いました。というのは、町の至るところに競技場があって、どれも日本のように土ではな

福岡高校監督として指導に当たる

く芝生が敷き詰められていたんです。そこに休日になると、大勢の子どもたちがラグビーをしにやってきていました。さらに普通の靴屋にはスパイクが売られていて、洋品店にはジャージが売られている。私は大きなショックを受けて「こんなにラグビーが生活に根付いた国に勝つなんてことは無理だ」と思いました。ただ、それを日本の若い選手たちに早くに見せなければ日本のラグビーは変わっていかないとも思ったんです。

——福岡高校ラグビー部では何回ニュージーランド遠征に行かれたのでしょうか？

３回行きました。でも、２０１１年にクライストチャーチで大地震が起きて、それ

福岡高校ニュージーランド遠征

で中止となったんです。最初は代替案としてクライストチャーチから大きく北に離れたオークランドではどうか、という話もあったのですが、学校側からの許可が下りませんでした。それを節目に、ニュージーランド遠征はなくなってしまいました。私としては、高校時代にニュージーランドのラグビー文化を経験した選手が、ひとりでも学校の先生や指導者になった時に彼らが経験したことを子どもたちに話したりしていけば、きっと引き継がれていくものもあり、日本のラグビー界が変わっていくことにもなるのではないかという狙いもあったので、今でももったいなかったなと思っています。

指導の根底にあるべきは選手への愛情や優しさ

——さて、現在は選手への暴力や暴言、あるいはトレーニングの過酷さなど、高校や大学の指導者に対する問題が世間に取り沙汰されることも少なくありません。高校生の指導を経験された森さんとしては、どのように感じられていますか？

指導者を経験した者としては、今は、「指導しにくい」時代になってきたというのが正直な感想です。もちろん昔のやり方に問題がなかったということではないですが、なんでもかんでも「指導者が悪い」となると、どうしても指導者が萎縮してしまいますよね。例えば、ある高校のラグビー部では練習前にタックルバックを用意するのも指導者がやっていたりするんです。それはちょっと違うなと思いましたね。選手たちが練習するための用具なわけですから、それは選手自身が用意すべきです。それこそ大事な教育です。ところが、世間や保護者の目を気にして、指導者が選手に遠慮してしまっていて、「やってあげる」ことのほうが多い気がします。ものわかりのよすぎる指導者ばかりというのも、私は違うなと思います。その原因をつくっているのは、ひとつはメディア。報道が偏り過ぎていると感じることが多いですね。

――森さんの指導は熱血で知られていますが、そこには選手への愛情がありましたよね。もちろん愛情さえあれば何をしてもいいというわけではありませんが、森さんの「選手たちのために」という気持ちは選手たちにもしっかりと伝わっていたと思います。

そう言っていただけるとありがたいですね。おそらく今ならパワハラで訴えられるようなこともたくさんしてきましたが、とにかく私が全力でぶつかっていったからこそ、選手たちも全力で応えようとしてくれたのだと思います。私が選手時代もそうでした。大学の練習では走って走ってへとへとになりましたが、北島先生の「走れー！」という声には私たち選手への愛情が感じられていました。決していじめで走らされているわけではないと。ところが、指導者のなかにはただ自己満足で走らせたり、あるいは罰則で走らせるというようなことをする人もいますが、それは違います。いかに選手のことを思っているかどうかが重要です。また、悪いことは悪いと教えることも大事なことだと思うんですね。例えば、緩慢なプレーに対して「こらー、何だ今のプレーは！」と怒鳴ると、それに対して選手が「チッ」と舌打ちをすることもあったんです。それに対して「なんだ、年上に向かってチッとは！」と真剣に叱っていました。きちんと礼儀を教えることは、その選手の将来を考えればとても大事なことだと私は思います。根底に選手への愛情や優しさが、指導者には必要です。

森 重隆氏（取材当日）

——保護者から学校側にクレームがついて、問題化するということも、今の時代の特徴かなと思いますが、森さんは保護者との関係はどうされていたのでしょうか？

私が高校生のころは、「うちの子どもを学校に預ける」という考えでしたので、保護者から何か言われるということは皆無に等しかったのですが、今は保護者の存在を無視することはできないところがありますよね。でも、だからこそ選手とはもちろん保護者とのコミュニケーションを大切にすべきだと思います。「辛い先にこそ、楽しさや充実感がある」というスポーツの根本的な意義を保護者にも理解していただくと、また違うのではないでしょうか。

——森さんは「規律のないタレント集団は、規律のあるただの人間集団に負ける」と。この言葉の意味を教えてください。

私が福岡高校の監督時代に、全国有数の名門校である東福岡高校ラグビー部に出稽古に行っていたんです。たいていのラグビー部は、タックルバックなどの用具がそこら中に無造作に置いてあったりするものなのですが、東福岡高校はきれいに整理整頓されていました。それを見て「ああ、負けたな」と思いました。ラグビーの実力があるうえに、用具にまで気持ちが行き届くなんて、本当に驚きましたし、つけ入る隙がないなと。東福岡高校の強さは本物だなと思いましたね。

2019年以降の発展こそラグビーW杯の真の成功

——さて、いよいよ来年にはアジア初の開催となるラグビーW杯が日本で行われますが、どのようなことを期待されていますか？

２０１５年のラグビーW杯で南アフリカを破った時も日本中が大騒ぎとなりましたが、それこそ来年のW杯で日本が初の決勝進出を果たしてベスト8入りしたら、日本中でラグビー熱が高まるでしょうね。今はチケットの売れ行きが芳しくないというようなことも言われていますが、大会自体は盛り上がると思うんです。ただ、それをどうその後につなげていくか。そのことを今から本気で考えなければいけません。２０１９年のラグビーW杯開催をきっかけに、その後の日本ラグビー界の発展こそが、本当の意味での大会の成功だと思います。

——２０１９年以降、日本のラグビー界はどのように変わっていくことが必要でしょうか？

サッカーのように、高校の時からプロ入りするような仕組みをつくらなければ、世界には追いつかないと思いますね。すぐには実現しないと思いますが、ゆくゆくはそうなっていかないといけません。他競技を見てもそうだと思います。その点、日本スポーツ界で最も遅れているのはラグビーじゃないかなと。

――また翌2020年には東京オリンピック・パラリンピック、そして2021年にはワールドマスターズゲームズ2021関西もあります。こうしたスポーツの国際大会が立て続けに日本で開催されることで、日本のスポーツ界を取り巻く環境はどのように変化していくでしょうか？

元来スポーツというのは、楽しいものだと思うんですね。もちろん、楽しさだけを追求すればいいというものではありませんが、やはり根底には楽しさがなくてはならないものだと思います。特に今年は1年間、スポーツ界の問題が大きく取り沙汰され、スポーツへのイメージが低下しています。そうしたなかで、スポーツの国際大会が3年連続で日本で開催されるというのは、本来のスポーツの楽しさに触れる大きなチャンスとなるのではないかと期待しています。

森 重隆氏 略歴

年	ラグビー関連・世相	森氏略歴
1942 昭和17	日本ラグビーフットボール協会、大日本体育大会蹴球部会に位置づけられる	
1945 昭和20	第二次世界大戦が終戦	
1947 昭和22	秩父宮殿下、日本ラグビーフットボール協会総裁に就任 九州ラグビー協会（現・九州ラグビーフットボール協会）創設 東京ラグビー場（現・秩父宮ラグビー場）が竣成 日本国憲法が施行	
1949 昭和24	第1回全国実業団ラグビー大会開催	
1950 昭和25	第1回新生大学大会開催。「全国大学大会」の名称となる 朝鮮戦争が勃発	
1951 昭和26	安全保障条約を締結	森重隆氏、福岡県に生まれる
1952 昭和27	全国実業団ラグビー大会、第5回から全国社会人ラグビー大会に改称	
1953 昭和28	田辺九萬三氏、日本ラグビーフットボール協会の2代目会長に就任 東京ラグビー場を秩父宮ラグビー場に改称	
1955 昭和30	日本の高度経済成長の開始	
1956 昭和31	香山蕃氏、日本ラグビーフットボール協会の3代目会長に就任	
1961 昭和36	第1回ＮＨＫ杯ラグビー試合（現・日本選手権）開始	
1962 昭和37	秩父宮ラグビー場、国立競技場に移譲	
1963 昭和38	日本代表、戦後初の海外遠征（カナダ）	
1964 昭和39	第1回日本選手権試合開催 東海道新幹線が開業	
1965 昭和40	第1回全国大学選手権大会開催	
1968 昭和43	湯川正夫氏、日本ラグビーフットボール協会の4代目会長に就任	

1969 昭和44	第1回アジアラグビー大会開催。日本は全勝で優勝 アポロ11号が人類初の月面有人着陸	明治大学に入学。福岡高校在学時よりラグビーをはじめ、明治大学でもラグビー部に所属
1970 昭和45	横山通夫氏、日本ラグビーフットボール協会の5代目会長に就任	
1971 昭和46	第1次・高校日本代表のカナダ遠征	
1972 昭和47	椎名時四郎氏、日本ラグビーフットボール協会の6代目会長に就任	
1973 昭和48	全国高校選抜東西対抗試合開始 オイルショックが始まる	
1974 昭和49		新日鐵釜石に入社。新日鐵釜石ラグビー部（現・釜石シーウェイブス）に所属。1978年〜1984年までの日本選手権連覇に貢献する 日本代表に選抜される。日本代表キャップは27
1976 昭和51	ロッキード事件が表面化	
1978 昭和53	日中平和友好条約を調印	
1979 昭和54	阿部譲氏、日本ラグビーフットボール協会の7代目会長に就任	
1982 昭和57	代表キャップ制度を発足 東北、上越新幹線が開業	
1987 昭和62	第1回ワールドカップが開催（オーストラリア・ニュージーランドの共同開催）以後、第7回大会まで日本代表チームは連続出場を果たす	
1990 平成2	磯田一郎氏、日本ラグビーフットボール協会の8代目会長に就任	
1991 平成3		実家である森硝子店の代表取締役社長に就任
1992 平成4	川越藤一郎氏、日本ラグビーフットボール協会の9代目会長に就任	
1993 平成5	第1回ジャパンセブンズ開催	
1995 平成7	金野滋氏、日本ラグビーフットボール協会の10代目会長に就任 阪神・淡路大震災が発生	福岡高校ラグビー部監督に就任

1997 平成9	香港が中国に返還される	
2000 平成12	ＩＲＢワールドセブンズシリーズ日本大会開催	
2001 平成13	町井徹郎氏、日本ラグビーフットボール協会の11代目会長に就任	
2002 平成14	女子ラグビーが日本ラグビーフットボール協会に加入 女子ラグビーは、第4回女子ワールドカップに初参加	
2003 平成15	ジャパンラグビー トップリーグが社会人12チームで開幕	
2005 平成17	森喜朗氏、日本ラグビーフットボール協会の12代目会長に就任	
2006 平成18	ジャパンラグビートップリーグチーム数は12チームから14チームへ増加	
2008 平成20	リーマンショックが起こる	
2009 平成21	Ｕ20世界ラグビー選手権（ＩＲＢジュニアワールドチャンピオンシップ２００９）開催 ２０１９年ラグビーワールドカップが日本で開催決定	
2010 平成22	２０１９年ラグビーワールドカップ日本開催組織委員会の設立準備を開始	福岡高校ラグビー部監督として全国大会出場を果たす
2011 平成23	東日本大震災が発生	
2013 平成25	日本ラグビーフットボール協会が公益財団法人へ移行	
2015 平成27	岡村正氏、日本ラグビーフットボール協会の13代目会長に就任	九州ラグビーフットボール協会会長に就任 日本ラグビーフットボール協会副会長に就任
2016 平成28	リオデジャネイロオリンピック・パラリンピック開催 7人制ラグビーが正式種目として実施	
2019 令和元		日本ラグビーフットボール協会の14代目会長に就任

第6章

逃してはいけない千載一遇のチャンス

日比野 弘

hibino hiroshi

中学校時代に初めて見た「早明戦」に心奪われ、その時に抱いた憧れの気持ちを持ち続けて早稲田大学ラグビー部に入部した日比野弘氏。俊足を生かして、1年生からレギュラーを獲得し、日本代表としても活躍。社会人でもプレーし、現役引退後は早稲田大学、日本代表の監督を務めました。また、日比野氏が招致委員会委員長を務めた2011年ラグビーW杯招致は、2019年ラグビーW杯開催実現の第一歩となりました。
日本のラグビー界発展に寄与されてきた日比野氏に、ご自身のラグビー人生を振り返っていただきながら、今後への課題や期待についてうかがいました。

日比野 弘（ひびの・ひろし）1934年生まれ。都立大泉高校ラグビー部、早稲田大学ラグビー部を経て、東横百貨店ラグビー部に入部。日本代表としても活躍。引退後は早稲田大学ラグビー部や日本代表の監督に就任。日本ラグビーフットボール協会会長代行、2011年ラグビーW杯招致委員会委員長を務める。早稲田大学名誉教授。

聞き手／佐野慎輔　　文／斉藤寿子　　構成・写真／日比野弘、フォート・キシモト
取材日／2018年10月31日

中学時代から憧れていた早稲田大学ラグビー部

――日比野さんはもともとは野球をされていたということですが、ラグビーとの出合いはどのようなものだったのでしょうか？

私が子どもの頃は、男の子はほとんどがスポーツと言えば野球をやるのがごく普通で、それこそみんなプロ野球選手に憧れていたような時代でした。私も甲子園を目指して白球を追う「野球少年」でした。ところが、中学校の体育の授業で初めてラグビーをやった時に、「これはボールを持って走ってもいいし、体当たりしてもいいし、面白いな」と思ったんです。

また、体育の先生に連れられてラグビーの早明戦を観に行ったこともありました。当時の早稲田大学は後に日本代表の監督も務められ、名将で知られる大西鐵之祐先生が監督に就任した初期の頃で、その時の試合は最後にフルバック（最後尾に位置しディフェンスの要としてゴールラインを死守。攻撃では後方からアタックに参加するポジション）のゴールが入らずに、20－21で早稲田大学が負けたんです。

試合後、大きな体をした大学生がしょんぼりと泣きながら去っていく姿が印象的で、「これほどまでに熱くなれるのか。よし、自分も将来は早稲田大学に入ってラグビーをしよう」と。

都立大泉高校2年生の時、
ラグビージャージーに身を包んで

練馬区立開進第2中学校時代は
野球に取り組む

それで高校からラグビー部に入りました。

――進学された都立大泉高校のラグビー部は強かったのでしょうか？

強い方だったと思います。東京都の大会ではベスト4に進出するくらいの力がありました。また、国民体育大会に出場した「オール東京」には私も含めて大泉高校からも2人が選ばれたりしていました。当時ライバルだった保善《ほぜん》高校（東京）や日本大学第二高校（東京）の同期とは未だに「東京ラグビー50年の会」を作って、一緒に飲みに行ったりしているんです。これは卒業してちょうど50年が経った時に「久しぶりにみんなで会って一杯やろう」ということで集まった時につくった会で、それ以来よく集

高校3年生時、第1回関東大会に東京都代表として出場（後列右から4人目）

まるようになりました。

――保善高校は有名でしたね。ほかに当時、全国的に強いと言われていたのはどんな高校がありましたか？

保善高校は全国でも強かったです。それと福岡高校、修猷館《しゅうゆうかん》高校（福岡）、秋田工業高校などが強かったですね。

――日比野さんは足が速くて、当時からポジションはウイング（バックスの両翼に位置し、快足を飛ばしてトライを挙げる花形ポジション）でしたが、トライあり、独走ありといったウイングは面白かったと思いますが……？

当時は今とはずいぶん違って、オールド

ファッションのラグビーでしたから、優勢な試合の時にはたくさんボールが回ってきましたが、劣勢な試合ではまったくボールが回ってこないんです。ですから今思えば、ずいぶんとつまらないポジションをやらされていたなと思いますよ（笑）。

要するにみんながつないできたボールがウイングの私のところに来た時には、敵がいない状態ですから、自分が何をしたということもなかったんです。

部歌『荒ぶる』に凝縮された早稲田大学ラグビー

――高校卒業後は、中学生の時に心に決めていた通り早稲田大学ラグビー部に入り、1年生から試合に出場されました。

私が1年生の時に、ウイングの4年生がシーズンの初めに足首を骨折したんです。それで私にお鉢がまわってきました。関東大学対抗戦の3連覇がかかった早明戦で、大西監督からは「オマエが（明治大学のウイング）宮井国夫を止めるかどうかで勝敗が決まる」とプレッシャーをかけられました。しかし、試合当日は土砂降りの雨で、8－14で負けました。あの時のことは今でもよく覚えています。その日の夜、大学のそばのラグビー部ご用達のレストラン「高田牧

早稲田大学2年生時、早稲田大学体育祭にラグビー部として参加。
大隈公銅像の前（後列左から10人目、1955年）

舎」の2階に集まりまして、上級生はお酒を飲みながら大西監督の話を聞いたんです。大西先生に「この中で、今シーズンベストを尽くしたと言い切れる者はいるか」と問われて、みんな答えられず泣きました。当時、19歳だった私にとって、大学生は大人だと思っていましたので、これだけ大の男の人が自分自身に対して悔し泣きをするのかと驚きました。と同時に、その光景を目にした時に中学校時代に見た光景を思い出しまして「ああ、自分もこの早稲田大学ラグビー部の一員になったんだな」と思いました。

——当時の早稲田大学は、スクラムの組み方やパスの出し方など、他校がやらないようなさまざまな工夫を凝らしたラグビーをしていましたね。そして、強かった。

私たち早稲田大学ラグビー部では、同じ大学生同士で戦って負けたということは、相手が1年間かけてやってきたことを、自分たちは上回れなかったんだと考えていました。ですから、負けたら悔いが残るのは当然という考え方だったんです。よく「ベストを尽くしたら悔いはない」と言いますが、私たちにしてみたらベストを尽くすことができたら勝てるんだと。負けたら、それはベストを尽くせなかったということになるんです。特に体が大きくて優れた個の力があった明治大学に、どうすれば勝てるのかというと、やはりそこは工夫が必要で、それをやり遂げて勝った時には特別な達成感がありました。

――そのやり遂げた達成感が早稲田大学ラグビー部部歌『荒ぶる』につながるわけですね。

そうですね。「荒ぶる」という言葉はわかりにくいかもしれませんが、私たちにとってはその一言に凝縮されているんです。努力をして、より苦しい練習に耐え、それによって養われたチームの総合力で勝った喜びがあって、優勝した時にしか部歌『荒ぶる』を歌うことができないわけです。早稲田大学ラグビー部では、歴代の優勝した年の4年生の代は「荒ぶるのメンバー」として終生称えられるんです。いくら下級生で試合に出場していても、最上級生以外はそのメンバーには入ることはできません。たとえ試合には出場しなくても、最終学年として最後

早稲田大学3年生時、菅平合宿で法政大学との泥のグラウンドでの練習試合後
（前列右端、1956年）

までポジション争いをして競ってくれた仲間がいたからこそ優勝できたんだ、という考えなんです。
それが100年続いてきたわけですから、まさに伝統ですよね。残念ながら、私が最終学年の時には『荒ぶる』を歌うことができませんでした。

――数あるなかで、学生時代の思い出の試合を教えてください。

先ほどお話しした1年生の時の早明戦もそうですが、勝った試合よりも、負けた試合のほうが印象に残っていますね。4年生の時、対抗戦で立教大学に6－9で負けたことがありました。私はバックス（パスなどでボールを繋いだり、サインプレーを駆使するなどしてトライを狙うポジションの総称）のリーダーを務めていたのですが、立教大学との試合と就職試験とが重なってしまったんです。それで迷ったのですが、当時の監督が「試験に行ってこい。オマエがいなくて立教大学に負けるとしたら、その先も見えている。大丈夫だ、勝つから」と言ってくださったので、試験に行ったんです。でも、気になって気になって、試験が終わってすぐに日本ラグビーフットボール協会に電話をしました。そしたら「6－9で負けました」と。それを聞いた時には「なんで試合を選ばなかったんだろう」とひどく後悔しました。結局、リーグ戦で強敵の慶應義塾大学、明治大学には勝ったにもかかわらず優勝できませんでした。

――当時の大学ラグビーは、各校がそれぞれの特徴を持って競い合っていましたね。

「縦の明治」と言われていた明治大学は、フォワード（スクラムを組む8人のこと。密集戦やラインアウトなどのボールの争奪戦でボールをキープしたり、奪ったりするポジションの総称）が強くて前へ前へというパワフルなラグビーでした。慶應義塾大学はラグビーのルーツ校だけあって、しぶとさがありました。選手層からすると、それほど恵まれているわけではないのに、アップ&アンダーで、徹底してやってきますから、非常に手強いチームでした。

一方、関西の同志社大学は「自由奔放」という言葉がよく似合うラグビーでした。私たち早稲田大学のチームカラーは「考えて研究する」というもので、「こうやって戦おう」と型を決めるのですが、同志社大は「一度グラウンドに出れば、選手の自由」といったような伸び伸びと

全国社会人選手権東京都予選で優勝した東横百貨店チーム（前列右から3人目、1959年）

したラグビーでした。このようにして、それぞれの特徴がはっきりしていましたから、観ている人たちにも楽しんでもらえていたのではないでしょうか。

――大学卒業後は、東横百貨店（現・東急百貨店）に就職されました。あまりラグビーというイメージがないのですが。

廃部となってだいぶ経ちますが、当時はラグビー部も持っていまして、花園ラグビー場で行われていた「全国社会人ラグビーフットボール大会」（2003年トップリーグ創設の際に解消）にも2回ほど出場しているんです。私がプレーしていたころは、慶應義塾大学出身で日本代表も務めたフッカー（最前列でスクラムをコントロールする。ラインアウトのスローワーも務めることが多いポジション）の赤津喜一郎さんがキャプテンをされていて、それと同じ慶應義塾大学出身でスクラムハーフ（パスのスペシャリスト。スクラムではボールを中に入れる役割を果たすポジション）の今村耕一もいて、彼らと私の3人の日本代表メンバーがいました。

――現役引退後には早稲田大学のコーチ、監督に就任されます。

最初は早稲田大学ラグビー部ＯＢ会の幹事をしていまして、１９６２年に大西さんが早稲田大学の監督になった時にはコーチとしてお手伝いをしました。でも、まさか自分が監督になるとは思ってもいませんでした。選手時代は、ウイングとしてただボールを持って走ることしかしていませんでしたから、難しいことはわからなかったんです。ただ、当時大西さんは「若い世代がやったほうがいい」ということをおっしゃっていましたね。アマチュアリズムの時代ですから、みんな仕事をしながら監督を務めていまして、とても大変だったんです。ですから当時の早稲田大学では、１人にばかり負担がかからないように、１年交代でみんなでまわしていたんです。それで、私のところにまわってきたのが１９７０年でした。

――監督就任1年目にいきなり大学選手権、日本選手権ともに優勝に導かれました。

日本体育大学に勝ち大学日本一になって選手に胴上げされる（1971年）

就任1年目に優勝すると、一躍注目されるわけですが、実際はそれまでに積み上げてきたものがあるからこそで、ただそれに乗っかって優勝できただけのことなんです。ただ、現在ＪＳＣ（独立行政法人日本スポーツ振興センター）理事長を務めている大東和美がキャプテンを務めていて、とてもしっかりしたチームでした。その翌年は現役時代はＮｏ.８（スクラムをまとめ、攻守にわたって常にボールに絡むポジション）として活躍された白井善三郎さんが監督を務めて、私はコーチとして関わったのですが、その年に大学選手権連覇、日本選手権連覇を達成したんです。

その２年後の１９７３年からまた私が監督に就任しまして、３年間務めました。最

若い世代の選手を指導

後の年は明治大学に対抗戦では引き分けて、大学選手権の決勝では負けたんです。当時明治大学の4年生にはキャプテンを務めた笹田学と、日本を代表するスタンドオフ（パス、キック、ランでゲームをコントロールし司令塔の役割を担うポジション）の松尾雄治がいて、とても強いチームでした。そして、それが私が監督としての初めて負けた試合だったんです。

——日比野さんが指導者として重視されたこととは何だったのでしょうか？

まず、指導者は集団をまとめる力が必要だなと思いました。選手の時には自分のことを一番に考えれば良かったのが、指導者は大勢の選手を動かさなければいけない。たとえ力のない選手でも、それを引っ張り上げなければいけないわけです。そこで重視したのは、きちんと「こういうラグビーができるのではないか」と明確に提示することでした。これは現役時代に大西先生から教わったことですが、例えば負けたときに、「なぜ負けたのか」を分析して、そこを出発点にするんです。当時はビデオは普及していませんでしたから、黒板を使ってフォーメーションを確認しました。「この場面では、●●が○○を止めなければいけなかった。約束事だったはずなのに、一歩遅れてしまった。なぜ遅れたかというと……」といったような分析結果と課題をあげて、それを練習からできるようにしていくようにすれば必ず勝てると。そして、その課題ができるようになった選手が試合に出ることができるんだよ、ということを選手たちに提示しました。もちろん、一方的ではなく、選手からの疑問も聞くようにしました。選手には「もし、それでは勝てないとか、そんなことはできない、と思うことがあったら遠慮なく言ってほしい」と。とにかくみんなが納得したうえで、明確な課題を持ってグラウンドに出ることを重視しました。ただやらされているのではなく、「自分はこういう課題を持ってやろう」「このレベルまで上げよう」というものを持って練習に臨めるようにしたんです。指導者には負けた時の分析力と、その後のプロセスを考える計画力が必要で、それと最後は責任を持つと。それがチームの力を引き出すのかなと思います。

――強かった早稲田大学の監督時代で、最も印象に残っている試合はどれですか？

現役時代と同様に、勝った試合よりも、やはり負けた試合のほうが強く印象に残っていますね。「なぜ負けたのか」と。例えば当時30代だった上田昭夫君が監督として指揮をとった慶應義塾大学は、創部100周年の1986年に日本一になったんです。その年の早慶戦、後半32分にウイングの若林俊康にタックルを振り切られて走られてしまいトライ後のゴールが成功して、1点差で負けたんです。あの時トライされるにしても若林をコーナーで止めておけば、厳しい角度からのゴールキックで失敗して勝つ可能性もあったんです。ところが、若林に中央へ回り込まれてトライされてしまい、ゴールキックを楽に決めさせてしまいました。試合後、「オマエら何やってるんだ！」と激高しましたよ。コーナーで止めて、トライの後の難しいゴールキックが入って負けたのなら仕方ない。でも、何人が若林を倒すため、バッキングアップに走ったのか、と。

「強化」と「選手選び」を初めて兼任した代表監督

――理詰めの指導で早稲田大学を率いられた後、３度にわたって日本代表監督を務められました。当時の日本代表というのは、どのような体制だったのでしょうか？　失礼ながら、寄せ集めという印象がありました。

当時はまだラグビーW杯はなかった時代で、テストマッチが唯一の国際交流となっていました。また、ラグビー界は純然たるアマチュアリズムの時代でしたから、１人が監督の座に長きにわたって居座るということは好ましくないとされていました。でも、私は１９６６年から１９７１年まで代表監督を務めた大西先生を早く退任させ過ぎたと思っています。それで岡仁詩さん（同志社大学出身）、横井久さん（早稲田大学出身）、斎藤寮さん（明治大学出身）、そして私のような世代が監督を務めたわけですが、それぞれやってきたラグビーが違いますから、考え方や選手に言うことにもどうしたって違いが出てくるわけです。

本来は指導者が代わっても、軸となるところは継承していくべきだったのですが、そうではありませんでした。自己流を通そうとすると、どうしたって前の監督を否定するようなことになるし、結局は振り出しに戻ってしまいました。

——当時の日本代表の世界的な位置づけはどのようなものだったのでしょうか？

世界から「日本もラグビーをやっているのか」と驚かれた時代から、徐々に世界に認められ始めた時代へと移行していた時だったと思います。ですから、遠征をするにも断られるということはありませんでした。ただ、試合では最初の内は健闘はするけれども、後半になって点差がつき始めるとガタガタと壊滅してしまう。結局は、50点も60点も取られて大敗するというのが日本でした。

——そういう時代に日本代表の監督を務めるというのは苦労も多く、辛いことも少なくなかったのではないかと思います。

1983年のウェールズ遠征前に、私に2度目の監督就任の打診があったんです。その時、私は任期を尋ねました。やはりチームづくりには計画が必要ですから、どれくらいの期間なの

ウェールズ遠征前の日本代表強化合宿にて選手に指示を与える
（1983年、栗原達男氏撮影）

かを確認したかったんです。そうしたところ「当分やってほしい」という返答でした。結局はっきりとしたことはわかりませんでしたが、「それではウェールズ遠征を目標にチームづくりをします。無様な負け方をした時には責任を取ります」と言って引き受けたんです。「負けたら誰の責任かは明確であるようにしてほしい」ということで、強化委員長とセレクションの委員長を兼務させてもらいました。

――ウェールズ遠征は24－29と、日本は十分に健闘しましたが、日比野さんはその遠征後に監督を退任されました。これは何か理由があったのでしょうか？　協会に何か問題があったのでしょうか？

1983年の日本代表ウェールズ遠征時にメンバーと
（前列右から3人目、前列右端は平尾誠二）

あのウェールズ戦は、帰国して協会側も「ごくろうさま」と労ってくれて、健闘したことにとても喜んでくれました。私も当然、続投を望まれると思っていましたし、私自身も続けるつもりでいました。ところが、その年、母校の早稲田大学がリーグ戦で初めて帝京大学に負けて、5位に転落したんです。それで初めて全国大会に出場できなくなってしまったんです。そこで早稲田大学のOBが私に「監督をやってくれないか」と声をかけてきたんです。そのOBは「日本代表と大学のシーズンは重なっていないから、斎藤寮くん（元日本代表監督）もやったことだし、兼任できるだろう」と。

でも、私は監督はそういうものではないと思うんです。やはりひとつのチームに専念して力を注ぐべきだと。ですから代表監督を辞めて早稲田大学の監督に復帰することに決めました。

「ブーム」ではなく「文化」としての期待

――あれはご自身の意思だったんですね。その後、日本ラグビー界は変化を求めて行きます。アマチュアの総本山といわれた協会がプロ化に向けて模索しますが、それはいつごろからだったのでしょう？

世界のラグビーがW杯中心に動き始めてからだと思います。特に1991年にイングランドで2回目のラグビーW杯が開催されたことが大きかったですね。まさかラグビー発祥の地のイングランドまでプロ化に動くというのは予想していなかったことで、日本は完全に乗り遅れました。当時の日本は、まだアマチュア精神を頑なに守っていたんです。ようやく1995年にプロ解禁となりましたが、それでも完全なるプロ化ではなくオープン化という曖昧なものでした。本当に変わっていったのは、2001年に東京大学ラグビー部出身で東芝副社長を務めた町井徹郎くんが日本ラグビーフットボール協会会長となり、日本代表監督時代にはスコットランド戦勝利に導いた宿澤広朗が会計役となってからですね。それが、その後エディ・ジョーンズ（現・イングランド代表監督）を指揮官に迎えることにつながりました。

――ラグビー界が変化していくなかで、日本でのラグビーW杯開催の話があがり、はじめは2011年に招致しようと動きました。その招致委員会委員長が日比野さんでした。

招致委員会には町井徹郎（元日本ラグビーフットボール協会会長）、堀越慈（元日本ラグビーフットボール協会理事）、眞下昇（2015、2019招致委員会委員長）、そして私が幹部にいまして、W杯を招致しようということで動き始めました。当時は日本でのラグビー人気が落ちてきていた時期でしたし、日本代表の実力も不足しているということで周囲からは「時期尚早」という声が多かったんです。それでも私たちは「やるべきだ」ということで名乗りを挙げました。当時、ラグビーW杯はIRB（国際ラグビーボード）の加盟国である欧州と南半球だけで開催されていたんです。ラグビーの熱狂的な国ばかりでしたから大会の盛り上がりとしては良かったのかもしれませんが、それでは世界に広がっていかないだろうと。サッカーのように「ワールド・スポーツ」にするには、やはりアジアでの開催が必須だろうということで手を挙げたんです。当時は、それこそ香港との共催でもいいと思っていました。とにかくIRB以外の国・地域でラグビーW杯を開催することが必要なのでは、ということをIRBのメンバ

ワールドカップ2015イングランド大会アメリカ戦勝利後の日本チーム

ーにも申し入れました。また、国内の「時期尚早」という意見の人たちに対しては、日本が強豪国になるために、またラグビーをワールド・スポーツにするために、日本にラグビーW杯を招致したいんだということを説明しました。ほかの競技大会やイベントでもそうですが、日本人というのは開催する前はいろいろとネガティブな意見が出ても、いざ開催すると盛り上がるというところがありますよね。ですから、実際に日本でラグビーW杯が開催するとなれば、強化も進むだろうし、ラグビーへの関心も高まるだろうと。そういうことでラグビーW杯を招致しようとしたわけですが、やはりIRBの壁は厚く、招致は成功しませんでした。

――しかし、2011年大会に名乗りを挙げたからこそ、2019年大会の招致につながっていくわけですよね。

そうですね。私の後任として森喜朗会長にバトンを受けていただいて、再び招致するということになって本格的に動き始めました。その結果、2009年の会議で、2015年と2019年の2大会の開催地が同時に決定し、2015年はイングランド、2019年は日本での開催となりました。

――ラグビーW杯が日本で初めて、アジアで初めて、いやラグビー先進国以外では初めて開催される意義についてはどのように感じられていますか?

もし日本代表が大敗を喫するようなことがあれば逆効果につながる可能性もあり、怖い部分もありますが、でも成功すれば必ず日本ラグビー界の発展につながるはずです。そういう意味では、残り1年もありませんが、日本ラグビー界にとって大きな勝負になると思います。実際、ラグビーW杯の招致に動いたからこそ、2003年には完全なプロリーグとして「トップリーグ」が誕生しましたし、競技場も準備されました。また、日本代表の強化という点でも、2015年のラグビーW杯で優勝候補の南アフリカを撃破したことは非常に大きな成果ですし、7人制ラグビーでは、2016年リオデジャネイロオリンピック男子日本代表がニュージーランドを破りました。私が生きている間に、日本が南アフリカやニュージーランドに勝つ試合が見られるなんて、夢にも思っていませんでした。さらに、「サンウルブズ」(国際大会「スーパーリーグ」に参加する日本代表チーム)を設立したことで、トップリーグで活躍した選手は日本代表活動以外でも、普段から海外の選手たちのなかに放り込まれて、ぶつかり合うことができるようになりました。こうしたことは、W杯を招致したからこそ。海外のチームと互角に渡り合うだけの実力がついてきていることは確かですので、来年のラグビーW杯では初の決勝トーナメント進出もまったくの夢物語ではなくなってきていると感じています。

――日比野さんが考えられる2019年ラグビーW杯の成功の条件とは何でしょうか?

まずはやはり「勝利」だと思います。世界中に放映されるわけですから、ぜひ日本の実力を見せつけてほしいですよね。今の日本は、ディフェンスが本当に素晴らしい。よくあんな体格の大きな選手を止められるなと感心しますよ。それだけのパワーと技術を兼ね備えた選手たちが揃っています。

――日本代表の活躍が、日本ラグビー界の未来を大きく変えていくということですね。

そう思います。よく「ラグビーブームの再来」ということが言われますが、私はブームで終わってほしくないんです。ブームはいつか消え去ってしまうものですからね。ですから、いきなりラグビー人気が復活するというような極端なものではなく、来年のラグビーW杯開催を機に徐々に右肩上がりで、しっかりと文化として定着してほしいと願っています。そのためにも、日本が決勝トーナメントに進出するかどうかがカギを握ってくるとは思いますが、もし進出できなかったとしても、観客を魅了するようなすばらしい内容の試合さえすれば、きっとラグビーの面白さを知る機会になると思いますし、日本のラグビーが再び盛り上がっていく、その大きなきっかけになるのではないかと期待しています。逆に言えば、このチャンスを逃してはいけません。

ラグビー人気拡大に必要なのは広い見地

――普及という点では、ラグビーW杯の翌年に開催される2020年東京オリンピック・パラリンピックでの「7人制ラグビー」「ウィルチェアーラグビー」の日本代表チームの活躍も大きい意味を持つのではないでしょうか。

大きいですね。オリンピックの7人制ラグビーは、日本は強化が遅れてしまいましたが、

日比野 弘氏（取材当日）

ウィルチェアーラグビー日本チームはリオデジャネイロ・パラリンピックで銅メダルを獲得した

２０１６年リオデジャネイロオリンピックで、男子はあのニュージーランドに勝ったんですからね。本当にすごいことですよ。

また、女子の方は競技人口が少なく、普及という点ではまだまだ課題はありますが、今年のアジア競技大会（インドネシア・ジャカルタ）で優勝したことは大きな弾みになったと思いますし、「やりたい」という選手も増えてくるのではないでしょうか。

日本ラグビーフットボール協会のほうでも、例えばビッグゲームの前座で女子ラグビーの試合を行うというような工夫も必要だと思います。２０２０年東京オリンピックは、女性にもラグビーの面白さを知ってもらういい機会ですから、ぜひいかしてほしいなと思います。

また、ウィルチェアーラグビーは今年の世界選手権（オーストラリア・シドニー）でも優勝していますし、2年後の東京パラリンピックでも金メダル候補として注目されていますよね。障がいがあってもラグビーという競技を楽しめるというのはラグビー関係者にとっても嬉しいことですし、またこうして障がいのある方たちが一般社会に出てきてスポーツで注目されるようになったことは本当に素晴らしい時代になったなと感じています。

――競技人口の増加という点では、「タグラグビー」が小学校の体育の指導要領に入ったということも大きな意味を持っていると思います。

非常に大きいと思います。そのおかげで、子どものラグビーの競技人口は前年度よりも増加しているんです。とても良い傾向にあると思います。

――これから日本ラグビーが発展するためには、少子化、人口減少が進み、スポーツ離れがいわれるこの時代には何が必要でしょうか？

「スポーツ離れ」が叫ばれているなか、まずは子どもたちがラグビーという競技に触れることが大切だと思います。もうひとつは、やはり日本のスポーツというのはヨーロッパのように地域クラブではなく、教育の一環として発展してきた歴史があって、だからこそ高校野球や大学

ラグビー競技の普及にかかせないタグラグビー

ラグビーが人気を博したわけですけれども、そうした日本独特の教育的要素をうまく活用することが重要だと思います。そうしたなかで、あらゆる分野にラグビーを広げていくと。

そのノウハウはサッカーやバスケットボールなど、すでに日本で成功している競技があるわけですから、ほかのスポーツからも知恵をお借りするとか、人材を連れてくるとかということもできると思うんですね。「どうすれば、もう一度ラグビーの人気を復活させることができるのか」「新しい人たちがラグビーに目を向けてくれるのか」ということを広い見地で工夫・努力してくれる人たちとともに真剣に考えていってほしいなと思います。もう老齢の人たちが古い考えでやっていてもダメですよ。一生懸命旗を振って、ふと後ろを振り返ったら誰もついてきていなかったということになりかねません。でも、これはリタイアした私自身の反省でもありまして、これからに期待しているということでもあるんです。

――最後に、日比野さんにとってラグビーとはどんな存在でしょうか？

色紙を頼まれますと、「ラグビーわが師、わが愛、わが人生」などと書いているのですが、やはり一番は「わが人生」でしょうね。まさに私の人生そのものがラグビーです。

日比野 弘氏 略歴

	ラグビー関連・世相	日比野氏略歴
1934 昭和9		日比野弘氏、東京都に生まれる
1942 昭和17	日本ラグビーフットボール協会、大日本体育大会蹴球部会に位置づけられる	
1945 昭和20	第二次世界大戦が終戦	
1947 昭和22	秩父宮殿下、日本ラグビーフットボール協会総裁に就任 九州ラグビー協会（現・九州ラグビーフットボール協会）創設 東京ラグビー場（現・秩父宮ラグビー場）が竣成 日本国憲法が施行	
1949 昭和24	第1回全国実業団ラグビー大会開催	
1950 昭和25	第1回新生大学大会開催。「全国大学大会」の名称となる 朝鮮戦争が勃発	
1951 昭和26	安全保障条約を締結	都立大泉高校に入学し、ラグビー部に所属
1952 昭和27	全国実業団ラグビー大会、第5回から全国社会人ラグビー大会に改称	
1953 昭和28	田辺九萬三氏、日本ラグビーフットボール協会の2代目会長に就任 東京ラグビー場を秩父宮ラグビー場に改称	
1954 昭和29		早稲田大学に入学。ラグビー部に所属し、1年生からレギュラーとして活躍
1955 昭和30	日本の高度経済成長の開始	
1956 昭和31	香山蕃氏、日本ラグビーフットボール協会の3代目会長に就任	日本代表に初選出。来日したニュージーランド・コルクと対戦
1958 昭和33		早稲田大学を卒業し、東横百貨店（現・東急百貨店）に入社。ラグビー部に所属する
1961 昭和36	第1回NHK杯ラグビー試合（現・日本選手権）開始	東横百貨店を退社し、早稲田大学ラグビー部のコーチに就任
1962 昭和37	秩父宮ラグビー場、国立競技場に移譲	

1963 昭和38	日本代表、戦後初の海外遠征（カナダ）	
1964 昭和39	第１回日本選手権試合開催	
1965 昭和40	第１回全国大学選手権大会開催	
1968 昭和43	湯川正夫氏、日本ラグビーフットボール協会の４代目会長に就任	
1969 昭和44	第１回アジアラグビー大会開催。日本は全勝で優勝 アポロ11号が人類初の月面有人着陸	
1970 昭和45	横山通夫氏、日本ラグビーフットボール協会の５代目会長に就任	早稲田大学ラグビー部監督に就任。１９７３年には二期監督を務め、大学選手権、日本選手権優勝を果たす
1971 昭和46	第１次・高校日本代表のカナダ遠征	
1972 昭和47	椎名時四郎氏、日本ラグビーフットボール協会の６代目会長に就任	
1973 昭和48	全国高校選抜東西対抗試合開始 オイルショックが始まる	
1976 昭和51	ロッキード事件が表面化	日本代表監督に就任。１９８２年～１９８４年、１９８７年～１９８８年にも監督を務める。
1978 昭和53	日中平和友好条約を調印	
1979 昭和54	阿部譲氏、日本ラグビーフットボール協会の７代目会長に就任	
1981 昭和56		早稲田大学体育局専任講師に就任
1982 昭和57	代表キャップ制度を発足	
1987 昭和62	第１回ワールドカップが開催（オーストラリア・ニュージーランドの共同開催）以後、第７回大会まで日本代表チームは連続出場を果たす	早稲田大学教授に就任
1988 昭和63		早稲田大学ラグビー部監督に再就任
1990 平成2	磯田一郎氏、日本ラグビーフットボール協会の８代目会長に就任	
1992 平成4	川越藤一郎氏、日本ラグビーフットボール協会の９代目会長に就任	

1993 平成5	第1回ジャパンセブンズ開催	
1995 平成7	金野滋氏、日本ラグビーフットボール協会の10代目会長に就任 阪神・淡路大震災が発生	
1997 平成9	香港が中国に返還される	
2000 平成12	IRBワールドセブンズシリーズ日本大会開催	日本体育協会（現・日本スポーツ協会）国体委員長に就任
2001 平成13	町井徹郎氏、日本ラグビーフットボール協会の11代目会長に就任	日本ラグビーフットボール協会副会長に就任
2002 平成14	女子ラグビーが日本ラグビーフットボール協会に加入 女子ラグビーは、第4回女子ワールドカップに初参加	
2003 平成15	ジャパンラグビー トップリーグが社会人12チームで開幕	
2004 平成16		日本ラグビーフットボール協会会長代行に就任 2011年ラグビーワールドカップ招致委員会委員長に就任
2005 平成17	森喜朗氏、日本ラグビーフットボール協会の12代目会長に就任	早稲田大学名誉教授に就任
2006 平成18	ジャパンラグビートップリーグチーム数は12チームから14チームへ増加	
2009 平成21	U20世界ラグビー選手権（IRBジュニアワールドチャンピオンシップ2009）開催 2019年ラグビーワールドカップが日本で開催決定	
2010 平成22	2019年ラグビーワールドカップ日本開催組織委員会の設立準備を開始	
2011 平成23	東日本大震災が発生	
2013 平成25	日本ラグビーフットボール協会が公益財団法人へ移行	
2015 平成27	岡村正氏、日本ラグビーフットボール協会の13代目会長に就任	
2016 平成28	リオデジャネイロオリンピック・パラリンピック開催 7人制ラグビーが正式種目として実施	
2019 令和元	森重隆氏、日本ラグビーフットボール協会の14代目会長に就任	

第7章
ラグビーワールドカップ2019への道

眞下 昇

mashimo noboru

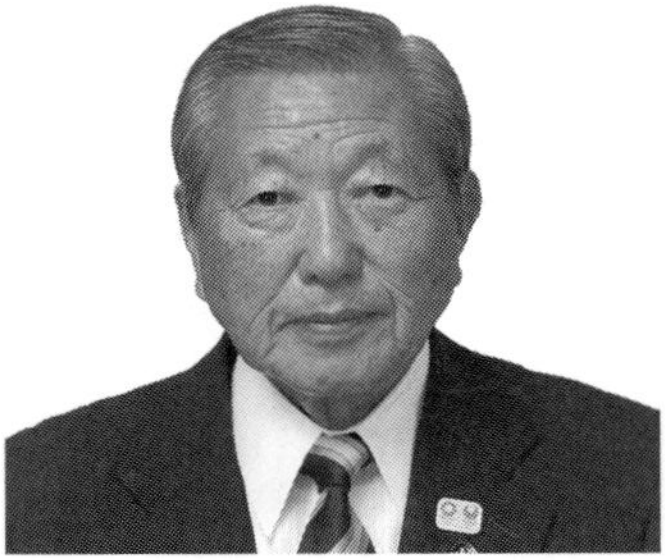

中学校までは野球少年だったという眞下昇氏。高校入学後、先輩たちの勧誘をきっかけに始めたラグビーは、最初は「何もわからずにやっていた」と言います。
しかし、やっていくうちにラグビーに魅了され、大学、社会人まで現役を続けました。現役引退後はレフリーの道に活躍の場を移した眞下氏は、日本ラグビー界の改革を推し進め、ラグビーワールドカップ招致にも尽力されました。「一生涯、ラグビーに関わっていきたい」と語る眞下氏に話をうかがいました。

眞下 昇（ましも・のぼる）1938年生まれ。群馬県立高崎高等学校、東京教育大学ラグビー部で活躍後、社会人、クラブチームでプレー。現役引退後はレフリーに転身。日本ラグビーフットボール協会（JRFU）理事、専務理事、副会長を歴任。2004年にラグビーW杯招致委員会委員長、2007年にアジアラグビーフットボール協会選出IRB理事に就任。JRFU顧問、ラグビーW杯2019組織委員会エグゼクティブアドバイザーを務める。

聞き手／佐野慎輔　文／斉藤寿子　構成・写真／眞下昇、フォート・キシモト
取材日／2018年11月5日

最高のご褒美は試合後の「レフ、サンキュー」

――１９７０年代末から80年代、ラグビーのレフリーといえば眞下さんでした。実際はどのくらいの試合でレフリーを務められていたのでしょうか？

自分では数えたことがありませんので、正確な数字はわかりませんが、トータルで４００試合以上はレフリーを務めたのではないでしょうか。当時の国内の公式戦は１シーズンに15試合ほどで、国際試合を含めたとしても20はいかなかった時代でした。多い時には１週間に１試合というペースでレフリーをしたこともありましたが、ほとんどが２週間に１回という程度だったと思います。春の非公式戦を加えれば更に多くなります。

――その４００試合ほどの中で、最も思い出に残っている試合を教えてください。

思い出に残っているのはたくさんありますが、そのなかで特出するならば、当時はラグビーと言えば大学ラグビーが盛んでしたので、１９８７年の関東大学リーグ対抗戦、前夜雪が降り、除雪後のぬかるんだグラウンドで行われた早明戦（早稲田大学VS明治大学）だったり、また秩父宮ラグビー場が客止めとなった早慶戦（早稲田大学対慶應義塾大学）ですね。正面玄関に

日本選手権決勝。
新日鐵釜石対同志社大学戦（右）

400試合以上で主審を務める

入り切れないほど大勢の人が群がった光景は忘れることができません。いずれにしても、当時の大学ラグビーは観客で賑わった試合が多かったですね。

――あのころの大学ラグビーは、どの競技場も観客でいっぱいになるほどの人気を博していました。

当時は、例えば「オール早慶明（早稲田大学、慶應義塾大学、明治大学）」といったOBの試合でさえも多くのファンが詰めかけました。秩父宮ラグビー場はもちろん、あの大きな国立競技場もいつも満員の状態でした。

――そんな熱戦にはいつもレフリーの眞下

全国大学選手権決勝、早稲田大学VS明治大学戦の試合前。
満員の観客の前での両チームの集合写真（前列中央/1977年）

さんが白いユニフォーム姿で主審として笛を吹いていて、そして常にきちんとボールが見える的確なポジションにいらっしゃっていたという印象があります。レフリーとして一番心がけていたことは何だったのでしょうか？

レフリーとして大切なことは正確な判断でしょう。もちろん人間ですから、パーフェクトということはないんです。ただ、そのなかでミスを少なくして、しっかりとルールの適用をはかるということ。そのためには、良い角度、良い位置で選手たちのプレーの細かいところをしっかりと見届けることなんですね。そのうえでルールが守られているかどうか判断するということをレフリーとして最も重要な務めとして心掛けていました。

——プレーが連続して行われていくなかで、レフリーはさまざまな状況を見なければいけませんので、広い視野が必要になりますね。

人よりも視野が広いというのは、よく言われますね。普段も、例えばお店に入った時に、入り口のすぐ近くだけを見るのではなく、パッと瞬間に全体を見る癖があります。少し大げさに言えば、180度くらいの視野を常に見るような感覚でいるんです。人よりも目が左右に大きく動くわけではありませんが、できる限り広く見て、トータル的にどういう状況なのかをバランスよく見ることを心がけていますね。やはりグラウンドは広いですから、広角的に見ておかないと、誰がどんなプレーをするかということを予測することができないと、次の対応が遅れてしまうんです。

——予測するためには、各大学やプレーヤーそれぞれの特徴をすべて頭に入れておくことも必要となるのではないでしょうか?

そのシーズン、この大学はどういう選手がどういうプレーをするのか、そしてどういう流れをつくるのか、ということを頭に入れておくことは非常に大切です。ですから次に担当する試

ボールが見えにくい状況でも鋭い視線で反則は見逃さない（後方）

合が決まると、その大学の試合を見に行って観察していました。特にアドバンテージルールを適用してプレーを継続させるだけの高い技術を持ったチームなのかということも考えに入れておくことによって、十分にアドバンテージをとったほうがいいのか、これは途中で切ったほうがいいのか、という判断材料にしていました。

――チームによって試合をコントロールしやすい、しづらいということはあるのでしょうか？

スキルのあるチームは、うまいことプレーが流れていきますね。逆に、まだでき上がっていないチームほど、どういうプレーをするかが予測しにくかったりしますので、注意深く見ていかなければいけません。私は、早稲田大学、明治大学、慶應義塾大学といったレベルの高いチーム同士の試合をよく吹いていましたので、「どうぞ、皆さん、思い切ってプレーをしてください」という感覚でいられるほど、選手たちに信頼を置いていました。よくレフリーに言われているのは、試合の最初の10分間は厳しくチェックしていくこと。それ以降は、選手たちが日頃鍛えた技を思い切りプレーできる環境を整え、継続を重視して試合を展開させていくことが大切なんです。しかし、私もそうでしたが、若いころというのは「ちゃんとルールを知っていますよ」と周囲に示そうと、笛の数が多くなってしまいがちなんですね。そうすると、試合がプツン、プツンと切れてしまって、選手たちにとっても観客にとっても、つまらなくなってしまいます。なんでもかんでもすべて笛を吹けばいいというわけではなく、そのプレーが試合相手側にどれだけ悪い影響を及ぼしているか、という判断することが重要なんです。

——眞下さんがレフリーを務めていらっしゃる試合が、とても見やすくて面白かったのは、そのような理由があったんですね。

いえいえ、そんな大したことはなかったと思いますが、気持ちのうえでは試合の流れを止めずに、もっと盛り上がっていけるようにと試合をマネジメントすることを心がけていました。もちろん反則には厳しくということはありましたが、継続を第一に考えてラグビーの醍醐味を

関東大学対抗戦グループの早稲田大学VS明治大学戦（後方／1987年）

失わないように試合の流れというものは大切にしていました。

――審判冥利に尽きるといった瞬間というのはどういう時でしょうか？

審判部からの評価も大切でしたが、それよりも試合後、両チームの選手たちから「レフ、サンキュー」と言われるのが、最高に嬉しかったですね。

選手たちは日頃精一杯の努力をして、チーム一丸となって勝とうと試合に臨むわけです。それなのに私たちレフリーの判断ミスで大事な試合をつまらなくしてしまえば、責任はレフリーにあります。そういうことがないよう、選手たちが積み上げてきた努力が開花するようにと、いつも心がけていました。選手たちのダイナミックなプレーが出て、それを観客が楽しむと。それができなければ、レフリーを務める意味はありません。そういうなかで、選手たちから直接「レフ、サンキュー」と言われたということは、勝敗はともかく、自分たちのプレーが思い切りでき、満足、納得したよという表れでしょうから、それはレフリー冥利に尽きましたね。

先輩の勧誘から始まったラグビー人生

――そもそも眞下さんがラグビーを始めたきっかけは何だったのでしょうか？

私は中学校までは野球少年でした。当時のスポーツといえば野球でしたから、自然と野球をやっていたんです。もちろん、将来の夢は「プロ野球選手」でしたから、高校でも野球部に入るつもりでした。ところが、高崎高校に進学すると、同じ中学校の野球部の先輩たちがラグビー部に入っていまして、その先輩たちに半ば強制的にラグビー部に入らされたんです。でも、その先輩たちがいなければ、今の僕はいないわけですから、今では感謝しています。

――ラグビーの知識はお持ちだったんですか？

高崎高校ラグビー部創立15周年記念祝賀試合にて（上から2列目、右から4人目）

ラグビーは、まったく知りませんでした。ですから、最初は先輩たちが「あれやれ、これやれ」というのを、見よう見まねでやっていただけでした。「なんだこの変な形のボールは？」「なんで後ろにパスをするんだ？」なんて思いながらやっていましたね（笑）。でも、不思議なもので、練習は辛いしやめたいとは思っているのに、「やめたら仲間に悪い」という妙な仲間意識がいつのまにかめばえていて、実際にやめることはありませんでした。先輩たちもかわいがってくれましたしね。ただ、練習は厳しかったですよ。家に帰れば、ご飯を食べたらすぐに倒れこむようにして寝るだけでしたし、学校でも疲れて教科書を開く力が残ってないんです。それで前期のテストが赤点ばかりのことがありまして、母親が担任の先生から「早くラグビーをやめさせたほうがいい」と言われたことがありました。それでこれ以上母親に恥をかかせるわけにはいかないと、それからはなんとか赤点だけは取らないようにがんばりました。

――群馬県立高崎高校といえば進学校として知られていますが、ラグビー部も北関東では有数の強豪校でしたね。

それこそ県内では先輩たちの時代から引き継がれた連勝記録は101にものぼるほど、無敵を誇っていました。県内で常に雌雄を争うライバル校である前橋高校と毎年行われるスポーツの定期戦では、高崎高校のラグビー部が強すぎたために、代わりにほかの競技の選手がラグビーチームを編成して戦いました。一方私たちラグビー部員はそれぞれほかの競技に駆り出されていたのですが、私は陸上部の800mが人数が足りないからというので、「走ればいいんでしょ?」という軽い気持ちで手を挙げたことがあったんです。ペース配分なんてものはまったく知りませんから、号砲とともに全速力で走り始めたので、最初はダントツのトップでした。ところが、残り200mあたりからガクンとスピードが落ちて、どんどん後ろから抜かれていったんです。「おかしいなぁ。なんで足が動かないんだろう」と思いながら走りましたけども、最初から全速力で走ったらエネルギーなんか残っていないのは当然ですよね(笑)。結果は4、

5着だったと記憶しています。

――眞下さんが在籍していたころ、高崎高校は全国大会ではどのくらいの成績を収められていましたか？

私のころは、まだ全国高校ラグビーフットボール大会が花園ラグビー場ではなく、西宮球場で行われていた時代だったのですが、私が2年生の時の大会では、秋の第10回国民体育大会（国体）で優勝しました。全国大会では準決勝で保善高校（東京都）に敗れました。3年生の時は国体には行けなかったのですが、全国大会では準々決勝まで行きました。

――ポジションはバックスですか？

高校時代はセンター（バックスの中心に位置し、攻撃時には突破役となり、守備ではタックルで相手の攻撃の芽を摘むポジション）をやっていました。大学に入ってからはスタンドオフ（パス、キック、ランでゲームをコントロールし司令塔の役割を担うポジション）でした。というのも、入学してすぐにスタンドオフの先輩がケガをしてしまって、「誰もいないから、オマエやってくれ」ということで急きょやることになったんです。

「引退後もラグビーに携わりたい」とレフリーの道へ

――高校卒業後、いわゆる古豪ではあっても、決して圧倒的に強いわけではなかった東京教育大学（現・筑波大学）に進学されました。強豪校に進むことは考えなかったんですか？

3年生の時の担任の先生が東京教育大学出身で勧められていたんです。でも、当時は1月15日に秩父宮ラグビー場で全国高等学校大会に出場した関東周辺の高校チームによる出場記念試合が行われていました。そのために本格的な受験勉強は1月16日からスタートするわけです。それで「ずっとラグビーばかりやってきて、8科目も試験がある国立大学なんてとても無理だから、3教科の私立大学に行きたいと思っています」と先生に言ったところ、「だめだ。東京教育大学を受けろ。今から勉強すれば砂漠に水が吸い込まれるごとく覚えられる」と励まされた。1学年上の先輩で東京教育大学に行った人も、なぜか私に「受験しろ」と勧めてきまして、それでもう受けるしかなくなってしまったというわけです。先生からは「1教科でも0点を取れば、ほかがすべて100点でも落ちるからな」とプレッシャーをかけられまして、しかも当時は浪人なんて考えられませんでしたから、「試験に落ちたらどうなるんだろう」と不安しかありませんでした。ですから「これは、大変なことになった」と、もう毎日徹夜で勉強しまし

筑波大学（旧東京教育大学）ラグビー部の集合写真（上から2列目、左から8人目）

た。でも、そんな無茶なことができたのも、ラグビーで体を鍛えていたおかげだったかなと思いますね。

――当時の東京教育大学のラグビー部は強かったんですか、それとも…。

まったく強くはなかったですよ。高校時代は試合をすれば勝つものだと思っていたのが大学では常に敗戦ばかりでした。部員のなかには全国大会出場経験者はほとんどいませんでした。当時、関東の大学でラグビー部は17校ほどだったと思いますが、その内の〝中《ちゅう》の下《げ》〟くらいでした。

――大学時代の一番の思い出といえば、何でしょうか？

大学時代はケガが多くて、部に貢献できなかったですね。毎年夏には山中湖で15日間の合宿があったのですが、1年生の時にはその合宿中に右肩を痛めたんです。そしたら40度の発熱も引き起こして、その時は何が原因かわからなかったのですが、病院で診察してもらったら骨髄炎を発症していました。抗生物質で熱を下げてから、骨を削る手術をしたのですが、結局完治するのに6カ月ほどかかりまして、1年生のシーズンはまるまる棒に振りました。2年生の時は、シーズン半ばの試合で味方プレーヤーに後ろの死角から左膝に飛び込まれて左膝の前十字靭帯断裂という大けがをしました。3年生の時には肋骨を3本ほど折りまして、絆創膏を巻きながらプレーしていました。まともにプレーできたのは最後の4年生の時だけでしたね。

——大学卒業後は外資系商社のドットウエルに入社されて、同社のラグビー部でプレーすると同時にクラブチームの名門「エリスクラブ」でもプレーされています。そのエリスクラブでは1969年にキャプテンとして韓国遠征を経験し、それを最後に現役を引退。その後レフリーになられていますが、レフリーをやろうと思ったきっかけは何だったのでしょうか?

すっかりラグビーに魅了されていたことと、現役時代にお世話になった方々に恩返しをしたいということで、現役引退後も何かしらのかたちでラグビーに携わっていたいという気持ちがあったんです。それでエリスクラブでプレーしていた時に、同じクラブチームの「エーコンクラブ」のキャプテンでレフリー委員会の副委員長を務められていた方が、韓国遠征から帰国して現役引退を表明した際、「これからはレフリーをやりなさい」と。実はそれ以前に社会人リーグ同士の試合では、自分のチームの試合が終わると、次の試合のレフリーを務めていたりもしていたので、迷うことなく「はい」とその場で返事をしました。それまではライセンスなしで見様見真似でやっていたのですが、現役引退後にレフリー資格試験を受けまして、１９７２年にＢ級ライセンスを取得して関東ラグビーフットボール協会主催の試合のレフリーを務めるようになりました。その後、経験を経て推薦されて日本ラグビーフットボール協会のＡ級ライセンスを取得しました。

日本ラグビーの大改革断行

――さて、来年にはアジアで初のラグビーワールドカップが開催されます。眞下さんは招致の段階から携わってこられましたね。

日本代表が１９９９年にウェールズで行われた第４回ラグビーワールドカップに臨んだ際、ＯＢとはいえオールブラックス（ニュージーランド代表の愛称）から何人か日本代表チームに加わっていたにもかかわらず、海外チームに歯が立たなかったんです。さらにパワーアップしていかないと、日本は海外に肩を並べることはできないということが示されたわけですが、ち

眞下 昇氏（取材当日）

ょうど世界的にはアマチュアリズムが撤廃されてプロ化の道に突き進んでいる最中でした。特に欧州や南半球のチームは完全にプロ化の道を進んでいて、日本とは歴然とした差が開いていました。ですから、日本もプロ化に移行していかなければいけないと言われていたのですが、アマチュアリズムが根強かった日本ラグビー界はなかなかプロ化には進みませんでした。しかし私は、プロ化は避けては通れないと思っていましたので、代表チームに海外からプロの選手を入れるか、あるいは国内にプロのチームを作るしかないと思っていました。それで日本ラグビーフットボール協会の当時専務理事を務めていた白井善三郎さんに「日本代表に海外の選手を積極的に入れてはどうでしょうか」と提案したこともあったんです。しかし、当時の協会には海外から選手を呼ぶだけの資金がなかったんですね。それでもなんとか日本代表強化をしていかなければいけないということで、前述の白井専務理事の号令の下、日本協会の大改革を掲げました。そして当時の日本協会理事４名に改革を指示されたのです。私は大会の運営でした。私はそれまで大学と社会人の優勝チーム同士で争われていた日本ラグビーフットボール選手権を発展的に解消し、２００３年からはトップリーグの順位決定戦※としました。真の強い選手同士で競う場を設け、また海外から選手たちを入れることで、世界と互角に戦える力を普段から身に付けられるような環境をつくるというのが目的でした。２００１年に協会会長に就任した東京大学ラグビー部ＯＢの町井徹郎氏には協会の役員制度を刷新し、慶應義塾大学ラグビー

※ 55年続いた全国社会人大会を発展的解消しトップリーグを創設

部ＯＢで国際ラグビー評議会（ＩＲＢ：２０１４年に「ワールドラグビー」（ＷＲ）に名称変更）理事でもあった堀越慈氏がマーケティング改革でスポンサー集めに奔走し、日本代表監督も務めた早稲田大学ラグビー部ＯＢの宿澤広朗氏が日本代表チームの強化を担当しました。それぞれの専門分野での改革をしていったんです。

「トップリーグ」への移行を伝える

——そうした大改革のなかで、ラグビーワールドカップを招致しようという話はどのように盛り上がっていったんですか？

今年からトップリーグが開幕するという２００３年のお正月に、私がある新聞社のフォーラムに招かれたことがあったんです。その時、その新聞社の記者がこう言ったんです。「眞下さん、トップリーグを立ち上げるというだけでなく、将来的にはラグビーワールドカップを開催したいという話もされたらどうでしょうか」と。それで私はフォーラムで「9月からトップリーグが始まります。そしてゆくゆくはラグビーワールドカップを日本に招致して、日本ラグビー界、日本スポーツ界を活性化させていきたいと思っています」という話をしました。それがきっかけとなって、２０１１年大会の招致活動へとつながっていきました。

――その後、招致活動がスタートします。この経緯を教えてください。

まずは2003年に、森喜朗元首相と日本ラグビーフットボール協会の当時の町井会長と私の3人で、国際ラグビーボードのシド・ミラー会長（当時）に正式にラグビーワールドカップ招致を申し入れました。その後、帰国してすぐに招致委員会を発足しまして、森氏に会長に就任していただき、そして当時日本ラグビーフットボール協会の専務理事をしていた私がその招致委員会の責任者ということで委員長を務めることになりました。

――当時、招致に関わった人たちに話を聞きますと、森会長の存在がたいへん大きかったといわれています。

おっしゃる通りです。私が森氏のすごさを改めて感じたのは、2011年大会の招致でニュージーランドに2票差で負けた時のことです。私自身は、もちろん負けたことへの悔しさはありましたが、それでもロビー活動をしてきたなかで、たくさんの海外のレフリー仲間に助けてもらいましたし、また投票で負けた日も「ノビ（眞下氏の愛称）、次だよ！」と励ましてもらいましたので、「よし、次こそ勝つぞ！」というふうに思っていたんです。

2011年ラグビーワールドカップ招致活動。IRB(国際ラグビーボード)ミラー会長(前列右から2人目)、森元首相(招致委会長、前列左から3人目)。(後列左から2人目)

すると、さすが森氏は行動が速かったですね。投票翌日にはミラー会長の元を訪れたんです。会長としては森氏を慰めるつもりでいたと思うのですが、森氏はミラー会長にズバッと問題を指摘されました。というのも、当時はラグビー先進国であるファウンデーションユニオン(イングランド、スコットランド、ウェールズ、アイルランド、南アフリカ、オーストラリア、ニュージーランド、フランス)はそれぞれ理事が2人いましたので、それぞれ投票権を2つ持っていたわけです。ところが、日本を含むその他の4カ国は後進国で理事がひとりでしたので、1票しか持っていません。それではファウンデーションユニオンの有利な投票結果になることは誰の目から見ても明らかでした。それで森氏は「仲間うちでボールを回しあっていては、い

ラグビーワールドカップ2019組織委員会が発足。
御手洗会長（中央）、森副会長（左）と（2010年）

つまでたってもラグビーはグローバルなスポーツにならないですよ」と、ものすごい剣幕でおっしゃいまして、ミラー会長もその勢いに完全に押されていました。あの時、森氏がはっきりと主張してくださったことが、２０１９年大会の招致の成功につながったことは間違いありません。

――その後、日本は２０１５年大会の招致を目指しましたが、結果的には２００９年に行われたＷＲの理事会で、２０１５年はイングランド、２０１９年は日本と、２大会をセットにして同時決定されました。なぜ、こうした形になったんでしょうか？

　現実的なことを申しますと、欧州ラグビー界のバックには大きなスポンサーが付いているん

ワールドカップ2015イングランド大会、2019日本大会が同時決定（2009年）

です。ですから、大会運営のことを考慮して、欧州以外で開催した次の大会は、必ず欧州に戻さなければいけないということが暗黙の了解としてあります。ですから2011年は欧州ではなくニュージーランドでの開催となりましたので、次の2015年はイングランドになったのは十分に予測されていたことでした。とすると、日本が現実的にめざすとすれば2019年になるわけですね。ところが、2011年大会の時に南アフリカが一次投票で最下位で一番最初に落選したんです。それで決戦投票で日本に2票差で勝ったニュージーランドに決まったわけですが、当然南アフリカも19年大会を狙ってくるだろうと。そうすると、またファウンデーションユニオン相手に厳しい戦いになるわけで、それではなかなか日本開催は実現しないと思いました。そこで、なんとか15年と19年の2大会をセットで決めることはできないかと提案しました。2大会をセットで決めることになり、ラグビーワールドカップリミテッド（ワールドラグビーが設立したラグビーワールドカップを運営する専門会社）が立候補国の能力と可能性を調査して推薦し理事会が案の賛否を問い、２０１５年大会はイングランド、２０１９年大会は日本となり、日本開催が実現しました。

――２０１９年大会を招致できた最大の要因は何だったと考えられていますか？

２０１１年大会の招致活動の時に、当然、アジア圏の理事は日本に投票しようということでバックアップ体制が整っていたはずでした。ところが、アジアラグビーフットボール協会から派遣されていた理事はニュージーランド出身で、これは投票後にわかったことですが、彼はニュージーランドに票を入れていました。それで私は「虎穴に入らずんば虎子を得ず」だということで、もう日本がアジアや世界の中心的なところにまでズバズバと入っていかなければダメだなと思いました。それで立候補しまして、２００７年にアジアラグビーフットボール協会およびＩＲＢ理事に就任したんです。そうしたら、それまで背を向けていた理事たちが、ころっと態度が変わりましてね（笑）。「やあ、ノビ」なんて声をかけられるようになりました。「ああ、

2019年ラグビーワールドカップ招致活動
（右から2人目/2007年）

やっぱりこういう世界なんだな」と思いましたよ。でも、実際に日本の話に耳を傾けてくれる理事が増えたことは確かでした。

それともうひとつは、2011年大会の招致活動の時に、私たち日本は欧州のメディアに「グローバリゼーションの必要性」を叫んでいました。その甲斐あって、機会があるごとに欧州メディアが「ラグビーもグローバリゼーションを目指していかなければいけないのではないか。そのためにもアジアに門戸を開くべきではないか」ということを盛んに発信してくれたんです。

2011年の招致がニュージーランドに決まった時にはTIMES誌は「IRBよ、恥を知れ！」と言わんばかりに、欧州のメディアが私たちに追い風を送ってくれたことは非常に大きかったですね。

――さまざまな要素がうまく絡み合って、２０１９年大会招致の成功につながったと思いますが、なかでも眞下さんがＩＲＢの理事になって世界ラグビー界の中心に入っていかれたということは非常に大きな意味を持っていたと思います。やはりご苦労もあったのではないでしょうか？

もちろん、さまざまな苦労はありましたが、とにかくまずは私という存在を覚えてもらうことからということで、何でもやるようにしました。例えば、理事会のあとには必ずと言っていいほど、みんなでパブに行くのですが、「何か歌ってくれ」とミラー会長から言われるたびに、坂本九さんの『上を向いて歩こう』を歌いました。日本語でしたが、海外でもよく知られていた曲でしたから受けはよかったんでしょうね。いつの間にか「ミスター・カラオケ」と理事たちから呼ばれるようになりました（笑）。でも、私としては「名前を覚えてくれるなら何でもいいかな」と喜んで「ミスター・カラオケ」と呼ばれていました。

ラグビーワールドカップが日本スポーツ界の発展につながる大会に

――眞下さんたちが苦労されて招致したラグビーワールドカップが、いよいよ来年に開催されます。一日一日と開幕が近づくなかで、現在の状況をどのように感じていらっしゃいますか？

私は２０１８年からラグビーワールドカップ２０１９組織委員会のエグゼクティブアドバイザーを務めていますが、運営面でいえば準備は順調に進んでいます。最も気になるのはチケットの売れ行きですが、何とか完売しようと皆でがんばっています。これまでは抽選発売ということで販売していましたが、今後は先着発売されますので、どんどん売れていくと思います。

また、これは国内ですが、今懸念されているのは、ラグビーワールドカップリミテッド分のチケットの売れ行きです。国内の需要はありますので、完売の可能性は十分にあると思うんですね。しかし、問題はラグビーワールドカップリミテッドが海外等で売っているチケットの一部が組織委員会に戻り組織委員会で販売されるようになることがあるということで、少し心配です。そこで各開催地の関係者の皆さんには、海外からチケットが戻ってきた時に、どのようにしてＰＲして販売につなげるかということを今から考えてほしいとお願いしています。

――改めて、ラグビーワールドカップ２０１９とは、日本にとってどのような意味を持つと考えられますか？

ラグビーワールドカップ２０１９のあとには、２０２０年東京オリンピック・パラリンピック、そして２０２１年にはワールドマスターズゲームズ２０２１関西が開催されます。そうしたなかで、ラグビーワールドカップ２０１９に限っては全国12会場で行われますから、東京だけでなく、日本のさまざまな地域を海外の人たちに知っていただく、触れていただく機会になると思うんですね。ですから、さまざまなところで交流を図り、日本の文化や日本人の特性を知っていただくということが、大きな役割としてあると思います。そして、ラグビー界において言えば、まだまだラグビー後進地域であるアジアのラグビー界の発展につながっていく大会にしていかなければいけません。ひいてはほかの競技にもいい影響を与えていけるようにしていきたいですね。

――眞下さんは、国内の団体球技リーグの強化と発展を目的として結成された日本トップリーグ連携機構の副専務理事も務め、日本スポーツ界に深く携わられています。ラグビーワールドカップ２０１９開催が日本スポーツ界にどのような影響をもたらすと思われますか？

日本トップリーグ連携機構は、現在９競技12リーグが加盟しており、お互いに連携しながら国際競技力の向上をめざしています。そういうなかで、私たち日本ラグビー界が来年のラグビーワールドカップで勝敗だけでなく、観客動員数をはじめとした大会の盛況ぶりや海外の人たちとの交流、さらには若い人たちが世界に羽ばたくきっかけとなるような「成功の姿」を示すことで、ほかの競技団体に与える影響は非常に大きいと思います。

——ラグビーという競技だからこそ与えられる影響もあるのではないでしょうか?

おっしゃる通りです。あるフランスの有名な選手が言っていたのですが、「ラグビーは子どもを大人にしてくれるスポーツだ」と。なるほどな、と思いましたね。ルールに則ってプレーするなかで、たくさんの人たちの支えを結集して、チーム一丸となって前に進んでいくこと。そういう意味では、「組織論」としてもぴったりの競技だと思います。

——ラグビーワールドカップ2019のレガシーとして、どんなものが残り、何を残していかなければならないと思われますか?

世界最高峰のラグビーの大会が日本で行われるわけですから、まずひとつは世界のトップ選手たちのプレーを見ていただき、ラグビーの魅力を知っていただくことが一番重要だと思います。また、既存のラグビーファンにとっても「ああ、ラグビーにはこんな魅力もあったんだ」

というような再発見の場となり、さらにラグビーを好きになってもらえたら嬉しいですね。また、海外から多くの外国の人たちが来日します。若い人たちがそれらの人たちと交流され世界に羽ばたくきっかけになってくれればと思います。大会自体を成功させることも大切ですが、それ以上に開催をきっかけにして日本ラグビー界、日本スポーツ界が、さらに発展していってもらえたらと思っています。ラグビーワールドカップ２０１９は、２０２０年東京オリンピック・パラリンピックの前哨戦ともいえる大会。そういう意味でもしっかりと成功させて、２０２０年につなぐことが大切。ラグビーワールドカップ２０１９で、海外の人たちに「おもてなし」をすることができれば、２０２０年、２０２１年には、さらに多くの海外の人たちが日本に足を運んでくれるだろうと。その大事なスタートがラグビーワールドカップ２０１９です。

――最後に、眞下さんにとって、「ラグビー」とは何でしょうか？

ラグビーは私の人生すべてと言っても過言ではありません。ラグビーなくして今はないですし、今後もずっとラグビーに携わっていきたいと思っています。

眞下 昇氏 略歴

年	ラグビー関連・世相	眞下氏略歴
1938 昭和13		眞下昇氏、東京都に生まれる
1942 昭和17	日本ラグビーフットボール協会、大日本体育大会蹴球部会に位置づけられる	
1945 昭和20	第二次世界大戦が終戦	
1947 昭和22	秩父宮殿下、日本ラグビーフットボール協会総裁に就任 九州ラグビー協会(現・九州ラグビーフットボール協会)創設 東京ラグビー場(現・秩父宮ラグビー場)が竣成 日本国憲法が施行	
1949 昭和24	第1回全国実業団ラグビー大会開催	
1950 昭和25	第1回新生大学大会開催。「全国大学大会」の名称となる 朝鮮戦争が勃発	
1952 昭和27	全国実業団ラグビー大会、第5回から全国社会人ラグビー大会に改称	
1953 昭和28	田辺九萬三氏、日本ラグビーフットボール協会の2代目会長に就任 東京ラグビー場を秩父宮ラグビー場に改称	
1954 昭和29		群馬県立高崎高校に入学。ラグビー部に所属し、1955年、56年には全国高校大会に出場
1955 昭和30	日本の高度経済成長の開始	
1956 昭和31	香山蕃氏、日本ラグビーフットボール協会の3代目会長に就任	
1957 昭和32		東京教育大学(現・筑波大学)に入学。ラグビー部に所属
1961 昭和36	第1回NHK杯ラグビー試合(現・日本選手権)開始	外資系商社ドットウエル社に入社。ラグビー部に所属。ラグビークラブチーム「エリスクラブ」にも所属
1962 昭和37	秩父宮ラグビー場、国立競技場に移譲	
1963 昭和38	日本代表、戦後初の海外遠征(カナダ)	
1964 昭和39	第1回日本選手権試合開催	

1965 昭和40	第1回全国大学選手権大会開催	
1968 昭和43	湯川正夫氏、日本ラグビーフットボール協会の4代目会長に就任	
1969 昭和44	第1回アジアラグビー大会開催。日本は全勝で優勝 アポロ11号が人類初の月面有人着陸	エリスクラブ主将として韓国遠征。その後、現役を引退。引退後、社会人ラグビーの審判を務める
1970 昭和45	横山通夫氏、日本ラグビーフットボール協会の5代目会長に就任	
1971 昭和46	第1次・高校日本代表のカナダ遠征	
1972 昭和47	椎名時四郎氏、日本ラグビーフットボール協会の6代目会長に就任	
1973 昭和48	全国高校選抜東西対抗試合開始	
1978 昭和53	日中平和友好条約を調印	
1979 昭和54	阿部譲氏、日本ラグビーフットボール協会の7代目会長に就任	
1980 昭和55		関東ラグビーフットボール協会理事に就任
1982 昭和57	代表キャップ制度を発足	
1987 昭和62	第1回ワールドカップが開催(オーストラリア・ニュージーランドの共同開催)以後、第7回大会まで日本代表チームは連続出場を果たす	
1990 平成2	磯田一郎氏、日本ラグビーフットボール協会の8代目会長に就任	
1992 平成4	川越藤一郎氏、日本ラグビーフットボール協会の9代目会長に就任	日本ラグビーフットボール協会理事に就任
1993 平成5	第1回ジャパンセブンズ開催	
1995 平成7	金野滋氏、日本ラグビーフットボール協会の10代目会長に就任 阪神・淡路大震災が発生	
1997 平成9	香港が中国に返還される	
2000 平成12	IRBワールドセブンズシリーズ日本大会開催	
2001 平成13	町井徹郎氏、日本ラグビーフットボール協会の11代目会長に就任	

2002 平成14	女子ラグビーが日本ラグビーフットボール協会に加入 女子ラグビーは、第4回女子ワールドカップに初参加	日本ラグビーフットボール協会専務理事に就任 日本オリンピック委員会評議員に就任 日本スポーツ協会評議員に就任 ジャパンラグビー トップリーグ初代チェアマンに就任
2003 平成15	ジャパンラグビー トップリーグが社会人12チームで開幕	
2004 平成16		ラグビーワールドカップ招致委員会委員長に就任
2005 平成17	森喜朗氏、日本ラグビーフットボール協会の12代目会長に就任	日本ラグビーフットボール協会副会長兼専務理事に就任 日本トップリーグ連携機構副専務理事に就任
2006 平成18	ジャパンラグビートップリーグチーム数は12チームから14チームへ増加	
2007 平成19		アジアラグビーフットボール協会理事に就任 ワールドラグビー理事に就任
2009 平成21	U20世界ラグビー選手権（IRBジュニアワールドチャンピオンシップ2009）開催 2019年ラグビーワールドカップが日本で開催決定	
2010 平成22	2019年ラグビーワールドカップ日本開催組織委員会の設立準備を開始	
2011 平成23	東日本大震災が発生	日本ラグビーフットボール協会副会長に専任
2012 平成24		ラグビーワールドカップ2019組織委員会理事に就任
2013 平成25	日本ラグビーフットボール協会が公益財団法人へ移行	日本ラグビーフットボール協会顧問に就任
2015 平成27	岡村正氏、日本ラグビーフットボール協会の13代目会長に就任	
2016 平成28	リオデジャネイロオリンピック・パラリンピック開催 7人制ラグビーが正式種目として実施	
2018 平成30		ラグビーワールドカップ2019組織委員会エグゼクティブアドバイザーに就任
2019 令和元	森重隆氏、日本ラグビーフットボール協会の14代目会長に就任	

第8章

支援の背景にある
ラグビーへの愛情と情熱

上原 明

uehara akira

小学生の時からラグビーに慣れ親しみ、ラグビーのルーツ校である慶應義塾大学に進学後は、同大学のサークルである「B.Y.Bラグビーフットボールクラブ」(「Black Yellow Black」の略で1933年に創立されたクラブチーム)に所属していた上原明氏。上原氏が現在会長を務めている大正製薬では18年間にわたって、ラグビー日本代表のオフィシャルスポンサーを務めるなど、日本ラグビー発展に大きく寄与されてきました。今回はスポンサー企業の視点から、日本ラグビーの現況と今後についてお話をうかがいました。

上原 明(うえはら・あきら)1941年生まれ。成蹊中学・高等学校を卒業後、慶應義塾大学に進学し、「B.Y.Bラグビーフットボールクラブ」サークルに所属。大学卒業後は日本電気株式会社(NEC)勤務を経て、1977年に大正製薬株式会社に入社。1982年に代表取締役社長に就任し、現在は取締役会長を務める。

聞き手/佐野慎輔　　文/斉藤寿子　　構成・写真/上原明、フォート・キシモト
取材日/2018年12月7日

冬の体育の恒例だったラグビー

――御社（大正製薬）は２００１年より、ラグビー日本代表のオフィシャルスポンサー、２０１６年からはラグビー日本代表のオフィシャルパートナーを務められてきました。会長である上原さんご自身が、ラグビーに深い愛情を注がれていますが、ラグビーとの出合いはいつだったのでしょうか？

私は小学校から高校までの12年間、成蹊学園（東京）に通ったのですが、中学、高校では冬の間、体育の授業はラグビーかマラソンと決まっていました。というのも、当時体育の先生は東京教育大学（現・筑波大学）から来られていたのですが、なぜか歴代、ラグビー部の選手だったんです。

そのためにラグビーに対しては大変熱心な先生ばかりで、雪のなかでもラグビーをやりました。毎年、冬にマラソン大会が1日あったのですが、男子は学年ごとにチームをつくって総当たりで対戦するラグビー大会も1日設けられていました。そういうこともあって、私自身、早くからラグビーに慣れ親しむ環境にありました。

――当時、中学校の体育でラグビーをやっていたというのは珍しかったのではないでしょうか？

中学時代、波左間海岸（館山）の夏の臨海学校にて（後列左端）

私たちの成蹊学園のほかに、当時都内でラグビーをやっていた中学校は慶應義塾普通部、慶應義塾中等部、成城学園中学校高等学校、学習院中等科、青山学院中等部がやっていたと思います。

――上原さんは体格は大きいほうだったんですか？

私は早熟で、小学校を卒業する時には身長158センチ、体重58キロほどあったんです。ただ、それ以降はあまり成長しなかったのですが（笑）。子どものころは体格が大きいこともあって、運動が好きでしたから、ラグビーをはじめ野球、水泳といろいろやっていました。

高校時代・日光卒業旅行杉並木（左から2人目）

――中学校、高校でのラグビーの思い出はありますか？

私一番の思い出は、昭和32年（1957年）、高校2年生の時に日本とカナダの学生選抜の大会の前座試合に出て、秩父宮ラグビー競技場でプレーしたことです。

大学では「演劇」を諦め「ラグビー」の道へ

――高校卒業後、進学した慶應義塾大学では同大学のサークル「B．Y．Bラグビーフットボールクラブ」に所属しました。

私は運動のほかに、もうひとつ好きだったのが演劇でした。文化祭というと、小学校1年生の時からいつも引っ張り出されて舞台に出ていたんです。それで大学に入った時に、ラグビーと演劇と、どちらを選ぶかでずいぶんと悩みました。結局、ラグビーをやることにして、演劇は「観る」ほうにまわることにしたんです。「B．Y．B」というのは、ジャージの色を示していて「Black Yellow Black」の略。黒と黄色の横縞のジャージなのですが、黄色よりも黒のほうが少し太いのが特徴です。昭和8（1933）年に創立された85年を超える歴史のあるクラブチームです。

――演劇ではなく、ラグビーをすることを選んだ理由は何だったのでしょうか？

やはりそれまでの受験勉強で運動不足でしたから、思い切り体を動かしたいという気持ちがありました。それと、将来のことを考えても、演劇で食べていくわけではないだろうと。実は、成蹊学園の演劇部には、同期に長山藍子さんや東野英心さん、一学年上には山本圭さんと後に俳優となって活躍した人がいたんです。でも、自分もとは思いませんでしたから、もう「観る」ほうに回ろうと。小学1年から毎年舞台に上がっていましたから、十分だと思ったんです。それでラグビーのほうを選びました。

――ポジションはどこだったのでしょうか？

中学時代から、ほとんどプロップ（スクラムの第1列の両端でスクラムを押すポジション）

慶應義塾大学B.Y.Bクラブ時代の練習（中央）

が多かったですね。当時はプロップをやっているとブレイクが一番遅くなりますし、ボールにも特に1、2年生の時は触れないんです。ですから、パスをもらってボールを触ることができた時の喜びが大きいポジションでしたねぇ（笑）。最近のラグビーでは両端のプロップが空いている場合は、そのプロップにパスをして外からのオープン展開でトライなどしていますけども、当時はなかなかボールに触れなかったですからね。

――どこに魅力を感じながらプレーしていましたか？

ラグビーというのは、ベストを尽くし、それぞれの役割を忠実に果たすこと。そし

慶應義塾大学B.Y.Bクラブ時代、試合前（後列左から2人目）

て、それをそのほか14人の仲間が見てくれているること。これが最大の魅力でしたね。ですからトライを決めた時にも、今のようにトライした選手のところにワーッと集まるのではなく、そのトライにつながった最高のタックルをした選手のところへみんなが集まって良いプレイだったと称賛することが度々ありました。

――慶應義塾大学というとラグビーのルーツ校ですが、体育会の方の慶應義塾大学ラグビーというのはどのような特徴があると感じられていますか？

現在私は慶應義塾（関連校である高校、中学校、小学校なども含んだ学校法人）の理事・評議員でもあるのですが、以前、理事会で「強い選手をスカウトしてきてはいかがでしょう?」と提案したことがありました。
その時に言われたのは「大学のラグビー部は教育の一環としてやっていますので、〝来る者拒まず〟の姿勢でいきます。セレクションなどはしません」と。その時に、慶應義塾独自の理念というものがあって、筋が通っているんだなと思いました。

「変革の必要性」と「認知拡大」への思いが支援に

――上原さんが現在取締役会長を務められている大正製薬が、ラグビー日本代表のオフィシャルスポンサーとなったのは、どのような経緯からだったのでしょうか?

弊社の主力製品である「リポビタンD」のCMのなかには、もともとラグビーシーンがいくつかありました。「リポビタンD」のキャッチコピーは「ファイト! 一発!」ですから、ここぞという時にタックルしたり、走ったり、トライするというラグビーは「リポビタンD」のイメージに適していました。

そんななか、ラグビー日本代表のオフィシャルスポンサーとなったのは、始まりは宿澤広朗さん(早稲田大学OB、元日本代表、元日本代表監督)とのご縁でした。宿澤さんは単にパス

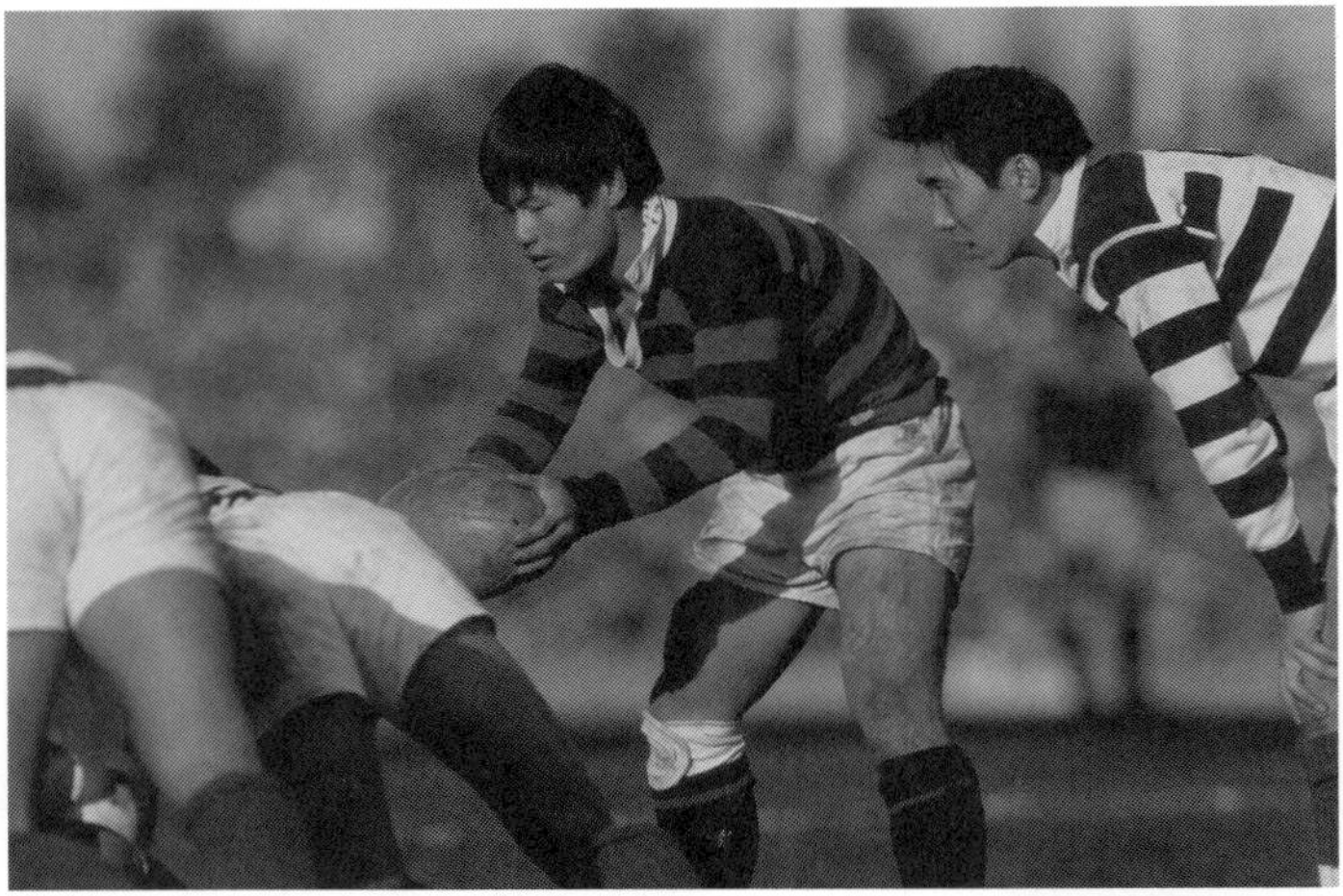
早稲田大学、日本代表で活躍し、その後日本代表監督も務めた宿澤広朗

を出すだけではなく、的確な判断に基づいて非常に俊敏な動きをするスクラムハーフ（パスのスペシャリストで、スクラムではボールを入れる役割を担うポジション）であり、非常にキャプテンシーもある方でした。その宿澤さんは大学卒業後に住友銀行（現・三井住友銀行）に入行されたのですが、弊社のメインバンクのひとつが住友銀行であり、私が海外出張でイギリスを訪れた時に、ちょうど宿澤さんがロンドン支店に赴任されていました。私がロンドン支店を訪れた際に、支店長が「うちの誰かにロンドンをご案内させますよ」と言ってくださったので、私のほうから「それでは、宿澤さんにお願いします」と申し上げ、それで宿澤さんが丸一日、ロンドンを案内してくだ

さったという思い出があります。

その2、3年後に宿澤さんは日本に戻ってこられました。そうしたところ、私と同じ慶應義塾大学出身の大先輩で大学時代には体育会とB．Y．Bの両方のラグビー部に入っておられ、弊社ともビジネス上の関係もある龍野和久さん（元日本ラグビーフットボール協会名誉顧問）と話をしている際に宿澤さんの話が出たのです。それでロンドンを案内していただいたことを話しましたら「上原さん、宿澤を知ってるんですね。じゃあ、今度みんなで会いましょう」と席を設けてくれました。龍野さん、宿澤さんのほかに堀越慈さん（元日本ラグビーフットボール協会理事）、母校の慶應義塾大学を日本一に導いた上田昭夫さんも来られていましたね。それ以降、そのメンバーで年に2、3回は食事をするようになりました。皆さんといろいろな話をしましたが、そのなかで宿澤さんがよく言っておられたのは「日本のラグビー界を変革する必要がある。アマチュアリズムといっても、弱くては世界と互角に勝負できないのだから」ということでした。

そんな経緯があったなかで、2000年に宿澤さんが堀越さんと一緒に弊社に来られてこう言われたのです。「今度、私が強化委員長になりトップリーグを立ち上げることにしました。そこで、大正製薬さんには日本代表の冠スポンサーになっていただきたい」と。ただ、弊社には同好会といったラグビーチームしかありません。ラグビーといえば、サントリーさんや東芝さん、パナソニックさんといくらでも大きな企業があるわけです。正直にそう申し上げたところ、宿澤さんは「日本代表に選ばれた選手といえども、普段しのぎを削り合っている相手チームの企業ロゴを入れたユニフォームを着ることには抵抗感があるものです。ですから、ラグビーに理解があって、かつ普段しのぎを削りあうような強いチームを持っていない企業さんが一番いいので、ぜひ御社にお願いしたい。日本のラグビーを本気で強くしていきたいと思っていますので、ぜひよろしくお願いします」と言われました。それを聞いて納得しまして、「わかりました。お引き受けします」と。弊社としても先ほど申し上げたように、「リポビタンD」の製品イメージにラグビーは合っていましたから、お引き受けすることにしたんです。

――1995年に世界のラグビーはアマチュア主義が撤廃されて、プロ化の道を進み始めました。しかし、日本はアマチュアリズムを重視するあまりその流れから完全に立ち遅れてしまいました。そこで宿澤さんや堀越さんが日本ラグビーの変革を訴えられていて、それに上原さんも共感されたと。

そうですね。私自身ラグビーが好きでしたから、もっと日本にラグビーが根付いてほしいという気持ちがありました。そのためにも日本ラグビー界の変革は不可欠だと感じていました。そもそもなぜ日本にこれだけラグビーが受け入れられたのかを考えてみますと、日本的な美意

上原 明氏（取材当日）

識、いわゆる「侍の精神」に共通したものがラグビーにあったからだと思うのです。つまり自分自身の名声や富よりも、チームのために献身、貢献しようとする精神。それは日本で古くから脈々と流れてきたものだと思います。だからこそ、1899年にイギリスから伝わったラグビーがすんなりと日本に受け入れられたわけです。そのラグビーの良さを、つぶしてはいけないと思っていました。

――ラグビーの良さを継承していくなかで、新たにビジネスとして考えていかなければならない時代になった。そのことをいち早く感じて行動に移した宿澤さん、そしてそのことに理解を示し支援してくださった上原さんという存在がいなければ、今の日本ラグビーはなかったのではないかと思います。

私はそれほど大したことをしたわけではありません。ただ、弊社には宿澤さんも好まれていた言葉ですが、上原正吉（大正製薬3代社長）が残した「商売は戦い　勝つことのみが善である」「紳士の商人（紳商）であれ」という創業の精神があります。それはどんなことをしてでも勝てばいいという意味ではありません。商売で勝つためには3つの大切な要件がありまして、ひとつは薬ですから良く効く品質であること。2つ目は経済的に相手（小売り）が利益をあげること。最後はサービスが良くなければいけない。この3つがそろえば、薬の商売の競争でライバルに勝つことができ、3つのうちひとつでもあれば有利な勝負ができると。そして、その3つを実現させるために創意工夫をしていく。また、相手も研究してくるはずだから、お互いに切磋琢磨することにより、自由主義経済の社会においては歯車が良い方向に回って、世の中が進歩するという考え方なんですね。

これをラグビーに置き換えると、戦略・戦術など、いろいろと工夫するところに価値がある。体力勝負で強い者だけが勝つのではなく、創意工夫の部分がラグビーの醍醐味であると。

――スポーツと商売には共通した「価値」があると。

はい、私はそう思います。私が瀬島龍三先生（元伊藤忠商事会長）の勉強会に出席していた際に、先生がおっしゃっていたのは「一番重要なのは『着眼大局　着手小局』だ」ということでした。つまり、世の中の時代の流れに反するような動きをしても決して成功するものではないということなんですね。いつの世も時代の流れを把握して、どうしていかなければいけないかを考えることが重要だということを教わりましたが、スポーツの世界も同じなのではないかと思います。

――18年間もの長い間、ラグビー日本代表のスポンサーを続けてこられた最大の理由とは何でしょうか？

FIFAワールドカップアメリカ大会アジア最終予選、イラクと引き分け出場を逃す“ドーハの悲劇”（1993年）

今ではワールドカップ出場が当たり前となったサッカー日本代表も、つい20年程前まではなかなかアジアでも勝つことができませんでしたよね。1993年の「ドーハの悲劇」（試合終了間際にイラクに同点ゴールを決められてワールドカップ初出場を逃した試合）など苦しい時代を乗り越えて、ようやく1998年にワールドカップ初出

大正製薬はラグビーワールドカップ2019
日本大会のスポンサーを務める

ラグビーワールドカップ2019日本大会の
日本代表を応援するポスター

場を果たし、２００２年日韓共催ワールドカップで日本にサッカー文化が根付き、それ以降、サッカー日本代表はワールドカップの常連となりました。

　弊社がラグビー日本代表のスポンサーとなったのは、やはりラグビーも日本に定着してほしいという気持ちがあったからです。その時点でラグビー日本代表はワールドカップでは未だ1勝（１９９１年、ジンバブエ戦）しか挙げられていなかったのでそのことは非常に寂しく思いましたが、しかし単に勝ち負けだけではなく、ラグビーというスポーツをひとりでも多くの人に経験してほしい、その思いが一番強かったですね。ラグビーを知ってもらうとわかると思うのですが、試合が始まると息つく間もないほど見入ってしまうんです。接触プレーが多いですから、迫力もありますしね。それと、ラグビーの良さは仲間意識の強さ。スコットランドの製薬会社の方と話をしていた時も、私がラグビー経験者だと言うと、「オマエもラグビーをやっていたのかい？」と言って、あっとい

リポビタンＤチャレンジカップ2014試合終了後マオリ・オールブラックスとの記念写真（前列中央）

う間に仲良くなってしまうんです。そんなことをひとりでも多くの人に味わってほしいんです。

ラグビー文化を日本全国へ

――いよいよ今年9月にはアジア初のラグビーワールドカップが日本で開催されます。現在の日本ラグビーは、上原さんの目にはどのように映っているのでしょうか？

前回の２０１５年ラグビーワールドカップで、日本が優勝候補の南アフリカを破った時には、「これで日本にもラグビーブームが来る」と思っていました。確かにワールドカップ直後はラグビー人気も高かったと思うのですが、残念ながら一時的なもので、長くは続きませんでしたね。今ではトップリーグの試合でさえも観客が集まっていません。観客席にいるのは、ほとんどがチームのスポンサー企業の関係者というのはあまりにも寂しい光景です。今のやり方では限界があるのではないでしょうか。

私が強く思うのは、地域活性化の道を推し進めていかなければいけないということ。そのためにもまずはチーム名から企業名を外して、地域名を前面に出していくことが必要だろうと。サッカーのJリーグがそうでしたよね。当時チェアマンだった川淵三郎さんが指揮を執り、企業を説得して企業名を外しました。あれは川淵さんの英断だったと思いますし、企業側もよくぞ理解を示してくださったなと。チーム名に企業の名がなくても、ファンは自分たちのチームに、どの企業がバックアップしてくれているかということは知っているだろうし、感謝の気持ちを抱いていると思うのです。企業側にはそういうことで納得してほしいなと。今やバスケットボールのBリーグも、プロ野球のパ・リーグもそうですよね。企業よりも地域のほうを表に出している。こうして成功している競技やチームがたくさんあるわけですから、ラグビーもそういうところから学ぶことは多いのではないかなと思いますね。

今のトップリーグを見ていると、どうもプレーヤーサイドのほうにばかり目がいっていて、観客を楽しませるという観点は少しおろそかになっている気がします。ルール説明ひとつとっても、ラグビー経験者ではなく、初めて観戦に訪れた女性や子どもにもわかるようにするには

ラグビーワールドカップ2015イングランド大会で南アフリカに勝ち喜ぶ日本代表

どうすればいいのか、といったことを考える。もっと「観客主権」にならないといけないと思います。

――スポンサーを務められているラグビー日本代表についてはいかがですか?

昨年11月に行われたオールブラックス（ニュージーランド代表）やイングランド代表との試合を見ても、トライ寸前までいっても、ちょっとしたミスで相手にボールを取られてしまい、すぐにバックスに展開されて逆襲されてしまう。その辺が弱いところかなと。相手のフォローアップが非常に優秀ということもありますが、日本のバックアップが弱いなと。相手にやられたというよりも、日本がミスでこぼしたボールを奪われて相手にトライを決められるというような試合でしたからね。

――さまざまな課題があるなかで、ラグビーワールドカップが開催されるわけですが、上原さんはどのようなことを期待されていますか?

ラグビーワールドカップの日本開催が決定した際に、「ラグビーワールドカップ２０１９組織委員会」のひとりとして意見を述べさせていただいたことがあるんです。今回は全国12会場で試合が行われるわけですが、ラグビーワールドカップに関係している地域というのは、それだけにとどまりません。各国の代表チームのキャンプ地が全国に50以上もあります。ですから会場都市だけでなく、キャンプ地にもラグビー文化が根付くような仕組みを各地方自治体と一緒になってやっていってもらいたいなと。２００２年サッカーワールドカップでは大分県中津江村（現日田市中津江村）がカメルーン代表のキャンプ地となったことをきっかけに、大分県とカメルーンの交流は今も続いていて、地元企業が進出するなど、ビジネス関係にもつながっていると聞いています。それはラグビーワールドカップの良いモデルケースとなるのではないかと思います。ぜひ自分たちの自治体ではどういうことをしているかということをＨＰで発表するなどして、ほかの自治体との情報交換も活発にしていただきたいなと。こうしたことが地域活性化につながるはずです。

――上原さんにとって、ラグビーワールドカップの成功とは何でしょうか？

日本にとって、インパクトのある、そしてそのあとにつながる衝撃的出来事となってほしいなという思いがあります。２００２年サッカーワールドカップは、まさにそういう大会だったと思います。あの大会開催を機に、どれだけ日本のサッカー界が発展し、成長していったか。ラグビーも今年のワールドカップ開催を機に、ぜひラグビー文化が根付いていってほしいなと思います。それと今はアメリカをはじめ、世界が「For One Country」になり始めているけれども、そんな時代に国境なくして純粋に交じり合うことができるのは「スポーツ」と「芸術」だと思います。そういう意味で、日本は今年ラグビーワールドカップが開催され、２０２０年には東京オリンピック・パラリンピック、２０２１年にはワールドマスターズゲームズ２０２１関西、そして２０２５年には大阪で日本万国博覧会の開催が決定しました。世界規模のイベントを立て続けに日本で開催する意義は大きく、昔から言われているラグビー精神である「One for All, All for One（ひとりはみんなのために、みんなはひとりのために）」になぞらえて「One country for All countries, All countries for One country」を世界に発信していくことも大事な役割だと思っています。その大事なスタートとして、ラグビーワールドカップで具現化してほしいですね。

――レガシーという観点では、ラグビーワールドカップのあとには、どんなものが残ってほしいと思われますか？

やはり日本にラグビー文化が根付く、その素地を今年のラグビーワールドカップではつくってほしいなと思いますね。そのためにも、ラグビー経験者だけが楽しむようなものではなく、初めてラグビーを見たという方にも十分に楽しめるようなものであってほしいなと。そうすると、子どもたちが「自分もラグビーをやってみたい」と思ってくれたり、あるいは親御さんが「自分の子どもにもやらせてみようかな」と思ってくれて、ラグビーがどんどん広がっていくのではないかと思います。特に、やはり一番大事なのは女性への広がりをどう増やしていくかということだと思います。女性は家族や友人、子どもたちを連れてきてくれますから、大きな広がりが見込まれるんじゃないかと思いますね。

スポーツを「観る」から「する」の時代へ

――来年は２０２０年東京オリンピック・パラリンピックが開催されます。オリンピックには

これからの普及が期待される女子ラグビー（写真左）とウィルチェアーラグビー（写真右）

「7人制ラグビー」があり、パラリンピックには「ウィルチェアーラグビー」があります。

15人制ラグビーとはまた違う種類のスポーツではあると思うのですが、「ラグビー精神」を大切にしているところは7人制ラグビーにもウィルチェアーラグビーにも感じられます。また、7人制では男子だけでなく女子もありますが、女性にもラグビーを実際にやって、その面白さを体感してもらえるというのは非常に嬉しいなと思いますね。同じく、障がいがあっても工夫してラグビーをしようという気持ちが嬉しいですよね。

――日本のスポーツ環境という点において

は、どのようなご意見をお持ちでしょうか？

現在、日本の名目ＧＤＰ（国内総生産）は約５５０兆円（２０１７年度）。１９６０年ごろはサービス産業はＧＤＰの３分の１程度しかありませんでした。現在は3分の2になっています。そうするとサービス産業というのは生活者主体ですから、いかに楽しんでもらうかということが今後も重要になってくるのだろうと思います。そのための環境づくりを考えますと、これはほかのスポーツにも言えることですが、まずは「観る」環境、そして次に「やれる」環境が大切になってきます。「観る」環境はだいぶ整えられてきたとは思いますので、今後着手しなければいけないのは「やれる」環境だろうと。ところが、現状は空き地や公園がどんどんなくなり、子どもたちが自由にスポーツをする環境は激減してきています。難しい課題はたくさんあると思いますが、今後は「観る」スポーツから「する」スポーツへと注力していく必要があるのではないでしょうか。

――また、現在は選手たちが現役引退後にどう生活していくのか、セカンドキャリア問題が浮上しています。これは企業人としてどのようにお考えでしょうか？

会社の仕事と同じで、その選手がどれだけ真剣に競技に取り組んできたか、その姿勢が一番重要だと思います。「一芸に秀でる」とよく言われますが、秀でるために、どれだけ努力、工夫をしてきたか、ということが現役引退後にもつながっていくのではないかなと。競技を中途半端にやってきた選手というのは、仕事においても同じだと思います。もちろん専門知識や技術も必要だとは思いますが、それ以上に何事に対しても努力、工夫する姿勢があれば、次につながっていくはずです。

――最後に、上原さんにとってラグビーとはどんな存在でしょうか？

ラグビーというのは、プレーするうえで自分自身のことを一番よく知っているのは自分なんですよね。自分が正しいプレーをしたのか、しないのか。あるいは、どれだけの努力をしたか、努力することを怠ったのか。自分を律するスポーツがラグビーなのだと思います。一方で、いくら努力をしても永遠に完璧には解決することができません。それはなぜかというと、相手がいるからです。だからこそ努力をして工夫をし続けていかなければいけない。それはラグビーも仕事も同じ。だから私にとってラグビーは「一生、学びの場」なんです。

上原 明氏 略歴

	ラグビー関連・世相	上原氏略歴
1941 昭和16		上原明氏、東京都に生まれる
1942 昭和17	日本ラグビーフットボール協会、大日本体育大会蹴球部会に位置づけられる	
1945 昭和20	第二次世界大戦が終戦	
1947 昭和22	秩父宮殿下、日本ラグビーフットボール協会総裁に就任 九州ラグビー協会（現・九州ラグビーフットボール協会）創設 東京ラグビー場（現・秩父宮ラグビー場）が竣成 日本国憲法が施行	
1949 昭和24	第1回全国実業団ラグビー大会開催	
1950 昭和25	第1回新生大学大会開催。「全国大学大会」の名称となる 朝鮮戦争が勃発	
1951 昭和26	安全保障条約を締結	
1952 昭和27	全国実業団ラグビー大会、第5回から全国社会人ラグビー大会に改称	
1953 昭和28	田辺九萬三氏、日本ラグビーフットボール協会の2代目会長に就任 東京ラグビー場を秩父宮ラグビー場に改称	
1955 昭和30	日本の高度経済成長の開始	
1956 昭和31	香山蕃氏、日本ラグビーフットボール協会の3代目会長に就任	
1961 昭和36	第1回ＮＨＫ杯ラグビー試合（現・日本選手権）開始	
1962 昭和37	秩父宮ラグビー場、国立競技場に移譲	
1963 昭和38	日本代表、戦後初の海外遠征（カナダ）	
1964 昭和39	第1回日本選手権試合開催 東海道新幹線が開業	
1965 昭和40	第1回全国大学選手権大会開催	

１９６６ 昭和41		慶應義塾大学を卒業。在学中にはアメリカに留学し、ＢＹＢラグビーフットボールクラブに所属
１９６８ 昭和43	湯川正夫氏、日本ラグビーフットボール協会の４代目会長に就任	
１９６９ 昭和44	第１回アジアラグビー大会開催。日本は全勝で優勝 アポロ11号が人類初の月面有人着陸	
１９７０ 昭和45	横山通夫氏、日本ラグビーフットボール協会の５代目会長に就任	
１９７１ 昭和46	第１次・高校日本代表のカナダ遠征	
１９７２ 昭和47	椎名時四郎氏、日本ラグビーフットボール協会の６代目会長に就任	
１９７３ 昭和48	全国高校選抜東西対抗試合開始 オイルショックが始まる	
１９７６ 昭和51	ロッキード事件が表面化	
１９７７ 昭和52		ＮＥＣを経て大正製薬に入社
１９７８ 昭和53	日中平和友好条約を調印	
１９７９ 昭和54	阿部譲氏、日本ラグビーフットボール協会の７代目会長に就任	
１９８２ 昭和57	代表キャップ制度を発足 東北、上越新幹線が開業	大正製薬 代表取締役社長に就任
１９８７ 昭和62	第１回ワールドカップが開催（オーストラリア・ニュージーランドの共同開催）以後、第７回大会まで日本代表チームは連続出場を果たす	
１９９０ 平成2	磯田一郎氏、日本ラグビーフットボール協会の８代目会長に就任	
１９９２ 平成4	川越藤一郎氏、日本ラグビーフットボール協会の９代目会長に就任	
１９９３ 平成5	第１回ジャパンセブンズ開催	
１９９５ 平成7	金野滋氏、日本ラグビーフットボール協会の10代目会長に就任 阪神・淡路大震災が発生	

1997 平成9	香港が中国に返還される	日本大衆薬工業協会　会長に就任
1999 平成11		世界大衆薬協会　会長に就任
2000 平成12	ＩＲＢワールドセブンズシリーズ日本大会開催	
2001 平成13	町井徹郎氏、日本ラグビーフットボール協会の11代目会長に就任	大正製薬がラグビー日本代表チームをオフィシャルスポンサーとなる
2002 平成14	女子ラグビーが日本ラグビーフットボール協会に加入 女子ラグビーは、第4回女子ワールドカップに初参加	
2003 平成15	ジャパンラグビー　トップリーグが社会人12チームで開幕	薬事功労者厚生労働大臣表彰受賞
2005 平成17	森喜朗氏、日本ラグビーフットボール協会の12代目会長に就任	
2006 平成18	ジャパンラグビートップリーグチーム数は12チームから14チームへ増加	
2008 平成20	リーマンショックが起こる	
2009 平成21	U20世界ラグビー選手権（ＩＲＢジュニアワールドチャンピオンシップ2009）開催 2019年ラグビーワールドカップが日本で開催決定	社会教育功労者文部科学大臣表彰受賞
2010 平成22	2019年ラグビーワールドカップ日本開催組織委員会の設立準備を開始	
2011 平成23	東日本大震災が発生	日本一般用医薬品連合会 会長に就任
2013 平成25	日本ラグビーフットボール協会が公益財団法人へ移行	大正製薬ホールディングス　代表取締役社長に就任
2015 平成27	岡村正氏、日本ラグビーフットボール協会の13代目会長に就任	大正製薬　取締役会長に就任
2016 平成28	リオデジャネイロオリンピック・パラリンピック開催 7人制ラグビーが正式種目として実施	アジア太平洋セルフメディケーション協会　会長に就任
2019 令和元	森重隆氏、日本ラグビーフットボール協会の14代目会長に就任	

第9章

「ラグビー・スピリット」の浸透でラグビーを文化に

堀越 慈

horikoshi megumi

高校生の時に初めて目にしたラグビーに目を奪われ、すっかり魅了されたという堀越慈氏。ラグビーのルーツ校である慶應義塾大学ラグビー部に所属し、ロック（スクラムでは第2列に位置して第1列を肩で押す。長身選手が多く、ジャンプ力が求められる空中戦に強いポジション）として活躍しました。
社会人時代には日本代表としてニュージーランド遠征メンバーに選ばれ、オールブラックス・ジュニアを破る大金星を挙げました。現役引退後は日本ラグビー界の改革に寄与し、アジア初のラグビーワールドカップ開催にも大きく貢献しました。テレビ解説者としても活躍された堀越氏に日本ラグビー界が歩んできた道のりについてお話をうかがいました。

堀越 慈（ほりこし・めぐみ）1941年生まれ。慶應義塾大学ラグビー部でロックとして活躍。卒業後は「エーコン・クラブ」に所属し、1968年のニュージーランド遠征日本代表に選出される。現役引退後は監督、解説者としてラグビーに携わり、日本ラグビーフットボール協会理事、ワールドラグビー常任理事に就任。

聞き手／佐野慎輔　　文／斉藤寿子　　構成・写真／堀越慈、フォート・キシモト
取材日／2018年12月13日

ラグビールーツ校での本格的デビュー

――堀越さんといえば、テレビ解説者として長きにわたって活躍されたことでも知られています。堀越さんご自身、ラグビーを始めたのは大学時代からだったそうですね。

私の出身校である東京都立三田高校の前身は、東京府立第六高等女学校で、男女共学となったのは1950年でした。ですから、私が同校に通っていた1958～60年という時代も、まだ男子は全校生徒の4分の1ほどしかいなかったんです。人数が少なかったですから、男子で本格的な活動をしている運動部はなかったんです。

一応ラグビー部もあったことはあったのですが、3学年合わせても15人に満たされていませんでした。私自身は所属はしていませんでしたが、当時から体が大きいほうでしたので、ラグビー部に駆り出されて試合に出たこともありました。ポジションはウイング（バックスの両翼に位置し、快足を飛ばしてトライを狙うポジション）でしたが、今のように「花形ポジション」ではなく、当時は最もボールが回ってこないポジションで、「とにかく相手が来たら捕まえればいいから」と言われていました（笑）。そんなことで高校時代から少しラグビーを経験していたのですが、本格的に始めたのは慶應義塾大学に入ってからのことでした。

4歳のころ（東京／滝野川にて）

――試合に出られるようになったのはいつごろからだったんでしょうか？

慶大ラグビー部に入部してみると、予想をはるかに超えた過酷な練習が待ち受けていました。それでも一生懸命に練習をしまして、2年生から試合に出させてもらえるようになりました。1年生の時にみっちりと絞られたのが良かったんでしょうね。

――子どものころからラグビーへの憧れというのはあったのでしょうか？

もともとはあまりラグビーについては知識もなかったですし、そこまでの思いはありませんでした。きっかけは1958年、私が高校1年生の時にオールブラックス（ニュージランド代表）が来日しまして、「オール慶應」と対戦した試合を観に行ったことでした。「オールブラックス」と名乗ってはいましたが、実際は22歳以下の若い代表チームでした。それでも結果はオールブラックスの一方的な勝利に終わったんです。

1970年代の慶應義塾大学の試合

ただ、体格の大きなオールブラックスの選手たちが突進を繰り返すなか、小柄な「オール慶應」の選手たちが健気にタックルする姿を目にしまして、「これは男らしい素晴らしいスポーツだな」と感動したんです。それでラグビーに関心を持つようになりました。それと高校時代に時々ラグビー部に駆り出されて試合に出ると、同級生に「オマエは体も大きいし、結構運動神経もいいから、ラグビーをやってみたらいいんじゃないか？」と言われていたんですね。そんなおだてに乗せられてということもあって、大学ではラグビー部に入りました。

——身長、体重はどのくらいあったのでしょうか？

大学入学当初は、身長183cmあったのですが、体重は68kgと細かったんです。それが大学1年生の時にみっちりと鍛えられて、2年生になるころにはだいぶ横のサイズも大きくなっていました。それでなんとか使えるなということで、試合にも出させてもらえるようになったんだと思います。

――慶應義塾大学ラグビー部というと、ほかの強豪校のようにエリートの選手がこぞって集まるというよりは、勉強にも力を入れたなかでラグビーが好きな選手たちが入ってくるというイメージがあります。

慶應義塾大学ラグビー部の中心は、系列校である慶應義塾高校でラグビーをやっていた選手たちでした。当時は、チーム全体の3分の2ほど占めていたと思います。彼らに加えて、そのほかの高校からも割と上手い選手が入ってきていました。とはいえ、エリート集団の早稲田大学や明治大学と比べると、それほど能力の高い選手が入ってきていたわけではありませんでしたので、入学後に相当過酷な練習をして、なんとかレベルを保っているというところだったと思います。

――特に有名なのが、山中湖（山梨）で行われる夏の合宿です。血反吐を吐くほどの過酷さだ

全慶大vsイングランド/デュークオブウェリントン戦
（前から4人目。前から2人目が弟の堀越優）

ったとうかがっていますが、実際はどうだったのでしょうか？
15日間、毎日朝に1時間半、午前に3時間、午後に4時間の3部練習が続く、まさに「地獄」の夏合宿でした。毎日「雨が降らないかな」と願っていました（笑）。

――夏合宿が終わると、9月から対抗戦があったわけですが、そこで早稲田大学や明治大学という強豪校と互角に戦う力を山中湖で養っていたというわけですね。

そうですね。「自分たちには素質がないのだから」という認識でいましたから、そのなかで勝つには、何かをプラスしなければダメだろうと。それで厳しい練習をし、また首脳陣が知恵を絞った戦略で、勝ちにいくという感じでした。

地獄の合宿で培った泥臭いプレーでエリート校に対抗

――当時の大学ラグビーは、関東では慶應義塾大学、早稲田大学、明治大学の3校と、関西の同志社大学を加えた4校が強豪校として日本一を争っていました。4校ともにそれぞれ特徴的なラグビーをしていたと思いますが、堀越さんから見られていて、どのように感じられていましたか?

当時、最も特徴的だったのは早稲田大学だったのではないかと思います。〝横に揺さぶるラグビー〟と言われていましたが、オープンにボールを回して外側で勝負をするかたちでした。それに対して明治大学は〝縦のラグビー〟と言われていて、とにかく前へ前へというラグビーでした。同志社大学は素質のある個性的な選手が割とたくさんいるチームで、特にモール(ボールを持った選手がタックルされても倒れず、その選手を中心に立ったまま体を密集させた状態でのボールの奪い合い)が上手かったですね。監督だった岡仁詩先生が熱心にニュージーランドのラグビーを研究されて、新しい戦法を取り入れていたと思います。そういうなかで、我々慶應義塾大学はその3校に比べて素質がそれほど高いわけではありませんでしたし、特にスピードという面で優れた選手が伝統的に少なかったんですね。ですから、割と狭いエリアで展開していくラグビーだったのですが、低い姿勢と体力勝負の連続プレーで活路を見出していく。あるいは高くキックをしたボールを追いかけて相手にタックルしてラック（ボールを持った選手が相手のタックルで倒れ、地面上のボールを体を密集させた状態で奪い合う）にするという「アップ・アンド・アンダー」という戦法をとっていました。ほかの3校と比べると、非常に泥臭さのあるラグビーだったと思います。

——慶應義塾大学はラグビーのルーツ校でもあります。その誇りと伝統を背負ってプレーしていたのでしょうか？

ふだんはルーツ校としての意識を背負うということはそれほどなかったと思うのですが、「自分たちのラグビーの原点」ということで、先輩から伝統的に継承してきたプレーや慶應義塾大学ラグビーの良さというのは代々受け継がれ、浸透しているとは思います。

——例えば山中湖での夏合宿でOBの皆さんが来られて、そういう伝統というものを教示されることもあるのでしょうか？

そうですね。そういった思想的なものが、練習や強化の方針になり、それをグランドで実践するわけですけども、その際に個々のプレーについて「慶大らしさというのは、こういうふうに出していくんだ」ということを先輩たちからアドバイスいただき、それが脈々と継承されてきたと思います。

——大学時代、堀越さんのポジションはロックでした。やはり大きな体を生かしてというところがあったのでしょうか？

そうですね。今はどこのポジションにも体格のいい選手ばかりが揃っていますが、当時は身長の高い選手がロックをやるというのがひとつのセオリーでした。

——ほかのポジションをされたことはありましたか？

ナンバーエイト（花形ポジションと呼ばれ、スクラムの最後方でリードし、サインプレーにも多く絡むポジション）をやったことがあります。面白さでいえば、やはりナンバーエイトのほうでした。早めに相手の動きに対応することができて、オープンに展開しやすいですからね。

——逆にロックの面白さとはどういうところに感じられていましたか？

当時のロックは、ラインアウト（ボールがタッチラインの外に出た際、その地点からボールの投入によって競技を再開する）、スクラム（軽めの反則や、どちらのボールかわからない場合に、両チームが8人ずつで組み合いボールを奪い合う）キックオフ（前後半の開始時や、トライ後にボールを蹴り上げて試合が開始・再開されること）でのシーンの時に重要な役割があったのですが、私はキックオフでのプレーが得意でした。味方がキックオフで蹴ったボールを追いかけてキャッチし、突進するというプレーです。

もしキャッチできなかった場合は、自分がマークする選手にタックルにいくと。そういうプレーが自分としては一番にやりがいを感じていました。

ライオン時代。自宅付近の高校の校庭でひとりで練習に励む

歴史的快挙が生まれた3つの要因

――大学卒業後は洗剤などの日用品大手のライオン（旧社名・ライオン歯磨）に入社されました。ラグビー部のないライオンに

入社されたのはどのような経緯があったのでしょうか？

実は大学時代には、ラグビー部のある企業からも結構勧誘をしていただいていたんです。ただ、自分としてはラグビーはいつまでもできるものではないし、また当時のラグビー界はアマチュアリズムが重視されていましたので、若くて元気な時はラグビーはできるけれど、どこかで区切りをつけて社会人として遅れをとらないようにやっていこうという意識が強くありました。一方で自分の目標として大学4年生あたりからは、日本代表になって世界一のラグビー大国であるニュージーランドに遠征に行くというのがありました。その目標が達成されるまでは、どんなに辛いことあってもライオンで自分ひとりでも工夫をしながら練習をしていこうと思っていました。

――たったひとりで練習をして日本代表をめざすというのは、相当大変なことだったと思いますが、どのように工夫されていたのでしょうか？

毎日仕事を終えて帰宅してから、夜の7時から9時くらいまでひとりで練習をしていました。また1946年創立の伝統のあるクラブチーム「エーコンクラブ」にも入っていましたので、土日に試合がある時にはエーコンクラブの一員として試合をしていました。エーコンクラブは試合感覚を失わないようにするために非常にありがたい場でした。

エーコン vs エリス戦でのプレー

――エーコンクラブというのは非常に歴史のある強豪クラブですが、どのような体制のものだったのでしょうか？

私のようにほとんどがどこのチームにも所属していないフリーの選手でした。ただ一時期は企業にラグビー部がどんどん設立されて盛んに活動される時代がありまして、その時にはエーコンクラブに所属する選手は少なかったですね。逆に現在は企業のラグビー部が減少傾向にありますので、またエーコンクラブに入る選手が増えてきているようです。

――実際、企業のラグビー部でプレーしていないにもかかわらず、堀越さんは日本代

ニュージーランド遠征時の日本代表集合写真（1968年）
（後ろから2列目、右から4人目）

表に選ばれて、1968年のニュージーランド遠征に行きました。

やはり「日本代表に入りたい」という強い思いを持ち続け、エーコンクラブでの練習を続けていたことと、いつまでもできるわけではないのだから、1968年のニュージーランド遠征に日本代表として参加することができたら競技人生に一区切りつけようと思っていたのが良かったのかもしれません。

――そのニュージーランド遠征では、同志社大学から近鉄に入社し日本を代表するウイングとして活躍した坂田好弘さんが4トライを挙げるなどして、日本が地元のオールブラックス・ジュニア※から歴史的勝利

※ オールブラックス・ジュニアとは、「オールブラックス」とは別に、23歳以下の選手で構成されたニュージーランド代表。

ニュージーランド遠征時のオールブラックス・ジュニア戦（1968年）（中央）

を挙げました。堀越さんは、そのメンバーのおひとりだったわけですが、勝因はどこにあったのでしょうか？

当日、現地の新聞には試合の予想記事が掲載されていたのですが、「オールブラックス・ジュニアの勝利は不動」というふうに大きな見出しが出ていました。日本はその予想を覆したわけですが、最近になって資料などを整理して改めて振り返ってみると、勝因は3つあったと思います。ひとつ目は、日本代表はニュージーランドに行って最初に4連敗を喫しているんです。その後、選手みんなで集まって話し合いをしまして自分たちがやるべきことを確認して臨んだところ、その後の試合で日本は3連勝しました。その次の8試合目にオールブラ

ニュージーランド遠征時のホームステイ先にて（後列左端）

ックス・ジュニアとの対戦だったんです。ですから、7試合を終えて、ちょうど日本代表がニュージーランドでの試合に慣れてきて、さらに3連勝という勢いにも乗っていた状態でオールブラックス・ジュニア戦だったということが大きかったと思います。2つ目は、日本のバックス（最前線でパスなどでボールをつないだり、サインプレーを駆使するなどしてトライを狙うポジション）のタックルが強かったこと。日本には強力な両ウイングがいましたので、タックルでボールを奪ってウイングにつなげてトライを狙うという考えがありました。だから3連勝で勢いに乗っていたこともあったと思いますが、バックスの選手一人ひとりが「自分たちのタックルで勝つんだ」という意識が徹底していたのだと思います。

3つ目は、これは私見ではありますが、オールブラックス・ジュニア側の作戦ミスかなと。当時のオールブラックス・ジュニアは深いラインを引いていまして、一方日本は浅いラインだったわけです。日本はディフェンスでも比較的浅いラインからバーンと飛び出していったのですが、それにもかかわらず、オールブラックス・ジュニアは「勝利は間違いないだろう」という余裕があったんでしょうね。ふだんなら彼らはフォワード（スクラムを組む8人。ボールの争奪戦でボールをキープしたり、奪ったりしてボールをつなぐポジション）戦を挑み、大きくボールを蹴ってフォワードが突進するという「アップ・アンド・アンダー」という戦法のラグビーをしていたはずなのに、深いラインでバックスにボールを回してきたんです。しかもバックスはそれほどパスが速いわけではありませんでしたから、浅いラインを引いた日本の飛び出しディフェンスがピタリとはまってつぶしにいくことができました。そのこぼれ球を回して、坂田が4トライを挙げました。後半になってオールブラックス・ジュニアはフォワードが猛攻撃を仕掛けてきましたが、日本はタックルにつぐタックルでしのぎました。日本の作戦が的中し、一方のオールブラックス・ジュニアの作戦が空回りしたと。それが歴史的勝利が生まれた要因だったと思います。

人格形成にプラスとなる「ラグビー・スピリット」

——ニュージーランド遠征から帰国後、堀越さんは現役を引退されました。

当時、日本代表が海外遠征をするのは、3、4年に一度のことだったんです。そんな貴重な海外遠征を、しかも世界一のラグビー大国であるニュージーランドに行くことができましたから、自分としては目標を達成できたなという思いがありました。また、当時は26歳でしたので、仕事のほうもそろそろ本格的に忙しくなっていた時期だったということもありました。

——その後、指導者としてご活躍されました。企業に勤めながらで、大変なご苦労もあったかと思いますが、それでもラグビーに携わり続けてきたのは、それだけラグビーに魅力を感じられているからだったのでしょうか？

高校1年生の時に初めて見た時に感じた「男らしさ」というのが、最大の魅力としてずっと持ち続けていました。今はだいぶラグビーのスタイルも変わりましたが、本来ラグビーというスポーツは、さまざまな役割のポジションがありますので、一人ひとりに際立った能力がなくても、どんな体格の人でも、やり方次第である程度のレベルまで高めていくことができますし、チームに貢献することができるんです。また、やっていくうちに自然と身に付く「ラグビー・スピリット」は、人が成長していく過程での人格形成に非常にプラスになります。そういうものを持った人たちが「ラグビー仲間」として信頼し合える関係性になることができる。そうした魅力がラグビーにはあると思います。

——堀越さんのご著書『ラグビーへの道』(三一書房)には「ラグビー・スピリット」として「アマチュアリズム」「マンズ・ゲーム」「フェアプレー」「チーム・スピリット」「キャプテンシー」「ノーサイド」「レフリング」「フレンドシップ」とあります。ラグビーの発祥地であるイングランドのパブリックスクールでジェントルマンを養成するためにラグビーというスポーツが生まれ、育まれていったわけですが、「ラグビー・スピリット」というのはもともとはジェントルマンを養成するために生まれたものなのでしょうか？

ルーツはそこにあると思います。特に「フ

堀越氏の著書「ラグビーへの道」の表紙

エアプレー」や「チーム・スピリット」というところが最もコアになる部分だと思います。また、「キャプテンシー」はラグビー特有のものだと思います。ラグビーでは監督がゲームを中断して指示をしたり、あるいは外部から指示や作戦を与えることはできません。ゲームがストップするのは、ハーフタイムの時に限ります。ですから、ゲームの運営や指示、コミュニケーションなどはすべて、動きのあるなかでキャプテンがやらなければいけません。つまり監督は試合中に何も口を出すことはできませんので、ラグビーをするうえで、キャプテンというのは非常に重責を担います。一つひとつの細かいサインを出したり、あるいはゲーム中に相手の反則があった場合に次のプレーの選択をするのもすべてキャプテンの仕事。レフリーから忠告を受けてチームに伝達するのもキャプテンです。ですから、ラグビーでのキャプテンの役割というのは、ほかのスポーツ以上に大きいんです。

私がずっとラグビーに携わってきて思うのは、最もキャプテンシーが必要なのはチームが劣勢に立たされた時。そこでキャプテンが流れを変えるきっかけをつくれるかどうかだと思います。それぞれキャプテンが務めるポジションによって考え方ややり方は違うと思いますが、いずれにしても流れを変えて、ピンチをチャンスにできるかどうか。それがキャプテンとして最も重要な部分だと思います。

堀越 慈氏（取材当日）

イギリスで感じた「ラグビー経験者」であるメリット

――30代前半の1973～74年には、イギリスのクランフィールド大学大学院に留学されました。ラグビーの本場であるイギリスを選択したのはラグビーと関係していたのでしょうか？

当時からライオンには留学制度があったんです。社内で試験、論文、面接と受けて、毎年数人が留学しているのですが、それに私も合格した際に当時の役員のひとりが面接の時に「堀越くんは、元ラグビー日本代表なのだから、どうせ留学するならイギリスに行ったらどうだ？」と言ってくれたんです。当時の社長もラグビーが好きだったこともあって「それは良いアイディアだ」とその場で留学先が決まりました。ただ、行ったのはビジネススクールのＭＢＡ取得コースだったのですが、あまりにも大変で勉強以外のことは何もできませんでした。ですから、留学中はほとんどラグビーに触れることはありませんでした。

ただ、ちょうど私が留学した1年目の１９７３年に大西鐵之祐監督率いる日本代表がウェールズに遠征に来たんです。そのことを聞いて選手たちに会いに行ったのですが、大西さんから「堀越、ちょっと手伝ってくれ」と言われまして、翌日練習用具を持ってこさせられたんです。そうしたら、〝タックル・マシン〟にさせられまして、いやぁ、まいりました（笑）。大西監督からすれば背丈の大きい私だからちょうどいいと考えたと思うのですが、現役を引退して5年ほど経っていましたからね。そんな私に向かって、現役バリバリの日本代表選手たちが思い切り突進してくるわけですから大変でした（笑）。ビジネススクールでの授業が始まる前だったので、まだ良かったんですけどね。

——その後、留学中はラグビーには触れることはなかったと。

そうなんです。ところが、修了する間際にビジネススクールで文化祭のようなイベントがありまして、付近のスクールとの対抗戦がいくつかの競技で行われたんです。そのなかにラグビーもあったんですね。それで「ラグビーの経験がある人」というので私も手を挙げましたら、事務局の人に「どれほどのキャリアなんだ？」と聞かれまして「日本代表でした」と言ったら非常に驚かれました。それで試合に出るメンバーが貼り出されていて、見たら私の名前にだけ「◎」が付いていたんです。事務局の人が「◎はインターナショナルメンバーだ」と説明しましたら、クラスのみんなが驚いていたんですけど、そのなかのひとりが「そんな大事なことを、なんでスクールに入った時に最初に言わないんだ？　そしたらみんなすぐに友だちになって、勉強も手伝ってやったのに。それを今ごろになって知ったって、もう遅いじゃないか」と言われました。つまり、ラグビー先進国では、「ラグビーをやっていました」と言うだけで仲間に

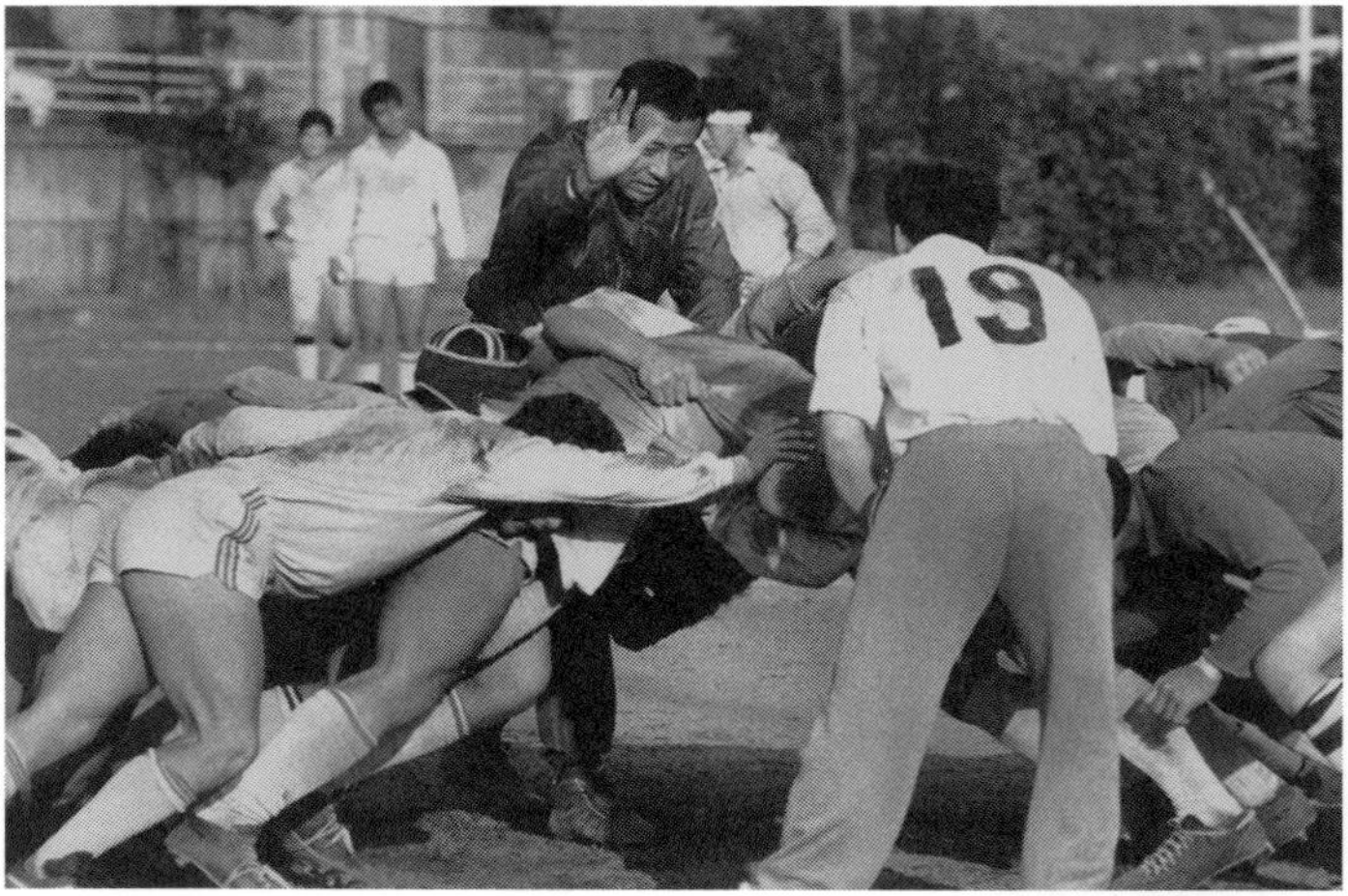
慶應義塾大学の監督時代

なれるんですよね。

――指導者としては、どのような経緯を辿られたのでしょうか？

現役引退後、大学関係者からの要望がありまして、イギリス留学前にも慶應義塾大学でコーチを務めていました。留学から帰国後も慶應義塾大学で指導していました。当時の慶應義塾大学の指導体制では、監督はサラリーマンの方が仕事の合間を縫ってやっていましたので、何年も続けてやるというのはあまりにも負担が大きいと。それでトータル3年間で、監督やコーチいずれかの要職に関わるということになっていました。私も最初はコーチをやって、翌年は監督をし、そのあとで再びコーチに戻るという感じでした。また、その監督やコーチのローテーションは、慶應義塾大学ラグビー部にあった強化委員長が決めていたのですが、その強化委員長も数年やらせていただいたこともありました。

――一方で、堀越さんはテレビで解説者としても活躍されていましたが、解説するうえで心がけていたことは何だったのでしょうか？

一番はラグビーの面白さを視聴者にわかりやすく伝えるということでしたが、私の場合は各チームがどういうことを考えてプレーしているのか、どんな戦略で得点したり得点を防いだりしているのか、ということを伝えるように心がけていました。ラグビーの試合を見るにあたっては3つ大事なことがありまして、ひとつはボールの争奪戦。2つ目はボールを運んでトライすること。3つ目はトライを防ぐためにタックルすること。その3つを軸にして解説していました。

――テレビ解説者時代の一番の思い出を教えてください。

1987年にオールブラックスが来日したんです。その時、ニュージーランドの国有テレビ局である「テレビ・ニュージーランド」も来日して、日本とのテストマッチを中継したんです。

その1試合目が近鉄花園ラグビー場（現・東大阪市花園ラグビー場）だったのですが、テレビ・ニュージーランドからの依頼でその試合の解説を私もすることになっていました。当時のオールブラックスの助監督がアレックス・ワイリーという方だったのですが、当初はその助監督がメインの解説をして、私はサブとして日本の選手についてコメントするという予定でした。ところが、いざ放送席に行ったら、キース・クイーンという地元では有名なアナウンサーが「助監督が急に来られなくなったから、ひとりでなんとか解説をしてほしい」と言うんです。「これは困ったことになったな」とは思いましたが、ほかに誰もいませんから、引き受けるしかありませんでした。そうしたところ、ハーフタイムの時にクイーンさんがニュージーランドに電話を入れたのですが、現地の人が「日本人の解説者、なかなかいいじゃないか」とほめてくれたようなんです。それを聞いて「良かった」と胸をなでおろしました。おかげで後半は少し気を楽にして解説することができました。

日本ラグビー界のプロ化に貢献

——１９８０年には、日本代表Ｂチームの監督を務められ、１９９０年には日本ラグビーフットボール協会の理事に就任されました。

IRBのAnnualミーティングにて（2003年、後列右から4人目）

強化という点では、最初に少し菅平高原（長野）での代表合宿に行くこともありましたが、どちらかというと、そのあとはマーケティング関係の仕事の方が大きかったですね。２０００年からは国際ラグビー評議会（ＩＲＢ：２０１４年にワールドラグビー（ＷＲ）に名称変更）の常任理事を務めましたので、そちらでの仕事を主にやっていました。

——当時ＩＲＢは「アマチュアリズムの総本山」と言われ、長い間、スポンサードを頼りにしない運営を誇りにしていました。そのＩＲＢ自体が、時代の流れとともに、少しずつ変わっていきました。

特に私がＩＲＢの常任理事に就任したころは、アマチュアリズムからプロ化へと移り変わっていく、ちょうどそのステージにいた時でした。

——世界のラグビー界がプロ化に移行していく中で、日本ラグビー界は頑なにアマチュアリズムを守ろうとして遅れをとったことは否めません。

当時はＩＲＢのなかで日本側の意見や考えを発信したり、逆にラグビー先進国の考え方を吸収したりする力が不足していたことが大きかったと思います。ただ南半球のオーストラリア、ニュージーランド、南アフリカが率先してプロ化の道を進んだのですが、それがその3カ国のラグビーの強さにもつながっていましたので、他国もそれに続き、最終的には日本もアマチュアリズムを撤廃せざるを得なくなりました。

——2001年には日本ラグビーフットボール協会会長に就任した東京大学ラグビー部ＯＢの町井徹郎氏が協会の役員制度を刷新し、日本もプロ化の道を進み始めました。

日本も世界のプロ化にあわせて、まずは協会の体制を改革していかなければいけないということで、ようやく2001年からそういう動きが具体的に出てきました。町井さんが会長になられて、私がマーケティング、日本代表監督も務めた早稲田大学ラグビー部ＯＢの宿澤広朗さんが強化の方を担当し、いろいろと新しいことを取り入れていったわけですが、日本ラグビー界もビジネス化を強めていかなければ、このままどんどん世界に置いていかれてしまうという危機感があったからです。

――最も大きな動きとしては、大学と社会人の優勝チーム同士で争われていた日本ラグビーフットボール選手権を発展的に解消し、２００３年からはトップリーグの順位決定戦※としたことでした。

その2年前に、幹部の指示の下、私が関東、関西における社会人ラグビーの1部リーグの上位20チームほどを集めまして、「日本ラグビー協会としては、こういうアイディアがあがっているけれど、どう思いますか？」という話をして、トップリーグ創設の準備にとりかかりました。最初は猛反発をくらいまして、大変苦労しましたが、世界の趨勢がプロ化に向かっているという事情を徐々に理解していただき、少しずつ道が開けていったという感じですね。

――堀越さんと宿澤さんがタッグを組まれたことが、非常に大きかったと思います。

宿澤さんとはビジネス化、特にマーケティングをやっていかないといけないという点で意見が一致していましたので、2人で協力してやっていこうと何度も話し合いを重ねて進めていきました。宿澤さんは住友銀行（現・三井住友銀行）に勤めていまして、ビジネスマンとしても非常に優秀な方でした。彼は日本ラグビーフットボール協会では財務を担当していたのですが、日本ラグビー界のビジネス化を進めるためには不可欠な存在だったと思います。考え方も新し

※ 55年続いた全国社会人大会を発展的解消しトップリーグを創設

く、例えば彼が強化委員長をしていた時だったと思うのですが、「堀越さん、日本代表の赤白ジャージは何十年も同じデザインですよね。もうそろそろ変えませんか。今の現役選手が好んで着られるものにしましょう」と言って、デザイナーに見本を描いてもらって、日本ラグビーフットボール協会に提案したんです。同じ赤白でも、等間隔だった赤白の幅や色味を変えたものだったのですが、最初は年配の人たちの猛反対にあいました（笑）。それでも粘り強くやったおかげで、そのあと、少しデザインが変わったんです。

ラグビーワールドカップ開催決定の背景

――今年はアジアで初のラグビーワールドカップが日本で開催されます。招致に動き始めた最初のきっかけは何だったのでしょうか？

町井会長の下で刷新した日本ラグビーフットボール協会にマーケティング委員会ができまして、私がマーケティング分野でラグビーのために動いてくれそうな人を10人ほど集めました。数カ月に一度、会議を開いて、いろいろな問題について話し合ったのですが、その一番最初の会議の時に広告代理店に勤めていた若い世代の人たちなどから「将来、日本でラグビーワール

2011年ラグビーワールドカップ日本招致委員会発足記者会見（右端）

ドカップを開催することは考えられないでしょうか」という声が初めてあがりました。その時はいきなり上程して結論づけるというところまではいかず、正直私自身も「そんなことが果たしてできるのだろうか」と半信半疑でした。

――その後、ラグビーワールドカップ日本開催の気運をどのように盛り上げていったのでしょうか？

日本ラグビーフットボール協会がもっとマーケティングに投資をしなければいけないということで、広告代理店など民間の力も活用して、日本ラグビー界に広くマーケティングを浸透させていこうということになったんです。そのなかでマーケティング委員会のひとつのアイディアとして、大正製薬さんに日本代表のオフィシャルスポンサーになってほしいということをお願いに行きました。当時は委員会のなかでもさまざまな可能性を検討したのですが、私なりに考えて大正製薬さんにお願いしようと決めたのには3つの理由がありました。ひとつは同社の主力製品がラグビーというスポーツのイメージに合っているということ。2つ目は大正製薬にはトップリーグのチームがなく、ラグビーでほかの企業と競合しないこと。3つ目は大正製薬の当時社長だった上原明さん（現・大正製薬会長）自身が慶應義塾大学の学生時代にラグビークラブ「B・Y・Bラグビーフットボールクラブ」に所属してプレーしていたということ。この3つの理由だったら、ほかの企業も納得するだろうと思ったんです。それで私が宿澤さんと共に上原さんに会いに行きまして、その理由を説明して、日本代表のオフィシャルスポンサーをお願いしたんです。そしたら上原さんは「堀越さん、うまいこと言うね」と言われまして、お引き受けしてくださいました。それから18年、今もオフィシャルスポンサーを継続してくださっています。これだけ長期にわたって契約を続けてくださるとは、当時は思ってもいませんでした。本当にありがたく思っています。そして、それがラグビーワールドカップ開催に向かっていく大事な一歩になったと思います。

——その後、2011年のラグビーワールドカップ開催を目指して招致活動が始まりました。

日本に立ちふさがった壁は相当厚かったのではないでしょうか？

ラグビーワールドカップ開催に向けて具体的に動き始めたのは、２００５年あたりからだったと思います。２０１１年大会には日本のほかに、ニュージーランドと南アフリカが立候補していました。１回目の投票で南アフリカが落選して、日本とニュージーランドとの決戦投票になったのですが、日本はわずか２票差で負けたんです。本当に惜しかったなと。

――「惜しかった」というところまでいくことさえも、日本にとっては大変な道のりだったのではないでしょうか？

それはもう大変でした。私も会議があるたびに、25人のＩＲＢの理事に対してロビー活動をしましたし、また、ＩＲＢやオーストラリア、フランス、カナダ、アジアのラグビーフットボール協会に５回ほどプレゼンテーションをしまして、日本開催の意義をアピールしました。そこで高く評価していただいたのが、私の個人的な思いとしてあった「ラグビーはオリンピックやサッカーと同じように、世界に広く普及していくことが望ましいのではないだろうか。だからこそ次のワールドカップはアジアで初めて行われることに大きな意義がある」という内容を書いた論文でした。オーストラリアやフランスなどは、日本を強く推してくれました。しかし、一方で日本で開催して果たして採算はとれるのか、といったことが危惧されていました。また、ニュージーランドは世界を代表するラグビー大国ではあるけれども、国自体は人口も少なく小さな島ですので、ラグビーワールドカップを開催することができるのは今回で最後ではないかということが言われていたんです。今後は大会自体が大きくなり、大金がかかってしまうだろうから、ニュージーランドでの開催は不可能ではないかと。そういうこともあって、ある意味での同情票がニュージーランドに集まったのではないかなと思います。

――2009年に行われた理事会で、2015年のイングランド開催、2019年の日本開催とが同時に決定しました。

本来なら2011年に惜しくも落選した日本で2015年に開催ということも十分に可能性はあったと思います。しかし、IRBの方で日本開催の前に、きちんと経済的に計算ができるところでの開催を一度挟んでから、日本開催にしようという意見があったんじゃないかなと。それで2015年はイングランドで開催し、2019年に日本で開催ということになったのだと思います。

「ラグビー・スピリット」の浸透と地域密着がレガシーに

――いよいよ今年、アジアで初のラグビーワールドカップが日本で開催されます。盛り上がるためには、どのようなことが重要だと思われますか？

まずは日本代表が良い成績を収めることだと思います。初の決勝トーナメントに進むことが使命と言ってもいいのではないでしょうか。もうひとつは、日本では文化としてのラグビーが十分に浸透されていません。ですので、ラグビーワールドカップ開幕までに、いかに子どもや青少年の間に普及することができるか。あるいは地域と一体化した発展につなげていくことができるか。つまり、強化サイドを離れた部分で、ラグビーを根付かせることができるかだと思います。

――ラグビーワールドカップの成功とはどのようにお考えでしょうか？

観客の動員数や勝敗だけでなく、大会を通じて、より多くの子どもや青少年がラグビーに触れ、「ラグビー・スピリット」が浸透すること。それに関連して、ラグビーがより地域に根付き、本当の意味で文化として発展していくこと。これこそがレガシーだと思います。

――堀越さんご自身では、「倶楽部かまくら」創設に向けての準備を進めておられます。

全国各地にラグビースクールは結構あるのですが、いずれも対象は小学生、中学生なので、中学校を卒業すると終わりになってしまうんです。ですから、これからは中学校を卒業したあとは地域のラグビークラブが育成していく必要があるだろうと。私の地元の鎌倉にも1975年創設と、40年以上の歴史をもつ「鎌倉ラグビースクール」があるのですが、そこでラグビーをやっていた子どもたちが、中学校卒業後にどこでラグビーを続けているのだろうかと思ったものですから、いつまでも続けることのできるクラブをつくりましょう、ということで動き始めたところです。今年8月にも創設をして、それこそラグビーワールドカップで勢いづいた人気を「倶楽部かまくら」にもつなげていきたいと思っています。これがひとつのモデルケースになればと考えています。

――来年には東京オリンピック・パラリンピックが開催されます。オリンピック種目には7人制ラグビーがあり、男女ともにあります。

オリンピックで7人制ラグビーが採用された利点としては、特に女子ラグビーのステップアップのための大きな機会になると思います。ただ、今の最大の問題は、女子選手の数が少ないということ。その点でラグビーの予備的スポーツとして「タグラグビー」が普及してきていますので、これをひとつの拠点として地域、特に学校をベースとしたラグビーの普及・発展につながることを期待しています。

——最後に、堀越さんにとってラグビーというスポーツはどのような存在でしょうか？

ラグビーを通じて夢や目標を達成する喜びを得ましたし、それによって自分への自信や豊かな心を持つことができたのではないかと思っています。もうひとつは、ラグビーをしてきたからこそ、素晴らしい友人を得ることができました。この2つが私の人生において非常に大きいと感じています。

堀越 慈氏 略歴

	ラグビー関連・世相	堀越氏略歴
1941 昭和16		堀越慈氏、東京都に生まれる
1942 昭和17	日本ラグビーフットボール協会、大日本体育大会蹴球部会に位置づけられる	
1945 昭和20	第二次世界大戦が終戦	
1947 昭和22	秩父宮殿下、日本ラグビーフットボール協会総裁に就任 九州ラグビー協会（現・九州ラグビーフットボール協会）創設 東京ラグビー場（現・秩父宮ラグビー場）が竣成 日本国憲法が施行	
1949 昭和24	第1回全国実業団ラグビー大会開催	
1950 昭和25	第1回新生大学大会開催。「全国大学大会」の名称となる 朝鮮戦争が勃発	
1951 昭和26	安全保障条約を締結	
1952 昭和27	全国実業団ラグビー大会、第5回から全国社会人ラグビー大会に改称	
1953 昭和28	田辺九萬三氏、日本ラグビーフットボール協会の2代目会長に就任 東京ラグビー場を秩父宮ラグビー場に改称	
1955 昭和30	日本の高度経済成長の開始	
1956 昭和31	香山蕃氏、日本ラグビーフットボール協会の3代目会長に就任	
1961 昭和36	第1回ＮＨＫ杯ラグビー試合（現・日本選手権）開始	
1962 昭和37	秩父宮ラグビー場、国立競技場に移譲	
1963 昭和38	日本代表、戦後初の海外遠征（カナダ）	
1964 昭和39	第1回日本選手権試合開催 東海道新幹線が開業	慶應義塾大学を卒業し、ライオンに入社。大学在学中にはラグビー部に所属していたが、同社にはラグビー部がなく「エーコン・クラブ」にてラグビーを続ける

1965 昭和40	第1回全国大学選手権大会開催	
1967 昭和42		ニュージーランド学生代表が来日した際の日本代表に選出
1968 昭和43	湯川正夫氏、日本ラグビーフットボール協会の4代目会長に就任	ニュージーランド遠征日本代表に選出され、歴史的勝利に貢献
1969 昭和44	第1回アジアラグビー大会開催。日本は全勝で優勝 アポロ11号が人類初の月面有人着陸	
1970 昭和45	横山通夫氏、日本ラグビーフットボール協会の5代目会長に就任	
1971 昭和46	第1次・高校日本代表のカナダ遠征	
1972 昭和47	椎名時四郎氏、日本ラグビーフットボール協会の6代目会長に就任	
1973 昭和48	全国高校選抜東西対抗試合開始 オイルショックが始まる	
1974 昭和49		クランフィールド大学大学院を卒業し、MBAを取得
1976 昭和51	ロッキード事件が表面化	慶應義塾大学ラグビー部監督に就任
1978 昭和53	日中平和友好条約を調印	
1979 昭和54	阿部譲氏、日本ラグビーフットボール協会の7代目会長に就任	
1981 昭和56		1983年まで日本代表コーチ、監督を歴任
1982 昭和57	代表キャップ制度を発足 東北、上越新幹線が開業	
1987 昭和62	第1回ワールドカップが開催（オーストラリア・ニュージーランドの共同開催）以後、第7回大会まで日本代表チームは連続出場を果たす	
1990 平成2	磯田一郎氏、日本ラグビーフットボール協会の8代目会長に就任	日本ラグビーフットボール協会理事に就任
1992 平成4	川越藤一郎氏、日本ラグビーフットボール協会の9代目会長に就任	ニールセン・ジャパン取締役社長に就任

1993 平成5	第1回ジャパンセブンズ開催	
1995 平成7	金野滋氏、日本ラグビーフットボール協会の10代目会長に就任 阪神・淡路大震災が発生	
1997 平成9	香港が中国に返還される	
1998 平成10		ニューズコーポレーション・ジャパン取締役上席副社長に就任
2000 平成12	ＩＲＢワールドセブンズシリーズ日本大会開催	ワールドラグビー常任理事に就任
2001 平成13	町井徹郎氏、日本ラグビーフットボール協会の11代目会長に就任	マーケティング会社フォーサイト21を設立し、代表取締役社長に就任
2002 平成14	女子ラグビーが日本ラグビーフットボール協会に加入 女子ラグビーは、第4回女子ワールドカップに初参加	
2003 平成15	ジャパンラグビー トップリーグが社会人12チームで開幕	
2005 平成17	森喜朗氏、日本ラグビーフットボール協会の12代目会長に就任	
2006 平成18	ジャパンラグビートップリーグチーム数は12チームから14チームへ増加	
2008 平成20	リーマンショックが起こる	
2009 平成21	Ｕ２０世界ラグビー選手権（ＩＲＢジュニアワールドチャンピオンシップ２００９）開催 ２０１９年ラグビーワールドカップが日本で開催決定	
2010 平成22	２０１９年ラグビーワールドカップ日本開催組織委員会の設立準備を開始	
2011 平成23	東日本大震災が発生	
2013 平成25	日本ラグビーフットボール協会が公益財団法人へ移行	
2015 平成27	岡村正氏、日本ラグビーフットボール協会の13代目会長に就任	
2016 平成28	リオデジャネイロオリンピック・パラリンピック開催 7人制ラグビーが正式種目として実施	
2019 令和元	森重隆氏、日本ラグビーフットボール協会の14代目会長に就任	

第10章
「BIG TRY」をめざす
ラグビーワールドカップ2019

岡村 正

okamura tadashi

現在、日本ラグビーフットボール協会会長を務め、ラグビーワールドカップ2019の成功やラグビーの普及拡大に奔走する岡村正氏。そのラグビーの情熱は、小学生の時に初めて見たオールブラックス（ニュージーランド代表）とオーストラリア代表とのテストマッチでした。現役引退後には「ラグビーから離れたくない」とレフリーに転向。さらに東芝ラグビー部の応援団長として毎試合のように会場を訪れるなど、ラグビーとともに人生を歩まれてきました。そんな岡村氏に、半年後に迫ったラグビーワールドカップへの思いや、今後のラグビー、スポーツのあるべき姿などをうかがいました。

岡村 正（おかむら・ただし）1938年生まれ。東京大学ラグビー部では長身をいかしてロックとして活躍。卒業後は東芝に入社し、ラグビー部に所属。現役引退後はレフリー、応援団長としてラグビーに携わり、2012年にラグビーW杯2019組織委員会副会長に就任。現在は日本ラグビーフットボール協会会長として、日本ラグビーの普及・強化に尽力。

聞き手／佐野慎輔　文／斉藤寿子　構成・写真／岡村正、フォート・キシモト
取材日／2019年2月19日

全敗から3勝へ
勝って知ったラグビーの真の魅力

——日本ラグビーフットボール協会会長の岡村さんがラグビーと出合われたのは、どのようなきっかけだったのでしょう？

ずいぶんと古い話になりますが、私が10歳の時、オールブラックス（ニュージーランド代表の愛称）とオーストラリア代表との模範試合が東京ラグビー場（現・秩父宮ラグビー場）で行われまして、その試合を兄に連れられて見に行きました。兄はラグビーをやっていたわけではなかったのに、なぜあの試合に私を連れて行ったのか、未だに理由はわかりませんが、それが初めて目にしたラグビーでした。当時はもちろん、ニュージーランドが圧倒的に強く、オーストラリアに大勝したと思いますが、そんな一方的な試合でも子どもながらにして「なんて面白いスポーツなんだ」と一瞬にして虜になりました。それが最初のきっかけでした。

——それで、「ラグビーをやろう」となったわけですか？　小学生なので、ほかのスポーツもやられたのでしょうか？

兄がテニスをしていましたので、私も兄の後を追って高校まではテニスをしていました。そ

戸山高校時代にテニスに親しむ

したら進学した都立戸山高校（東京）では体育でラグビーの授業がありまして、やってみたらやっぱり面白くて、小学生の時にオールブラックス戦を見て感じたラグビー熱が蘇ってきたんです。授業でやっていくうちにどんどんラグビーへの関心が高まっていきまして、「大学では絶対にラグビー部に入ろう」と決めていました。

——実際、進学した東京大学ではラグビー部に入部されましたね。自ら志願してという感じですか？

すでに入るつもりでいたのですが、私は身長が１７７㎝と当時にしては高い方だったこともあって、偶然にもラグビー部に勧誘されたんです。汚いジャージとスパイク

東京大学時代（左）

を手渡されて「これを貸してやるから、練習に来い」と。それで一緒に練習をしたのですが、練習後に私と同じように勧誘を受けた1年生数人を先輩が食事に連れて行ってくれまして、美味しいご飯をごちそうになりました。それで入部を決めました（笑）。

――ご飯が決め手になったというわけですね（笑）。ところで、東京大学ラグビー部の練習はどうでしたか、厳しかったんですか？

練習は非常に厳しかったですね。日曜日も含めて週に6日練習がありまして、午後3時ごろから、3、4時間ありました。休みは月曜日のみでした。日曜日が練習日だったのは、OBが来て指導してもらえるからです。当時の東京大学ラグビー部には常任のコーチがいたわけではありませんでしたから、ＯＢに練習を見てもらっていたんです。

――当時の東京大学ラグビー部は、どんなラグビーをしていたのでしょう？

当時はメディアにもよく取り上げていただいたのですが、「タックルの東京大学」というふうに呼んでもらっていました。「とにかくタックルだけはすごいね」と言われていて、それはとても嬉しかったですね。しかしその反面、「まるでアクセルのない車だ」とも言われていました（笑）。要するに、選手は決してさぼっているわけではないんだけれども、15人がダラダラと進むだけで、スピード感がなかったんでしょうね。実際、練習はハードでしたけれども、弱かったんです。それこそ、私が1年生の時の対抗戦は全敗でした。特に早稲田大学との試合では、０－50くらいの大差で負けたと記憶しています。正直、「こんな弱いクラブに入ってしまったのか」と、がっかりした気持ちもありました。だからといって、テニスに戻ろうとか、ラグビーを辞めようとは思いませんでしたが、やっぱりやるからには勝ちたいですからね。全敗というのは、ショックでした。

それで私が2年生の時にキャプテンを務めたのが、２００1～２００4年に日本ラグビーフットボール協会会長を務めた町井徹郎さんだったのですが、「こんなに負けてばかりじゃ、練

東京大学時代、山中湖合宿

習をしている意味がない。強豪校の早慶明（早稲田大学・慶應義塾大学・明治大学）は仕方ないにしても、それ以外の大学には勝てるようにしようじゃないか」と宣言しました。そこで力の接近している専修大学、防衛大学校、成蹊大学3校に絞りまして、各校の練習を視察に行き、どのようなラグビーをしているのかを調べました。そのうえで、どうすれば勝てるのか戦略を立てて試合に臨むようにしたところ、見事その3校にはすべて勝つことができたんです。もともと厳しい練習はしていましたから、実力がなかったわけではなかったと思うんですね。相手を知り、きちんと戦略を立てたことで、本来の実力が出せたのだと思います。いずれにしても、勝って初めてラグビーの本当の面白さを感じた気がしました。

――岡村さんは、ロック（スクラムでは第2列に位置して第1列を肩で押す。長身選手が多く、ジャンプ力が求められる空中戦に強いポジション）だったと聞いています。ロックは面白いポジションでしたか？

本当は自分としては、結構足も速い方でしたのでバックス（最前線でパスなどでボールをつないだり、サインプレーを駆使するなどしてトライを狙うポジション）をやりたかったのですが、身長177㎝、体重75㎏と、当時としては大柄なほうでしたので、最初から先輩に「お前はロックだ」と言われてしまいました。当時のロックはラインアウト（ボールがタッチラインの外に出た際、その地点からボールの投入によって競技を再開する）の中心となるポジションでしたので、個人練習にも励みました。現在のようにリフティング（ラインアウトによって投入されたボールを取る役割を担う選手を味方の選手2人で持ち上げること）がありませんでしたから、ジャンプ力をつけなければいけないということで、毎日何千回と縄跳びで鍛えたんです。練習は苦しかったのですが、試合でトレーニングの成果を感じてくると、どんどんロックのポジションが面白くなっていきました。

東京大学、東芝を通しての先輩町井徹郎（右）。左は日比野弘

——ラグビーのどんなところに魅力を感じられていたのでしょう？

「手を使ってはいけない」「足を使ってはいけない」というような制約がなく、体を自由に使うことのできるスポーツだというところです。普段、学校では授業などで頭を使いますから、やっぱりフラストレーションがたまりますよね。それをラグビーで体を自由に目いっぱい使うことで、頭も心もすっきりできたんです。それが何よりの魅力でした。

——先輩でキャプテンを務められた町井さんとは、大学卒業後も東芝の同僚になられた。町井さんも日本ラグビーフットボール協会の会長をやられていますが、大学時代は、どんな方だったのでしょうか?

後に東芝では、町井さんは私の直属の上司となりまして、大変お世話になりました。大学時代から町井さんはキャプテンらしいキャプテンで、私は非常に尊敬しておりました。ラグビーでは試合中、監督はグラウンドで指示することができませんから、試合の流れを見てキャプテンがすべて戦略を指示しなければならないのですが、そもそも当時の東京大学ラグビー部には常任の指導者が監督以外にはいませんでしたので、キャプテンが練習の時からすべて決めていかなければなりませんでした。次の試合の戦略を立てて、それを具体化させて練習メニューに落とし込んでいき、各選手の役割を決めてチームを強化しながらまとめていくと。キャプテンには「戦略の立案」と「リーダーシップ」という2つの能力が求められましたが、町井さんは、どちらの能力にも非常に優れた方でした。

現役引退後もレフリー、応援団長として関わり続けたラグビー

——東芝に入られたのは、先輩の町井さんの後を追ってということだったのでしょうか?

そうなんです。東芝に入社したのは町井さんが声をかけてくださったことがきっかけでした。

当時の東芝のラグビー部（現・東芝ブレイブルーパス）は南関東代表になれるかどうかというくらいで、決して強くはありませんでした。特に弱かったフォワードの強化が必要とされていたようで、町井さんから「どうだ、東芝に来ないか」と誘っていただきました。しかも聞けば、2年後には台湾に遠征する予定があると。当時、海外遠征に行くなんてことはほとんどありませんでしたから、「それはすごい！」ということで、すぐに飛びつきました（笑）。ところが、その台湾遠征の話は延期になってしまいまして、そうしているうちに、昭和40年（1965年）、経営悪化に伴い、東芝ラグビー部は廃部になってしまいました。結局、台湾遠征は実現しなかったんです。

――廃部になった後は、どのようにしてラグビーを続けていたのでしょうか？

廃部になったのは、各工場のチームから選抜されたメンバーによる混成チームでしたので、各工場のラグビー部は活動を続けていました。そこから「試合に出てほしい」と声をかけていただいたので、毎週のように関東のどこかの工場のチームに助っ人という形でプレーしていました。

――それほど多くの声がかかったということは、岡村さんの技量がそれだけ高かったということの証ですね。

いえいえ、それほどたいした実力ではなかったと思います。ただ、ロックというポジションをやれる選手が少なかったんでしょうね。それで必要とされていたのだと思います。ともかく工場別にラグビー部は存続していたのですが、１９７７年（昭和52年）までは後の東芝ラグビーの母体になる府中工場でさえ予選敗退が続いていたのです。

――その後、現役引退は、どのようにして決められたのでしょうか？

ケガが引退の引き金となりました。32歳の時に、母校の東京大学現役チームと練習試合をしたのですが、その際、学生に手を踏まれただけで、骨が折れてしまいました。「これではプレーはできないな」と諦めて引退しました。しかし、どうしてもラグビーから離れたくなくて、レフリーに転向したんです。プレーはできなくても、せめてレフリーでグラウンドに立っていたいと。菅平高原（長野）での協会の講習会に1週間出席をして、関東協会の資格は取ったのですが、ただ、やっぱりプレーするのと笛を吹くのとでは違いましたね。現在は変わりましたが、当時レフリーは試合前後に選手と私語を交わしてはいけないなど、非常に規律が厳しかったんです。チームプレーに魅力を感じていた私には、そうした孤独なレフリー生活にはのめりこめませんでした。結局、仕事が忙しくなったこともあって、3、4年でレフリーをやめてし

東芝ブレイブルーパス（前列右から3人目）

まいました。

――1983年には東芝ラグビー部が復活しています。これはどのような経緯からだったのでしょうか？

1983年度に全国社会人大会で準決勝まで進み、その後1987年度に全国優勝をはたします。以後全国的に常に上位を確保できるようになったので、1965年休部以降、18年ぶりに復活したということになります。

ラグビー部の再建にあたって中心となったのは、やはり町井さんでした。「このままチームを眠らせておくわけにはいかない」ということで、工場からの選抜チームではなく、ひとつの工場に戦力を集中し、毎日

岡村 正氏（取材当日）

就業後練習できるチームづくりをめざしました。また大学ラグビー界から優秀な選手をスカウトしたりして、強化活動を充実させました。私自身はラグビー部の応援団長（自称）となりまして、毎試合、応援に行きました。

——東芝ラグビー部をはじめ、日本のスポーツというのは、昔から企業に支えられてきたという歴史があります。企業がクラブを持つことには、どのような意義があるとお考えでしょうか？

そこには2つのポイントがあると思います。ひとつは、スポーツが従業員全体の求心力の元になるということです。自分たちと同じ職場の選手を応援することで、従業員に一体感が生まれます。もうひとつは、地域社会に貢献するということ。スポーツによってその地域を盛り上げていくということです。この2つが企業スポーツの意義だと思います。

——歴史をひもとくと、日本では「企業」と「スポーツ」と「地域」が密着して、それぞれ発展してきたといえますね。

地域のクラブによってスポーツが発展してきた欧米とは違い、日本では企業が地域を支える役割を担っていくなかで、ひとつのツールとしてスポーツが重要な役割を果たしてきたということが言えるのではないでしょうか。どちらが良い悪いではなく、日本のスポーツの在り方として、企業スポーツが大きな役割を担っていたということは事実だと思います。

ワールドカップ開催の意義は「強化」と「普及」

——企業スポーツとして発展してきたひとつがラグビーです。今年、日本ラグビー界にとって歴史に残る一大イベントがあります。アジアで初のラグビーワールドカップとなりますが、日本開催のワールドカップを迎えるにあたって、どのような思いでいらっしゃるのかをお聞かせ

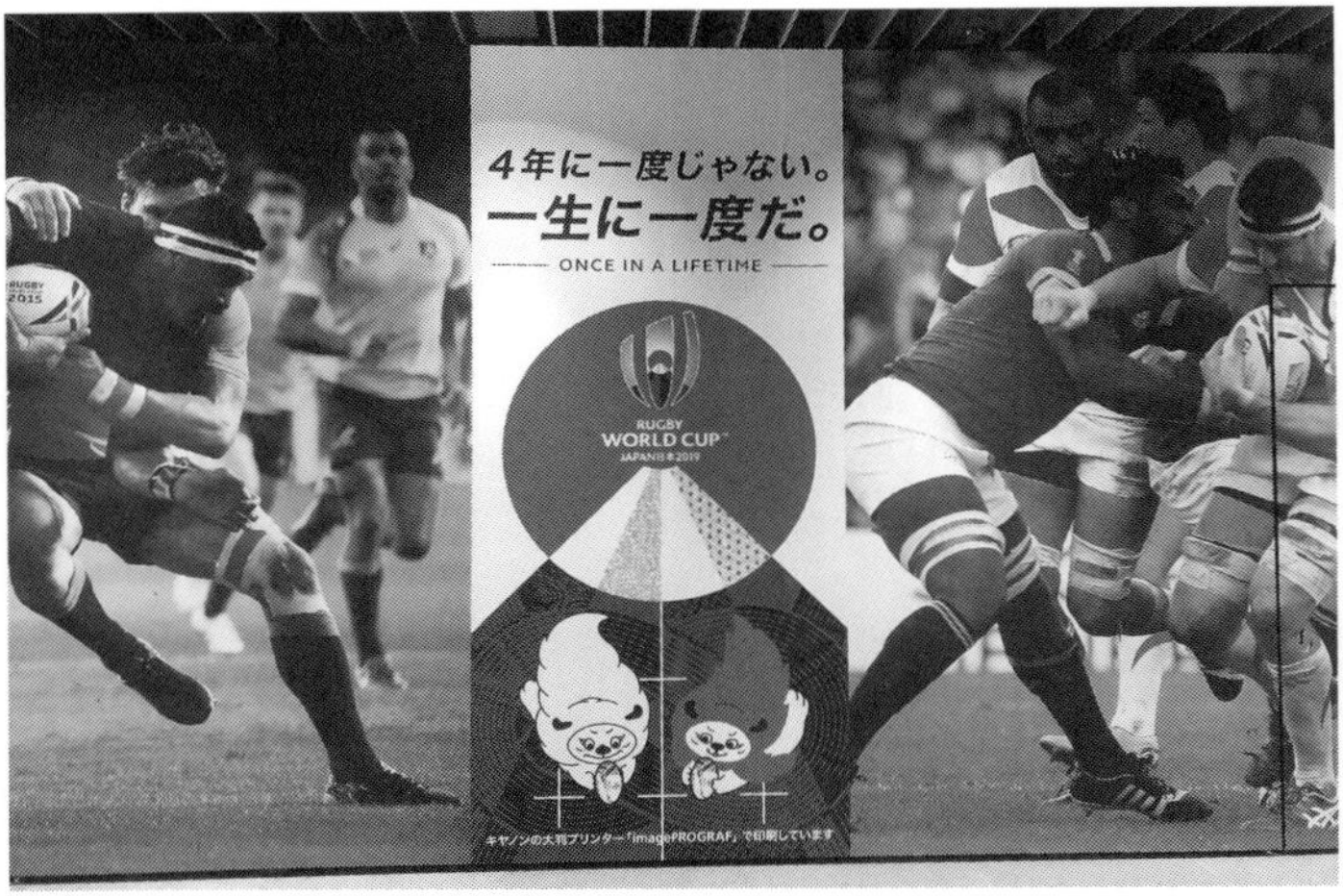

ラグビーワールドカップ2019日本大会の告知ボード

ください。

　まずひとつは、ラグビーをいかにして日本で人気のあるスポーツにするかということです。かつては6万人を収容する国立競技場が満員になるほど、特に大学ラグビーは人気がありました。ところが、2000年代に入ると、徐々にその人気に陰りが出始め、現在ではなかなか元の人気を取り戻すことができていません。我々からすれば、「こんなに面白くて、すばらしいスポーツが、なぜ日本では普及しないのだろうか」と不思議でならないわけですが、まずは子どもたちにラグビーがどれだけ面白くて魅力あるスポーツなのかということを見てもらい、理解してもらわなければいけないのだろうと思います。そうしたなか、今年のラグビーワールドカップは子どもたちがラグビーを目にする大きなチャンスですから、これをきっかけにして、人気スポーツにしていきたいと思っています。

もうひとつは、これまで世界のラグビー界というのは、ティア1※の10カ国（イングランド、スコットランド、ウェールズ、アイルランド、フランス、イタリア、オーストラリア、ニュージーランド、南アフリカ、アルゼンチン）で重要なことが決められてきました。ですから、過去のラグビーワールドカップはすべてティア1で行われ、「グローバルなスポーツ」とはなっていませんでした。それを日本の先輩たちが中心となって、「ラグビーも世界に広げていかなければいけない」と、ＩＲＢ（国際ラグビー評議会：世界のラグビーの統括団体、２０１４年にワールドラグビー（ＷＲ）に名称変更）の理事たちを説得し、そういう意思の下でラグビーワールドカップを招致したわけです。ですから、今回の日本開催を機に、アジアをはじめラグビーを世界に広く普及させたいと思っています。この２つを実現させることが、我々日本ラグビーフットボール協会の役目だと思っています。

——子どもたちにラグビーが面白くて魅力あるスポーツだと知ってもらいたいとか、人気スポーツにしたいとおっしゃいましたが、日本にラグビーを根付かせ、メジャースポーツへと発展させていくための具体的な方策についてては、どのようにお考えでしょう？

※ ティア1とは、世界ランキングとは別のラグビー界の階級。強豪国で構成された「ティア1」、中堅国の「ティア2」、発展国の「ティア3」の3部制で、日本は「ティア2」

「BIG TRY」のスローガンを掲げる

日本ラグビーフットボール協会では2017年に「BIG TRY」というスローガンを掲げ、新たな戦略計画を示しました。「BIG TRY」という名称は、「大きな目標を達成する（＝トライを決める）」という意味です。目標は大きく分けて2つありまして、ひとつは日本代表の強化です。今年のラグビーワールドカップで決勝トーナメント進出、そして2020年東京オリンピックでは7人制ラグビーの日本代表が男女ともにメダルを獲得するところまでもっていくことが理想です。何より日本代表が国際的に強くならなければ、国内で普及させていくことは難しい。50点も100点も取られて大差で負けてしまうゲームでは、「見てください」とはとても言えませんよね。堂々と世界のチームと対峙して、勝つ可能性のある試合をするようになれば、間違いなく人気が出てくるはずです。ですから、何よりも日本代表の強化を優先しなければならないと思っています。

もうひとつの目標は、日本国内におけるラグビーの普及拡大です。日本が南アフリカを破る大金星を挙げた2015年ラグビーワールドカップ以降、小学生、中学生の競技人口は増加傾向にあるのですが、残念ながら高校、大学まで続ける選手が少ないのが現状です。高校スポーツ、大学スポーツというのは、日本国内では人気のカテゴリーでもありますし、また将来の日本代表を強化するためにも高校、大学は非常に重要です。ですから、高校、大学の部分を名実ともに厚くしていかなければいけないわけですが、そのためには改めてラグビーの魅力を知って、感じてもらわなければいけないだろうと。小学生、中学生でラグビーを始めた子どもたちが、高校、大学でも続けて、代表をめざすというような気運を高めていくことが重要です。今回のラグビーワールドカップは全国12会場で試合が行われますので、それぞれの会場がラグビーの聖地となって、小学生を含めた若い人たちにラグビーの魅力を感じる機会となり、全国でラグビー人気が高まっていくようにしていきたいと考えています。

――日本代表の強化策のひとつが、サンウルブズ（国際大会「スーパーリーグ」に参加する日

本代表チーム）ですね。

おっしゃる通りです。ラグビーの世界最高峰リーグと謳われるスーパーリーグに参戦するためにサンウルブズを設立したわけですが、海外の大柄な選手たちともフィジカル面で対等に試合ができるようにしようというのが狙いです。「どうせ海外の選手とは体格が違うのだから、ティア1チームには勝てない。ひとつでもトライを奪えば拍手喝采」なんていうような試合をしていては、いつまでたっても強化は見込めません。ですから、フィジカル面においても日本のラグビーを変えていこうということです。結果だけを見れば、サンウルブズは苦戦を強いられていますが、それでも大柄な海外選手の当たりを体感し、自分達も鍛えれば対等に戦える、という日本人選手が増えたことはデータから見ても明らかです。ここ数年、日本代表全体のフィジカル面の強化が図られてきました。

――2015年のラグビーワールドカップで日本代表を率いたエディ・ジョーンズ前ヘッドコーチ（現・イングランド代表HC）の下、過酷なトレーニングでフィジカルを鍛え上げて、その成果としてワールドカップでは南アフリカから勝利を挙げました。2015年大会の遺産を引き継いだ現在の日本代表をどのようにご覧になっていますか？

過信してはいけませんが、それでも海外チームとのテストマッチを見ていますと、確実に力をつけてきています。例えば昨年11月のニュージーランドとのテストマッチでは、31－69という差で負けはしましたが、それでも世界最強国から5つもトライを奪ってみせたというのは、これまで行ってきた強化策の成果のひとつとして挙げられると思います。それこそイタリアやフランスとは、しっかりと勝負することができるようになっていますよね。ただ、ティア1のチームと常に五分に渡りあえるかというと、そこはまだまだで、これから力をつけていかなければいけません。正直に言えば、「善戦」はもう十分。やっぱり代表は勝たなければならないんです。あと半年で勝ち切る力をどこまでつけることができるか。ぜひラグビーワールドカップでは勝ち切る日本の姿を見たいですね。

——ワールドカップ開催をきっかけにラグビーを広く普及させたいとうかがいましたが、「ラグビーは危険なスポーツ」というイメージを持っている人も少なくないと思います。子どもの競技人口を増やすためには、保護者への理解も必要となるのではないでしょうか？

ＷＲ（ラグビーの国際統括団体）が制定した「ラグビー憲章」では5つの価値が掲げられています。人間の品格を構成する（1）「Integrity」（品位）、見ている人たちを魅了する（2）「Passion」（情熱）、チームスポーツに欠かせない（3）「Solidarity」（団結）、そして次に（4）「Discipline」（規律）、そして最後にチームメイトや対戦相手に対する（5）「Respect」（尊

「ラグビー憲章」には「Solidarity(団結)」が謳われている

敬)。この5つの価値を行動規範および行動指針のビジョン（理想）としています。これらはすべて人間の人格形成に極めて重要な要素であり、実際ラグビーには人格形成に必要な要素が多く含まれています。例えば、「One for All, All for One（ひとりはみんなのために、みんなはひとりのために）」や、試合終了の笛とともに敵味方ではなくラグビー仲間同士になる「ノーサイド」といった昔から言われているラグビー精神がそうです。このラグビー精神を保護者の方にも理解してもらえると、「ぜひ、うちの子にもラグビーをやらせたい」というようになっていくのではないかと思います。安全面での対策も指導者はしっかり気を配ることが重要です。

ラグビーの普及が課題

また、そうした理解を深めていくためにも、重要なのは現役を引退した後の「セカンドキャリア」です。選手としてだけでなく、引退後、今度は社会人としても立派な姿を見せていかなければ、子どもたちに示しがつきません。ですから、日本ラグビーフットボール協会や各企業のクラブチームでは、就職先を見つけることだけがセカンドキャリアではなく、そこで社会人としてどうあるべきか、ラグビーで培われたものをどう生かしていくのか、というところまで掘り下げてセカンドキャリア問題に取り組んでいます。同時に現役の選手達にも社会人としての基本を教育しなければなりません。

――指導者については、ＯＢを活用できるようなシステムの構築が必要かなと思われますが、いかがでしょうか？

おっしゃる通りですね。例えば各企業のクラブチームでプレーをしたＯＢが、その地域のクラブで指導をするということもできると思います。また、各クラブで指導者を養成するシステムもつくっていかなければいけないと思います。

「ゴールデン・スポーツイヤーズ」はスポーツの意義を問うチャンス

――いよいよ半年後にはラグビーワールドカップが開幕するわけですが、現在の日本国内の盛り上がりをどのように感じられているでしょうか？

最終的には全試合を満員の観客で埋め尽くすということが目標となるわけですが、その気運というのは非常に高まってきていて、ラグビー人気は高いレベルにまで到達しつつあると感じています。もちろん、楽観的にとらえることはできませんが、あと半年間、最後の後押しをしていけば、相当な盛り上がりを見せてくれるだろうと自信を持っています。

——盛り上がりという意味で、日本のラグビー界はあまり上手ではないという印象があります。今回はティア１の国・地域以外での初めてのラグビーワールドカップ開催ということで、ラグビーをグローバルなスポーツにするための重要な大会であり、特にアジアにどのようにして普及させていくかが今後の課題のひとつとなっています。日本がリーダーシップをとっていかなければいけないと思いますが、その点についてはいかがでしょうか？

アジアの普及・強化ということについては、日本に非常に大きな責任があると考えています。まずはリーダーシップを取るべき日本自体が世界と互角に渡り合えるほどの力を持たなければいけません。そして日本国内におけるインフラ整備と指導者の養成システムの構築を進め、それを今度は人材派遣というかたちで、アジアに広げていくことが必要です。特に経済的成長が著しい東南アジアでは、スポーツの強化にも注力してきていますので、大きなチャンスだと思います。一方、韓国はひと昔前まで結構強かったんですよね。残念ながら現在では下火になったままですが、ポテンシャルはありますので、ラグビー熱を復活させて、国としてラグビーの強化に力を入れていくようなきっかけを日本がつくっていけたらと思います。今年のラグビーワールドカップには、アジアラグビー（ＡＲ：アジアのラグビー運営団体。２０１４年に「アジアラグビーフットボール協会」から改称）の各国の理事をご招待しますので、ぜひラグビーの魅力を感じてもらい、そこで見たもの、得たものを、各国に持ち帰っていただきたいなと思

アジアラグビーチャンピオンシップ2017

います。そして、ラグビーワールドカップの日本視察をきっかけにして、日本とアジア各国とのラグビー交流が深まっていくことができればと考えています。そうしたことが、国際的なレガシーとなり、ラグビーの世界的規模の発展につながっていくはずです。

——２０１９年ラグビーワールドカップの後には、２０２０年東京オリンピック・パラリンピックが開催されます。

オリンピックでは7人制ラグビー、パラリンピックではウィルチェアーラグビーがあるわけですが、この2つの競技とも連携を図っていろいろな取り組みを行っているところです。例えば、ラグビーワールドカ

ウィルチェアーラグビー

ップでは予選終了後、決勝トーナメントが始まるまでに、少し日が空くんですね。そこで、ＪＰＣ（日本パラリンピック委員会）の鳥原光憲会長と話をしまして、その空いた期間（10月16日～20日）に「ウィルチェアーラグビーワールドチャレンジ２０１９」を開催することが決定しています。ウィルチェアーラグビーの世界ランキング上位８カ国（オーストラリア、アメリカ、日本、カナダ、イギリス、フランス、ニュージーランド、ブラジル）が集結する大会で、パラリンピックを前にしてウィルチェアーラグビーの魅力を知ってもらえる良い機会になると思います。ウィルチェアーラグビー日本代表は昨年の世界選手権で優勝し、現在世界チャンピオンですからね。

非常に盛り上がると思います。我々15人制のラグビー日本代表とウィルチェアーラグビー日本代表の活躍が同じ時期に見られるということで、楽しみにしていただきたいですね。

——今年ラグビーワールドカップが開催され、2020年東京オリンピック・パラリンピック、そして2021年にはワールドマスターズゲームズ2021関西と続き、「ゴールデン・スポーツイヤーズ」と呼ばれています。こうした国際的スポーツイベントが続くなかで、日本スポーツ界は今後、どのような道を辿っていくべきだとお考えでしょうか?

まずはスポーツの意味をどこに求めるか、そのことを問い直さなければならない時期に来ていると思います。私はやはりスポーツは人格形成の重要な役割を担うものであると考えていまして、その認識が日本のスポーツ関係者にはもっと必要だろうと。昨今、スポーツ界における不祥事が問題となっていますが、ひとつは学校に任せっきりであることが閉鎖された世界をつくり上げているのではないでしょうか。もっと地域に開かれ、学校の先生だけでなく、地域からのサポートを得られるシステムが必要だろうと思います。子どもにとってスポーツは立派な社会人に育っていくための人格形成の場であるという認識を社会全体が持ち、国を挙げて問題対策に取り組んでいかなければいけません。ゴールデン・スポーツイヤーズが、そのことを考えるひとつのきっかけになってほしいと思います。

天皇皇后両陛下（編注：現平成上皇、上皇后）のご説明役を務める（左）

——最後に、岡村さんにとってラグビーとはどのようなものでしょうか？

ラグビーで教えられたことが、現役引退後も自分がやるべきことの判断基準として、ずっとあったように思います。社会人となってビジネスをするうえでも、先述した「ラグビー憲章」の5つの価値に照らし合わせて、「これができていないな」と反省することがよくあるんです。すでに80歳という年齢にもなったというのに、まあ、いいところ40点くらいしかもらえないというのは、なんとも悲しいのですが（笑）。ラグビーで教えられたことが、私の人生の基準になっています。

岡村 正氏 略歴

	ラグビー関連・世相	岡村氏略歴
1938 昭和13		岡村正氏、東京都に生まれる
1942 昭和17	日本ラグビーフットボール協会、大日本体育大会蹴球部会に位置づけられる	
1945 昭和20	第二次世界大戦が終戦	
1947 昭和22	秩父宮殿下、日本ラグビーフットボール協会総裁に就任 九州ラグビー協会(現・九州ラグビーフットボール協会)創設 東京ラグビー場(現・秩父宮ラグビー場)が竣成 日本国憲法が施行	
1949 昭和24	第1回全国実業団ラグビー大会開催	
1950 昭和25	第1回新生大学大会開催。「全国大学大会」の名称となる 朝鮮戦争が勃発	
1951 昭和26	安全保障条約を締結	
1952 昭和27	全国実業団ラグビー大会、第5回から全国社会人ラグビー大会に改称	
1953 昭和28	田辺九萬三氏、日本ラグビーフットボール協会の2代目会長に就任 東京ラグビー場を秩父宮ラグビー場に改称	
1955 昭和30	日本の高度経済成長の開始	
1956 昭和31	香山蕃氏、日本ラグビーフットボール協会の3代目会長に就任	
1961 昭和36	第1回NHK杯ラグビー試合(現・日本選手権)開始	
1962 昭和37	秩父宮ラグビー場、国立競技場に移譲	東京大学を卒業し、東芝に入社
1963 昭和38	日本代表、戦後初の海外遠征(カナダ)	
1964 昭和39	第1回日本選手権試合開催 東海道新幹線が開業	
1965 昭和40	第1回全国大学選手権大会開催	
1968 昭和43	湯川正夫氏、日本ラグビーフットボール協会の4代目会長に就任	

1969 昭和44	第1回アジアラグビー大会開催。日本は全勝で優勝 アポロ11号が人類初の月面有人着陸	
1970 昭和45	横山通夫氏、日本ラグビーフットボール協会の5代目会長に就任	
1971 昭和46	第1次・高校日本代表のカナダ遠征	
1972 昭和47	椎名時四郎氏、日本ラグビーフットボール協会の6代目会長に就任	
1973 昭和48	全国高校選抜東西対抗試合開始 オイルショックが始まる	ウィスコンシン大学経営学修士課程を修了
1976 昭和51	ロッキード事件が表面化	
1978 昭和53	日中平和友好条約を調印	
1979 昭和54	阿部譲氏、日本ラグビーフットボール協会の7代目会長に就任	
1982 昭和57	代表キャップ制度を発足 東北、上越新幹線が開業	
1987 昭和62	第1回ワールドカップが開催（オーストラリア・ニュージーランドの共同開催）以後、第7回大会まで日本代表チームは連続出場を果たす	
1990 平成2	磯田一郎氏、日本ラグビーフットボール協会の8代目会長に就任	
1992 平成4	川越藤一郎氏、日本ラグビーフットボール協会の9代目会長に就任	
1993 平成5	第1回ジャパンセブンズ開催	
1994 平成6		東芝 取締役 情報処理・制御システム事業本部長に就任
1995 平成7	金野滋氏、日本ラグビーフットボール協会の10代目会長に就任 阪神・淡路大震災が発生	
1996 平成8		東芝 常務取締役に就任
1997 平成9	香港が中国に返還される	
2000 平成12	IRBワールドセブンズシリーズ日本大会開催	東芝 取締役社長に就任
2001 平成13	町井徹郎氏、日本ラグビーフットボール協会の11代目会長に就任	

２００２ 平成14	女子ラグビーが日本ラグビーフットボール協会に加入 女子ラグビーは、第4回女子ワールドカップに初参加	
２００３ 平成15	ジャパンラグビー トップリーグが社会人12チームで開幕	
２００５ 平成17	森喜朗氏、日本ラグビーフットボール協会の12代目会長に就任	東芝 取締役会長に就任 日本経団連 副会長に就任
２００６ 平成18	ジャパンラグビートップリーグチーム数は12チームから14チームへ増加	
２００７ 平成19		日本商工会議所 会頭に就任
２００８ 平成20	リーマンショックが起こる	
２００９ 平成21	Ｕ２０世界ラグビー選手権（ＩＲＢジュニアワールドチャンピオンシップ２００９）開催 ２０１９年ラグビーワールドカップが日本で開催決定	東芝 相談役に就任
２０１０ 平成22	２０１９年ラグビーワールドカップ日本開催組織委員会の設立準備を開始	
２０１１ 平成23	東日本大震災が発生	
２０１２ 平成24		ラグビーワールドカップ２０１９組織委員会 副会長に就任
２０１３ 平成25	日本ラグビーフットボール協会が公益財団法人へ移行	日本商工会議所 名誉会頭に就任
２０１５ 平成27	岡村正氏、日本ラグビーフットボール協会の13代目会長に就任	日本ラグビーフットボール協会の13代目会長に就任
２０１６ 平成28	リオデジャネイロオリンピック・パラリンピック開催 7人制ラグビーが正式種目として実施	東芝 名誉顧問に就任
２０１９ 令和元	森重隆氏、日本ラグビーフットボール協会の14代目会長に就任	

第11章

ラグビーこそ青春がつまった「最高のスポーツ」

清宮克幸

kiyomiya katsuyuki

選手として、指導者として、日本ラグビー界をけん引し続けている清宮克幸氏。高校、大学、社会人では、キャプテンを務め、改革を図るなど、強いリーダーシップでチームをまとめました。現役引退後は、指揮官として手腕を発揮し、早稲田大学、サントリー、ヤマハ発動機といずれも日本一へと導きました。また、子どもや女性を対象とした地域クラブを創設するなど、ラグビーをはじめスポーツの普及・発展に貢献する活動も積極的に行っています。常に新しい取り組みを提案し、実行に移す「改革者」という印象が強い清宮氏。ラグビー人生の歩みとともに、日本ラグビー界の現況と今後についてうかがいました。

清宮克幸（きよみや・かつゆき）1967年生まれ。茨田高校ラグビー部で1年時からレギュラーに選ばれ、3年時は主将として全国花園大会に出場。早稲田大学ラグビー部時代に日本選手権、全国大学選手権大会を、サントリーラグビー部時代に全国社会人大会、日本選手権を制す。引退後は早大、サントリーサンゴリアス、ヤマハ発動機ジュビロラグビー部監督として活躍。現在※はエコパスタジアムを拠点とした総合型スポーツクラブを設立し、女子ラグビーチームを発足。

聞き手／佐野慎輔　文／斉藤寿子　構成・写真／清宮克幸、フォート・キシモト
取材日／2019年3月4日

※2019年6月に日本ラグビーフットボール協会副会長に就任

ロールモデルとして期待される地域クラブ

――2011年からヤマハ発動機ジュビロの監督を務められてきましたが、2018―19年シーズン限りで退任されました。8年間、お疲れさまでした。

ありがとうございます。本当にあっという間でしたね。

――しかし、ヤマハは、昨シーズンも優勝争いをするほどの強さを誇っていただけに、続投されるのかなと思っていましたが、なぜ、退任しようと思われたんですか？

私のあとを託したいと思える人間が出てきたということです。彼の年齢や周囲の状況を考えた時に「ここで監督の座を譲り渡さないと、うまくまわっていかないな」と思いました。まあ、8年やらせてもらって、「8」という数字で終わるのも縁起が良くて、自分にとってもいいタイミングかなと。

――退任後すぐ、今年の年明けにはエコパスタジアム（静岡県小笠山総合運動公園）を拠点とした総合型スポーツクラブ「アザレア・スポーツクラブ」※の設立を発表されました。清宮さ

※「アザレア・スポーツクラブ」とは、地域共生できるスポーツ文化を根付かせたいという思いのもと、ラグビーワールドカップが開催されるエコパスタジアムを拠点とした、女性と子どもに特化した総合型スポーツクラブ。第一弾として静岡県内初のラグビー女子7人制チームが結成される予定で、今年3月3日にはトライアウトが行われた。

アザレア・スポーツクラブの拠点となるエコパスタジアム

んが代表理事として運営に携わっていくということですが、これはどのような経緯からのものだったのでしょうか？

私は２０１６年からラグビーワールドカップの静岡県開催推進委員会特別アドバイザーを務めています。今年のラグビーワールドカップでは、エコパスタジアムで予選リーグ４試合が行われますが、せっかく世界トップの試合が行われるというのに、その後に何も残らないというのはあまりにももったいないですよね。そこで静岡県から何かないだろうかと案を求められて提案したのが、子どもたちと女性が活躍できるオープン型総合スポーツクラブの設立でした。エコパスタジアムを中心としたスポーツ施設で、さまざまなスポーツができる環境をつくることができれば、ワールドカップ開催のレガシーのひとつになるのではないかと考えたんです。私の提案に、静岡県や、ヤマハを始めとした静岡県内の地元企業が理解を示してくれて「アザレア・スポーツクラブ」を設立することになりました。一番大きかったのは、静岡銀行や静岡新聞、総合物流企業の鈴与など、静岡県内の有数の企業が賛同してくれたことによって、エコパスタジアムがある袋井市やヤマハの本拠地である磐田市周辺だけにとどまることなく、静岡県が一体となって取り組む形となったことです。静岡県全体のスポーツ環境が良くなっていくと期待しています。

――振り返れば、清宮さんは早稲田大学ラグビー部の監督時代には、地域へのスポーツの普及・振興とともに青少年の健全育成や、地域住民の健康増進など、スポーツを通じた地域貢献の場として、「ワセダクラブ」※を開校されました。現在では、ラグビーをはじめ、サッカーやテニス、レスリング、バスケットボール、柔道など、さまざまなスポーツの活動が行われています。今回の「アザレア・スポーツクラブ」は、その「ワセダクラブ」に通ずるものがあるのではないでしょうか？

おっしゃる通りです。クラブ活動で技術を磨いていくなかで、トップ選手となって羽ばたく子どももいますが、それだけでなく人生の糧となる経験をしたり、さまざまな人と出会うことで人生が豊かになり、将来大人になった時には「あのクラブがあったからこそ、スポーツを楽しむことができ、幸せな時間を過ごすことができた」と思えるだけで、十分にスポーツの意義

※「ワセダクラブ」とは、早稲田大学が保有する設備・ノウハウ等をすべての市民に開放し、スポーツの普及・振興や青少年の健全育成を目的としたオープン型スポーツクラブ。現在は16競技のスクールが行われている。

ワセダクラブのラグビースクール。
左はウィルキンソン氏。中央は長男の幸太郎君。

があると思うんですね。実際にワセダクラブのOBからはそういう声がたくさんあがっています。そうした場を提供することが、「ワセダクラブ」も「アザレア・スポーツクラブ」も最大の目的です。

――「ワセダクラブ」や「アザレア・スポーツクラブ」は、清宮さんのどのような経験が元になった発想なのでしょうか？

「これだけの状況、環境が用意されているのだから、こういうことはすぐにでもできるのに、なぜやらないのだろうか」と疑問に思うことがよくあります。例えば、早稲田大学監督時代には「大学には、これだけのすばらしい人材と施設があるのだから、ちょっとした仕組みを考えれば、地域の人たちを巻き込んだスポーツの普及活動がすぐにでもできるのに、なぜ誰も何もやらないんだろう」という思いからつくったのが、「ワセダクラブ」でした。「アザレア・スポーツクラブ」も同じです。ヤマハの監督を務めている時に、いつも「磐田市はサッカー、ラグビーのトップチームがあって、スポーツで地域を動かすことができる環境があるのにもったいないなあ」と思っていました。また、磐田市だけでなく静岡県全体でスポーツがもっと盛んになればと思っていたので、静岡県にクラブ設立を提案したんです。そういうふうに疑問に思ったことを具現化させたのが「ワセダクラブ」であり「アザレア・スポーツクラブ」。それだけのことなんです。今回設立した「アザレア・スポーツクラブ」が静岡県で成功すれば、おそらく同じようなことを試みる自治体はどんどん出てくるのではないかなと思います。既存の施設を活用し、地域の人材や企業に協力を呼び掛けていけばいいわけで、特別に難しいことをしているわけではないですからね。「アザレア・スポーツクラブ」がロールモデルとなって、日本全体に広がっていくことを期待しています。

——清宮さんがされていることが、未来の日本スポーツのあり方において、ひとつの形となっていけばいいなと思います。

実は3年前には磐田市に「磐田スポーツ部活」※というものを提案しまして、現在ラグビー

※「磐田スポーツ部活」とは、地元の学校に希望する部活がない中学生に、スポーツの機会を提供することを目的として2016年に始動した静岡県のモデル事業。

磐田スポーツ部活（後列右端）

部と陸上競技部が活動しています。将来の日本を考えると、人口減少が止まらないなか、これまで中学生や高校生のスポーツ活動の中心となっていた学校の部活動は、成り立たなくなっていくでしょう。そこで、部活動を学校単位でやるのではなく、地域単位でやるべきではないかと考えたんです。それを静岡県の教育委員会に提案をしたんです。特にチームスポーツは、これまでのように学校単位であれば、その地域に10校の学校があれば、10人の指導者が必要だったのが、ひとつの地域でひとつの部を持つとなれば、指導者はひとりで済むわけです。というようなことをお話ししたところ、静岡県教育委員会から「じゃあ、清宮くん、ちょっと3年間、やってみてくれないか」となり、磐田市に中学生を対象とした「磐田スポーツ部活」が設立されることになりました。ラグビー部にはヤマハ発動機ラグビースクールコーチから、陸上競技部には磐田市陸上競技協会などからコーチを招聘して指導を行っています。２０１６年に始動しましたので、ちょうど3年が経ちますが、実際にやってみて、これは日本の現在のニーズに合っているなと感じています。ぜひ、全国に広がっていってほしいですね。

授業でラグビー座学の後にはワールドカップ生観戦

——今秋にはアジアで初となるラグビーワールドカップが開催されます。この大会をきっかけに、日本スポーツ界が良い方向へと進んでいってほしいと思いますが、清宮さんはワールドカップ開催をどのように活用していこうと考えられているのでしょうか？

ラグビーワールドカップのレガシーのひとつとして、前述した「アザレア・スポーツクラブ」を設立することになったわけですが、実はもうひとつ、ワールドカップ開催に際して静岡県で企画していることがあるんです。座学で子どもたちにラグビーの魅力を伝えようと。これも私が静岡県教育委員会に提案をしたのですが、教本とビデオを使って、4～7月に月に一度、授業を行います。さまざまなラグビーの知識を得て、ラグビーの魅力を知ったうえで、9月にラ

清宮克幸氏（取材当日）

グビーワールドカップ開幕を迎えるというわけです。

――それはすばらしいアイディアですね。これまであるようでなかった画期的な企画です。

教材はラグビー仲間たちが協力して作成することになりました。一方、ビデオ制作では予想外のこともありました。「ワールドカップ」という文字やロゴが使用できなかったんです。私たちは営利目的ではなく、子どもたちが授業で使うビデオをつくるだけなのに、さまざまな制限がかかっていたのです。ラグビーを知らない子ども向けにつくられた、非常にわかりやすい映像があって、それを使用したかったのですが、そこにはラグビーワールドカップのロゴが映ってしまっていたために使用許可が下りませんでした。まあ、ルールは守らなければならないので、代わりにヤマハの映像を使ってビデオを制作しました。教本もすでにでき上がっているので、準備は万端。今年4月から静岡県内の小学5、6年生と中学2年生の授業でラグビー座学が行われます。延べ2、3万人の子どもたちが授業を受ける予定です。

――その授業には、清宮さんなどラグビー関係者が派遣されるのでしょうか?

学校の授業の一環として行われますので、通常通り学校の先生が授業をします。ラグビーの知識がない先生でも、教本を読んで、ビデオを見てもらえば、ちゃんと子どもたちに伝わるようになっているんです。それこそ、ラグビーを知らない先生が、教本を読んで「あ、そうだったのか」と思うことがたくさん出てくると思うんですね。それをそのまま子どもたちに語っていただいて、みんなで一緒にラグビーを学んでもらえたらなと。ラグビーに詳しい人間が教えるよりも、そのほうが新鮮で面白くなると思うんです。そのうえで、ラグビーワールドカップを見てもらえれば、クラス全体で盛り上がるはずです。また、授業の後半にはヤマハのラグビー選手たちも各学校を回り、子どもたちと交流する計画です。

さらに今、進めようとしているのが、子どもたちのラグビーワールドカップ生観戦です。せっかく授業でラグビーの歴史や魅力を知り、しかもすぐ近くでそのラグビーの世界最高峰の大会が開催されているというのに、テレビで観て終わりではつまらないですよね。どうせなら、みんなでエコパスタジアムに試合を観に行って、直にラグビーの魅力を感じてもらおうじゃないかということで、静岡県と一緒に知恵を絞っています。

ラガーマンとしての人生を築いてくれた恩師

――そもそも清宮さんご自身が、ラグビーを始めようと思ったきっかけは何だったのでしょうか？

きっかけは、中学3年生の時に見た「われら青春！」というテレビドラマです。高校のラグビー部を舞台とした青春学園ドラマで、それを見て「青春ってなんて美しいのだろう。自分も高校ではラグビーをやりたい！」と強く思ったんです。それまでは小学校の時は野球、中学校の時はサッカーをやっていました。でも、どちらのスポーツも、自分の強みが発揮できないなという気持ちがありました。

——ご自身で感じていた強みとは、どういうところだったのでしょうか？

体が大きくて、手先が器用で、気持ちが強くて、頭がいいと（笑）。野球やサッカーでは、そのすべてが満たされなかったんです。野球では基本的に監督のサイン通りにしなければいけなかったですし、サッカーではちょっとでも相手を押したりすると反則を取られてしまうわけです。それが、ラグビーでは試合には監督はいませんから、自分で判断をしてプレーすることができますし、接触プレーが許されているので自由に思い切り動けると。私にとって、最高のスポーツだなと思いました。

——清宮さんのご出身地の大阪府内にはラグビーの強豪校がたくさんあります。そのなかで公立校である茨田高校を選んだのは、どのような理由からだったのでしょうか？

当時、茨田高校は大阪府の公立校では天王寺高校や北野高校と並んで、ラグビーの強豪校として有名だったんです。1975年創立の新設校だったのですが、2期生が3年生の時（1978年）にはラグビー部は創部2年目にして早くも全国大会の出場権を勝ち取って、高校ラグビーの聖地「花園ラグビー場」（2015年4月より東大阪市花園ラグビー場に名称変更）に行っているんです。「新設校が旋風を巻き起こした」と大きな話題となっていました。その4年後（1982年）、2度目の「花園出場」を果たした時が、ちょうど私がテレビドラマ「われら青

茨田高校時代（前列右から3人目）

春！」を夢中で見ていた中学3年生の時でした。それで花園に出ている茨田高校ラグビー部を見て「よし、来年はここに行こう」と思うわけですが、私と同じようにして茨田高校に憧れた中学生が大阪府内にたくさんいたんです。「私立ばかりが花園に行って面白くない」という考えの選手たちの目の前に突如現れたのが、公立校だった茨田高校でした。男女共学でしたし、学区内の公立校の中では4番目に偏差値が高い進学校でもあったので、めざす場所としては最高の条件がそろっていました。それで中学時代にラグビーで活躍をしていた学区内のラグビー経験者がこぞって茨田高校に入ったので、私の学年はエリート集団でした。30人ほどが入部しましたが、私のようにラグビー初心者は、わずかでした。

――茨田高校では創部2年目の時に監督に就任し、その年にラグビー部を花園へと導いた名将・吉岡隆先生から指導を受けられました。吉岡先生は、どのような指導者だったのでしょうか？

とても変わった監督でした（笑）。初めてお会いした時のことは未だに忘れられません。入学したばかりのころ、体育の授業で準備運動をしている私のところに吉岡先生が近寄ってきたんです。そして、頭からつま先までなめ回すようにして見ながら、私の周りを歩き始めたわけです。そうして、あごに手をあてながら「ほう～」とうなずいて、こう言いました。「惚れ惚れするなあ。準備体操だけで、こんなに惚れ惚れする男は初めてだ。お前、すごいNo．8（スクラムをまとめ、攻守にわたって常にボールに絡むポジション）になるぞ」と。

――名将はやはり先見の明があるんですね。

でも、そう言っておきながら、「よし、明日からお前は3番だ」と、最初にプロップ（スクラムの第1列の両端でスクラムを押すポジション）をやらされたんです。1カ月半ほどプロップの練習をしたのですが、やっぱり合わなくて、結局ものになりませんでした。そしたら今度は「よし、明日からはウイング（バックスの両翼に位置し、快足を飛ばしてトライを狙うポジション）だ」と。それでウイングをやり始めたのですが、足が速いくらいで、何もわかってはいないわけですよ。練習でも先輩についていくのに必死でした。それでも吉岡先生は、そんな私を1年生からレギュラーとして試合に出してくれたんです。確かに私は体は大きくて、1年生の時にすでに身長180cm、体重77kgありました。走れば100m11秒61、走高跳では190cmほど跳んでいたんです。ですからウイングとして結構目立ってはいたのですが、やっぱりラグビーは素人でしたから、下手なんですよね。それでも吉岡先生は私を使い続けてくれました。そのおかげで、翌年、2年生の時にオール大阪の代表に選出されて国体（奈良県で開催された第39回国民体育大会）のメンバーに選んでもらえましたし、国体メンバーだったからこそ、3年生の時には高校日本代表に入ることができました。そして、代表だったからこそ、早稲田大学のスポーツ推薦を受けることができたんです。そう考えると、吉岡先生が私を1年生の時から使ってくださっていなかったら、私の人生はまったく違うものになっていたはずです。実力以上のところに、吉岡先生が置いてくださったからこそ、その後の道が開けたのだと思います。

――実際、吉岡先生はどんな指導だったのでしょうか？

自主性を重んじる方で、選手たちが練習を計画し実行していました。じゃあ練習中、吉岡先生は何をしているかというと、私たちラグビー部が練習しているグラウンドを背にして、向こうの女子テニス部のほうをずっと見ているんですよ（笑）。でも、そうやってすべて自分たち

茨田高校時代、高校日本代表に選出され主将を務める（前列中央）

でやるような環境を与えられていたからこそ、選手たちが自立し強さが持続できたのだと思います。

――清宮さんは3年生の時にはキャプテンを務められました。チームをまとめるのは大変だったのではないでしょうか？

それこそキャプテンに全責任を課されました。キャプテンが練習メニューを決め、選手たちを動かさなければいけなかったんです。監督が口を出すのは「ちょっと違うんじゃないの」という時だけでした。でも、そういう選手たちに任せて指導する監督だったから、私は選手として伸びたんじゃないかなと思うんです。もし、いろいろとうるさく口を出してくる監督に、何か自分と意見が違うことを言われたら、高校時代の私はきっと抵抗したでしょうから（笑）。

4年時の優勝をもたらした敗戦と外国人コーチの招聘

――早稲田大学に進学したのも、吉岡監督の影響だったのでしょうか？

1年生のころに、すでに吉岡先生からは「お前は早稲田大学に行け」と言われていました。吉岡先生自身は、金沢大学ラグビー部出身で、結構優秀なプレーヤーだったと聞いています。でも、本当は早稲田大学に行きたかったんだそうです。家庭の経済的事情で希望が叶わなかったと。それで自分の教え子をひとり、早稲田大学に入れたいと強く思っていたみたいなんです。ちょうど私が高校に入学する1年前に、早稲田大学ではスポーツ推薦制度が始まっていたので、「各科目で評定平均を取って、高校日本代表に入っていれば、早稲田大学ラグビー部のスポーツ推薦を受けることができるから、お前はそれをめざせ」と言われていました。

――実際、早稲田大学ラグビー部に入るわけですが、ある意味自由だった高校時代とのギャップはありましたか？

事前に「大学ではこれまでのように自由にはできないぞ。特に早稲田大学は練習が過酷で、上下関係も厳しい」というようなことは聞いていましたので、それなりに覚悟していました。実際に入ってみると、約１６０人の選手たちが、まるで軍隊のように泥まみれになって練習している光景は圧巻でした。早稲田大学では1軍から4軍、5軍から7軍、8軍以下、というふうに3つのグループに分かれていました。一番上の1軍の選手たちは、2時間ほどの全体練習が終わると帰ってしまうのですが、逆に試合には出られない選手たちは、夜遅くまでずっと練習し続けているんです。1年生の時にその様を見て、なぜ早稲田大学が強いのかがはっきりとわかりました。「ああ、なるほど。これが伝統校の強さなんだな」と。試合に出られる選手たちがんばるのはわかりますが、その選手たちよりも試合に出られない選手たちのほうが熱心に練習するなんてことは、それまでの私の常識にはなかったことでした。「これでは、関西の大学が早稲田大学には勝てないのも無理はない」と思いました。

――そうしたなかで、清宮さんは1年生の時からレギュラー入りされました。

ただ、すぐに膝の靭帯を切って手術をしたので、1年生の時はスタンドで応援していました。翌年の3月に練習に復帰したのですが、リハビリが十分ではなかったのか、足がまったく思うように動きませんでした。当然スピードも落ちていましたし、体重も増えていて、前年にレギュラーになった時の自分とはあまりにもかけ離れていました。そしたら5月にポジションをNo．8から1番（プロップ）に移されたんです。「お前、もうスピードもないし、1番やれ」と。そう言われた時に、すべてが崩れ落ちた感じでした。ショックで、何もかもやる気を失ってしまって、ふてくされていましたね。ただ言われたことをやるだけという状況のまま、夏になって試験休みで大阪の実家に1週間ほど帰省したんです。地元では高校時代のラグビー仲間に会うこともあるわけですよね。それでみんなに「オレ、1番になったわ。足も遅くなったし、もうプロップとして生きていくしかないんや」と言って、ひどく落胆していました。試験休みが終わると、菅平高原（長野県）での夏合宿がすぐに始まったのですが、まず最初に部員全員の名前が貼りだされた表を見て、自分が何軍のどのポジションの練習に入るのかを確認するんです。そしたら、試験休み前にいつも入っていた4軍、5軍に自分の名前がなかったんです。「あれ？」と思って、3軍、2軍と見ていったら、1軍の、しかもNo．8のところに「清宮克幸」の文字がありました。

――予想外の展開で、嬉しかったのでは？

「ああ、そう。オレ、1軍のNo．8なのね」と（笑）。当時の監督は木本建治さんだったのですが、「木本さん、それならそうと早く言ってよ。オレ、地元のみんなに『プロップで生き

早稲田大学時代（後列左端）

ていくしかない』なんて言いふらしてしまったやん」と思いました（笑）。でも、不思議なことに、その時には足の動きもスピードも元に戻っていたんです。それで2年生の時は、出た試合で大活躍をして、日本選手権では東芝に勝って日本一になりました。

――4年生の時はキャプテンを務めて、全国大学選手権で優勝と有終の美を飾りました。

そのエネルギーをつくりだしたのは、前年の3年生の時の敗戦にありました。2年生の時に日本一となって、その時のメンバーがたくさん残った状態でしたから、3年生の時は圧倒的な強さで勝てると思っていたのですが、クリスマス・イヴの日に負けたんです。お正月は実家で過ごしたのですが、その時に「自分たちが4年生となる次のシーズンは、絶対に負けたくない。こんな思いをするのは嫌だ」と強く思いました。しかも3年生の時は、自分たちの強さを出せないまま負けてシーズンが終わってしまったんです。「オレたちはもっと強いはずだ」と何度も思いました。それで決めたんです。「オレがキャプテンになって、大改革をするぞ」と。実際、キャプテンに就任をして「今のままでは、自分たちの強みが生かされない。だからラグビーのスタイルを変えるために、新しい取り組みをしたい」ということを提案して、150坪ほどの広さにプレハブを建て、そこにカーペットを敷いてウエイトトレーニングの施設を造ってもらいました。おそらく当時の大学スポーツ界では、一番充実した施設だったと思います。それだけの広さのトレーニング施設をひとつの部が持っているところはなかったはずです。それだけではなく、グラウンド脇にはスピードトレーニング用にと坂路もつくりました。競馬好きが高じて、栗東トレーニング・センター（滋賀県にある中央競馬の西日本地区における調教拠点）にある坂路コースを見て「これだ！」とひらめいたんです。ラグビーのグラウンド脇にウッドチップの坂路があるなんて、おそらく世界にもなかったんじゃないかなと思いますね。

そんな大改革とともに、大きかったのは外国人コーチの招聘でした。早稲田大学OB会のつてで紹介されたジョン・グレアムさんとグラハム・ヘンリーさんという2人がニュージーランドから期間コーチとして来日しました。グレアムさんは「ニュージーランドラグビーの父」と呼ばれた元オールブラックス（ニュージーランド代表）のレジェンドでした。ヘンリーさんは学校の先生でグレアムさんの弟子のような人という説明を受けていましたが、正直どんな人物かはわかりませんでした。でも、2人とお互いにやりたいラグビーを話し合ったところ、考えがほぼ一致していたんです。「ショートライン戦法」（バックスの選手たちが非常に狭い間隔で並んで攻撃する）というものでした。私たちのチームはバックロー（No．8とフランカー：攻守にわたって常にボールに絡むポジション）が強かったんです。だから私は、その強いバックローの選手が走るラグビーをしたいと思っていました。バックスの選手たちがグラウンドの内側でプレーをし、空いた外側のスペースをバックローが走るというものです。ヘンリーさんの提案はまさにそのラグビーだったのです。「うわあ、考えが一緒だ！」と思って嬉しかったですね。実際の指導は、ヘンリーさんが行ってくれたのですが、さすが教師だけあって、指導が上手でした。2人は5月から7月までいて、一度ニュージーランドに戻ったのですが、11月には再来日をして12月まで指導をしてくれました。ヘンリーさんは、後にウェールズ代表やオールブラックスの監督に就任。地元開催だった2011年のラグビーワールドカップではニュージーランドが優勝し、世界一の指導者になりました。私がキャプテンになって大改革をするときに、それだけの手腕の持ち主から指導を受けることができたのは、本当に幸運でした。

サントリー現役時代のプレー（右）

ファンを魅了した熱さ全開の青春ラグビー

――大学卒業後は、サントリーに入社し、3年目には志願をしてキャプテンに就任されました。まだまだ年輩の選手も多くいるなか、20代半ばでチームをまとめるのはご苦労もあったのではないでしょうか？

当時の選手たちは、ラグビーに本気ではありませんでした。つまり、ラグビーに100％の力をかけているわけではなく、仕事や家族が優先で、ラグビーは二の次、三の次でした。そういうチームで2年間過ごして、もう我慢ならなくなって「そろそろ真面目に日本一になりませんか」と言って、自分でキャプテンに立候補したんです。

――チームメイトから賛同を得ることはできたのでしょうか？

私の意見に賛同をして「よし、やろう」とついてきてくれたのは、約40人いたなかで、10人ほどでした。それ以外の選手たちは「いいんじゃないの」とか「やってるよ」とか口では言いながらも実際は何も変わることはありませんでした。私自身も結局、自分についてきてくれる10人にアプローチして安心していたんです。でも、占める割合が小さいわけですから、チームとして成り立つわけがないんですよね。キャプテン1年目は2部リーグとの入れ替え戦を戦う羽目になってしまいました。その1年目の反省を生かして、2年目からは「いいんじゃないの」と口では言う選手たちをどうすれば、こちら側に振り向かせることができるかに着手しました。

――その苦労が実ったのが、入れ替え戦から3年目の1995年。このシーズンは全国社会人大会で優勝し、さらに日本選手権も制して日本一の座につきました。

1年目の反省として、やはりひとりでがんばってもだめだなと思ったので、2年目からはほかの選手にも役職を与えて、さらに外部からコーチやトレーナーを招聘するなどして、チームが強くなるための組織化を図りました。それが実ったのが、3年目だったと思います。

――２００１年に現役を引退し、すぐに母校の早稲田大学の監督に就任されました。どんな思いで引き受けられたのでしょうか？

人の子の青春を預かるという責任の重さを感じていました。というのも、当時すでに私には息子がいましたので、自分の息子の最も輝かしい大学4年間をどういう人に預けるのかということを考えたら、やっぱりちゃんとした人に預けたいなと思うわけです。その預かる立場になるのだから、自分の人生に影響を与えてくれた恩師たちのように、私も学生が輝かしい人生を送れるような指導をしたいと考えていました。ですから、監督1年目の時には「お前たちの青春を預かった」ということを選手たちにはよく言っていました。

――当時、早稲田大学は10年以上も大学選手権で優勝から遠のいていた低迷時期でしたので、周囲からはチーム再建への期待が寄せられていたと思いますが、清宮さんはどのようにチームをつくっていこうと考えていたのでしょうか？

実は、監督就任の打診がある前に、選手たちに呼び出されたんです。まるで面接のように、キャプテンをはじめとする幹部5、6人の前に座らされて「清宮さんなら、どうやってチームを強くしてくれますか？」というような質問をされました。その時、私は監督なんてやるつもりは微塵もありませんでしたから、「こんなふうに先輩を呼び出すなんて失礼だろう」という

早稲田大学ラグビー部監督として大学日本一に導く（2006年1月）

気持ちもあって、「え？　そんなの知らないよ。オレがわかるわけないじゃん」とぶっきらぼうに答えました。そうしたら、その後で監督就任の打診があったんです。おそらく当時の早稲田大学には劇薬が必要だと思ったんでしょうね。それでOB会の強化担当メンバーが「清宮しかいない」と強く推してくれたようなんです。でも、選手にしてみたら、あんなに冷たくあしらわれた人に監督なんてやってもらいたくない、と当然思いますよね。そこをOB会が選手たちを説得して、私が監督に就任することに決まったわけですが、最初は選手からの反発もありました。

――選手たちと気持ちが通じ合うようにな

ったのは、いつごろだったんですか？

秋になって、シーズンが始まってから、ようやく選手たちの信頼を得ることができたかなと感じることができました。もちろん、公式戦で結果が出たことも大きかったと思いますが、単にそれだけではなかったと思います。やはり学生ですので、さまざまな〝事件〟が起きるのですが、そうした時に一つひとつ誠実に対応して、選手とも正面からぶつかっていくことで、少しずつ溝が埋まっていったのだと思います。

――2006年からはサントリーサンゴリアスの監督に就任し、2年目にはプレーオフを制してトップリーグ※での優勝を果たされました。

あの時、私は社会人チームのサントリーに学生ラグビーの熱を持ち込んだんです。そうしたところ、学生ラグビーファンがこぞってサントリーの応援に来てくれるようになりました。おそらくファンはサントリーの選手たちのプレーや姿に、学生ラグビーを見たのだと思います。1年目は準優勝に終わりましたが、サントリーの試合を観に来たファンで秩父宮ラグビー場が溢れかえり、3000人もの観客が入場できなかったんです。これはおそらく未だに破られていない日本ラグビー史上最多記録だと思います。

※「トップリーグ」とは、日本最高峰のリーグとして2003年に発足した社会人ラグビーの全国リーグ。

ヤマハ発動機ジュビロの監督として
日本選手権優勝に導く（2015年2月）

――サントリーに持ち込み、ファンを魅了してやまなかった「学生ラグビー」とはどんなものだったのでしょうか？

つまり「青春」です。選手たちにいつも言っていたのは「どこよりもラグビーを楽しんで、思い切り盛り上がろうぜ！そして、みんなで熱い涙を流そうじゃないか！」ということでした。それこそ学生の時みたいに、決勝戦の前日、メンバーに入らなかった選手たちから、試合に出る選手たちに手紙を送ったんです。熱いメッセージを受け取った選手たちはみんな「もうやめてよ。こんなの送られたらたまらないじゃん」なんて言って、感動の涙を流していました。まさに最高の青春ですよね。そういう学生のような熱さが試合にも出て、それがファ

2008年2月、監督としてサントリーをマイクロソフトカップ優勝に導く
（前列左から2人目）

ンにとっては魅力だったのだと思います。

大切にしたい
カテゴリーごとに異なる魅力

――今年はラグビーワールドカップが開催されるわけですが、このワールドカップ日本開催に尽力したのが、奥克彦さん（故人、早稲田大学出身、外交官）でした。清宮さんは、奥さんとご関係が深かったと聞いています。

学生時代、海外遠征に行くと、試合後のアフターマッチファンクション（試合後、両チームが交流を深めるレセプション）で司会進行役をしていたのが奥さんでした。聞けば、早稲田大学のOBで、しかも同じ関西出身ということで、少しずつ話す機会が増えていった感じでしたね。奥さんは、私が兄貴として慕っている益子俊志さん（元早稲田大学ラグビー部監督、現日本大学教授）と、とても仲が良かったんです。ですから、「兄貴の親友」という感じで親しくなり、私のブレーンのような存在の方でした。

当時から奥さんが熱望していたのが、ラグビーワールドカップの日本開催でした。「日本でラグビーのワールドカップが行われるなんて、夢みたいなことだけど絶対できるよ！」と。つまり、ワールドカップ日本開催の言い出しっぺは奥さんなんですよね。

――そのラグビーワールドカップが、いよいよ今秋、全国12会場で行われます。清宮さんはこのワールドカップをきっかけに、今後、日本のラグビー界はどのような道を歩んでいくべきだとお考えでしょうか？

まず、ラグビーワールドカップは何のために日本で行われるかという視点です。これは、ラグビーという競技の魅力を多くの日本人に知ってもらうことですね。より多くの人々に伝えるために代表チームは勝たなければならないし、熱い試合をしなければなりません。多くの感動を共有できれば、多くの人たちがラグビーを観戦しプレーヤーの数も増えると考えます。プレーヤーの数が増えると世界で戦えるトップアスリートが輩出される確率が高くなり、日本代表が強くなる、という構図が理想なのかもしれませんが、その理想は現実的ではありません。現実をみると、日本人が世界の舞台で戦うのはかなり難しいという事実です。でも、それによりラグビー競技の魅力が半減するかというとそうではないですよね。ラグビーを愛する人たちは、それぞれのカテゴリーでこのスポーツに魅了され胸を張って「ラグビーはすばらしいスポーツなんだ」と言いますよね。

これからの日本ラグビーは世界で一番になることを本気で考え、世界で戦う日本人を輩出する事を諦めず、でも、それがすべてではなく、それぞれのカテゴリーで行われる本気の勝負の本質が損なわれることなく、ラグビーのすばらしさを後世の人々に伝えられることが必要になるでしょう。まずは、ワールドカップにより注目が増す今年、来年に向けて今ある資源を最大限に活かす努力。高校ラグビー、大学ラグビー、トップリーグの観客席を満員にすることをあらゆる方策でチャレンジすることでしょうか。

――ラグビーワールドカップの後、来年には東京オリンピック・パラリンピック、翌2021年にはワールドマスターズゲームズ2021関西と国際スポーツイベントが続きます。そうしたなかで、今後日本スポーツ界が発展していくためには、どのようなことが必要でしょうか？

磐田市の取り組みを例に挙げますと、今や世界トップアスリートとして活躍している卓球の水谷隼選手と伊藤美誠選手はともに磐田市の出身。幼少のころには同じ磐田市の卓球教室で練習をして、そこから世界に羽ばたいていきました。今では2人とも磐田市の「おらが町のスター」ですし、地元の子どもたちにとっては大きな刺激となっています。「あんなすごい選手が、この地元で育ったんだ」となれば、「よし、自分も頑張ってみよう」と意欲がわいてきますよね。こうした成功事例を踏まえると、今後はあえてトップアスリートの出身地を強くアピールして「地元のスター選手」にしていくことも必要だと思います。

――中学校時代にほれ込んで、ずっと関わり続けてきたラグビーとは、清宮さんにとってどのようなものでしょうか？

人生そのものです。ラグビーがあったから、たくさんの人とも出会えましたし、すべてのエネルギーの源になっています。まさに、ラグビーは私の「青春」です。

清宮克幸氏 略歴

	ラグビー関連・世相	清宮氏略歴
1967 昭和42		清宮克幸氏、大阪府に生まれる
1968 昭和43	湯川正夫氏、日本ラグビーフットボール協会の4代目会長に就任	
1969 昭和44	第1回アジアラグビー大会開催。日本は全勝で優勝 アポロ11号が人類初の月面有人着陸	
1970 昭和45	横山通夫氏、日本ラグビーフットボール協会の5代目会長に就任	
1971 昭和46	第1次・高校日本代表のカナダ遠征	
1972 昭和47	椎名時四郎氏、日本ラグビーフットボール協会の6代目会長に就任	
1973 昭和48	全国高校選抜東西対抗試合開始 オイルショックが始まる	
1976 昭和51	ロッキード事件が表面化	
1978 昭和53	日中平和友好条約を調印	
1979 昭和54	阿部譲氏、日本ラグビーフットボール協会の7代目会長に就任	
1982 昭和57	代表キャップ制度を発足 東北、上越新幹線が開業	
1983 昭和58		大阪府立茨田高校に入学。ラグビー部に所属し、1年生時からレギュラーを務める。3年生時には主将として全国大会出場に貢献、全国日本代表主将も務める
1986 昭和61		早稲田大学に入学。ラグビー部に所属し、2年生時には日本選手権優勝。4年生時には主将として全国大学選手権で優勝
1987 昭和62	第1回ワールドカップが開催(オーストラリア・ニュージーランドの共同開催)以後、第7回大会まで日本代表チームは連続出場を果たす	

1990 平成2	磯田一郎氏、日本ラグビーフットボール協会の8代目会長に就任	サントリーに入社。同社ラグビー部の主将を務め、1995年の全国社会人大会優勝、日本選手権優勝に貢献
1992 平成4	川越藤一郎氏、日本ラグビーフットボール協会の9代目会長に就任	
1993 平成5	第1回ジャパンセブンズ開催	
1995 平成7	金野滋氏、日本ラグビーフットボール協会の10代目会長に就任 阪神・淡路大震災が発生	
1997 平成9	香港が中国に返還される	
2000 平成12	IRBワールドセブンズシリーズ日本大会開催	
2001 平成13	町井徹郎氏、日本ラグビーフットボール協会の11代目会長に就任	現役を引退し、早稲田大学ラグビー部監督に就任
2002 平成14	女子ラグビーが日本ラグビーフットボール協会に加入 女子ラグビーは、第4回女子ワールドカップに初参加	
2003 平成15	ジャパンラグビー トップリーグが社会人12チームで開幕	監督を務める早稲田大学ラグビー部が全国大学選手権優勝を果たす
2005 平成17	森喜朗氏、日本ラグビーフットボール協会の12代目会長に就任	監督を務める早稲田大学ラグビー部が再度全国大学選手権優勝を果たす
2006 平成18	ジャパンラグビートップリーグチーム数は12チームから14チームへ増加	サントリーラグビー部監督に就任。マイクロソフトカップ準優勝、トップリーグ2位
2007 平成19		サントリーラグビー部 マイクロソフトカップ優勝を果たす
2008 平成20	リーマンショックが起こる	
2009 平成21	U20世界ラグビー選手権（IRBジュニアワールドチャンピオンシップ2009）開催 2019年ラグビーワールドカップが日本で開催決定	
2010 平成22	2019年ラグビーワールドカップ日本開催組織委員会の設立準備を開始	

2011 平成23	東日本大震災が発生	ヤマハ発動機ジュビロラグビー部監督に就任。
2013 平成25	日本ラグビーフットボール協会が公益財団法人へ移行	
2015 平成27	岡村正氏、日本ラグビーフットボール協会の13代目会長に就任	監督を務めるヤマハ発動機ジュビロラグビー部が日本選手権で優勝
2016 平成28	リオデジャネイロオリンピック・パラリンピック開催 7人制ラグビーが正式種目として実施	
2019 平成31		一般社団法人アザレア・スポーツクラブを設立し、代表理事に就任
2019 令和元	森重隆氏、日本ラグビーフットボール協会の14代目会長に就任	日本ラグビーフットボール協会副会長に就任

第12章

世界の重い扉を開いて日本ラガーマンの悲願実現へ

森 喜朗

mori yoshiro

日本スポーツの発展のために奔走されてきた森喜朗元首相。その功績は多岐にわたり、なかでも日本ラグビー史には欠かすことのできない立役者として寄与されてきました。

「ラグビーに出合えたことが人生で一番の幸せ」と語るほど、ラグビー愛に溢れ、その情熱が世界のラグビー界を動かしました。ラグビーとともに歩まれてきた人生について、そして悲願とされたラグビーワールドカップの招致成功への道のりなど、森元首相にお話を伺いました。

森 喜朗（もり・よしろう）1937年生まれ。金沢二水高校ラグビー部を経て早稲田大学ラグビー部に入部。1969年、衆議院議員に初当選。文部大臣、通産大臣、建設大臣、自民党幹事長などを歴任し、2000年、内閣総理大臣に就任。スポーツの振興にも尽力し、現在、東京オリンピック・パラリンピック競技大会組織委員会会長、日本ラグビーフットボール協会名誉会長、日本トップリーグ連携機構名誉会長、日本スポーツ協会最高顧問を務める。

インタビュー／2019年2月7日、14日　聞き手／佐野 慎輔　文／斉藤 寿子
写真／森喜朗、フォート・キシモト

元ラガーマンとしての意地と亡き後輩の存在

——いよいよ今年、アジアで初のラグビーワールドカップが開催されます。関係者のみなさんにお話をうかがいますと、みなさん口をそろえて、「森元首相のご尽力が大きかった」とおっしゃいます。W杯招致にたいへん大きな役割を果たされたことは周知の事実ですが、その思いからお聞かせいただければと思います。

ラグビーワールドカップを日本で開催するというのは、正直私にとって「男の意地」でもありました。そこにはさまざまな意味が含まれていますが、ひとつは父親（故・森茂喜、元石川県根上町町長、早稲田大学出身）です。私は父親の影響を受けてラグビーが好きになりました。「早稲田大学でラグビーをやる」という夢を抱いたのも、もともとは父親の強い思いがあったからです。しかし、私はその父親の夢を果たすことなく、ラグビー部を辞めてしまった。つまり、私はラグビーを中途半端で辞めた「敗残兵」。自分ではそう思っています。小学生の時からラグビーに夢中で、将来は早稲田大学に入ってラグビーをすることを夢にしてきた私が、実際に早稲田大学に進学をしてラグビー部に入部したにもかかわらず、早くに挫折してしまった。そのことが本当に悔しいんですよ。あの時は、自分を責める気持ちが大きくて、もう大学も辞

右から父・茂喜、祖父、母。母の膝に抱かれているのが1歳の喜朗

めようとまで考えて、毎日飲んだくれていました。とにかくお世話になった人たちに申し訳ないという気持ちでいっぱいだったんです。それで、父親の大学の後輩でもある当時早稲田大学ラグビー部の監督だった大西鐵之祐先生のところに行って「先生、私は大学を辞めます」と言いました。そしたら「親父さんは何と言っているんだ?」と聞かれたので、「辞めると言ったら引っぱたかれると思っていましたが、親父は何も言いませんでした」と答えました。するとと大西先生がこう言ってくれたんです。「お前の親父はそういう人だよ。そんな親父をこれ以上苦しめてはいけない。何が早稲田だ、何がラグビーだ。そんなことでお前の人生がすべて決まるわけじゃないんだ。ラグビーを見返してやろうじゃないか」と。要は「ラグビーに恩返ししなさい」ということを大西先生はお

っしゃってくれたんです。それが私の「意地」になっているというわけです。

――大西先生というのはたいへん魅力的な方で、私は大学時代に体育社会学の講義を受けたり、取材でお目にかかったくらいでもそう思ったのですが、森さんにとって、大西先生とはどのような存在だったのでしょう？

父親から「イギリス型の紳士のスポーツであるラガーマンとはこういうものだ」という話を子どものころよく聞いていましたが、「ああ、なるほど。こういう人のことを言うんだな」と初めて実物として見たのが大西先生でした。麻布（東京都）にある大西先生のご自宅に初めてうかがった時に、田舎から出てきた私は随分と文化の違うところに来てしまった、と思いましたよ。ご自宅は決して大きくはありませんでしたが、庭に芝生が敷き詰められていて、そこにいつも学生たちが来て、先生といろいろな話をしていました。それを見て「ああ、いいなあ。これがヨーロッパの文化なんだろうなあ」と思ったものです。また、大西先生は大学の先輩である私の父親を非常に大事にしてくれました。それが嬉しかったですね。ですから、私は大西先生が大好きでした。

――そんな大西先生のお言葉をきっかけに、ラグビーとは違う道を行くことを決断されたんで

大西鐵之祐（左）と日比野弘

すね。

まあ、そこからどうなって今があるかというと、果てしない旅が続いたわけだけれども、結局人生はラグビーと同じですよ。私はスタンドオフ（パス、キック、ランでゲームをコントロールし司令塔の役割を担うポジション）だったけれど、予測できないボールをどう処理するかを判断するのが仕事でした。人生も予測できないものですが、その時々で自分で判断した結果、国会議員となりました。そして議員になったからには、ラグビーというスポーツで育った自分は「スポーツ振興に注力しよう」という気持ちがありました。それでラグビーの普及にも力を入れてきたということです。

とはいえ、まさか自分が日本ラグビーフ

ットボール協会の会長になるとは思ってもいなかったですよ。私を会長に押し上げたのは早稲田大学の先輩である日比野弘さん（元日本代表監督、２０１１年ラグビーワールドカップ招致委員会委員長）ですが、私自身は多少ラグビー経験があるものの、ラグビーの聖地である花園ラグビー場（２０１５年４月より東大阪市花園ラグビー場に名称変更）や秩父宮ラグビー場でプレーした経験はありません。そんな私が日本ラグビーフットボール協会の総帥になっていいのかと悩みました。ただ、もう一方では、政治家としてやってきたという自負心、一国の総理大臣を務めたという自信もありました。そう考えると、長い間、日本のラガーマンたちが一番に望んできたであろう「ラグビーワールドカップの日本開催」を実現させることは私の仕事だろうと思ったんです。それもまた、「男の意地」というわけです。

――これはいろいろなところで書かれたり、話されたりしていますが、森さんがラグビーワールドカップ招致に並々ならぬ思いを抱かれていたもうひとつの理由として、大切な存在がいらっしゃいますね。

奥克彦（故人、早稲田大学出身、外交官）くんですね。奥くんの気持ちを思うと、「何としてでもラグビーワールドカップ招致を成功させなければ」という気持ちになりました。「こんなところでくじけてちゃいけない」と。

奥克彦（右）と大東和美

――奥氏とは、どのように知り合われたのでしょうか？

大西先生からの紹介でした。ある日、大西先生からご丁寧なお手紙をいただきまして、「君の後輩に奥克彦という人物がいる」と書かれてあって、経歴も記されていました。それで、こう書かれていたんです。「彼はラガーマンとしてがんばってきたが、思うところがあって外交官になると決めたようだ。しかし、ラグビーと外交官の2つを追うことは難しいと彼は判断した。私もそう思う。つまり、君と同じようにラグビーとは違うところでの志が彼にはある。そこで私は先輩である君の話をした。同じような志を持った森喜朗という先輩が、今では国会議員になっている。その先輩を見習ってしっかりやりなさい、と。だから今後何かあった時には、彼の力になってほしい」と。奥くんはイギリスのオックスフォード大学に留学をしていて、その写真も一緒に同封されていました。その手紙を読んで、一度彼に会いたい、と思っていたのですが、しばらくは私が彼に会って何かをするということはありませんでした。

――実際に奥氏にお会いになったのは、いつごろのことだったのでしょうか？

私が総理大臣に就任した時（２０００年）に、突然、奥くんが勢いよく官邸に飛び込んできたんです。当時、彼は国連政策課長を務めていました。普通、官邸で総理大臣に直接話ができるのは、担当省庁の局長以上の者だけで、複数人で会わなければいけないという決まりがあるんです。当時、官邸には秘書官が4人いまして、外務省、大蔵省（現・財務省）、通産省（現・経済産業省）、警察庁からひとりずつ配属されていました。ですから、例えば外務省の高官が総理大臣である私に会う時には、外務省出身の秘書官が同席するんです。当時の外務省出身の秘書官は、昨年まで駐米大使を務めていた佐々江賢一郎さん（現・日本国際問題研究所理事長兼所長）でしたが、必ず佐々江さんが窓口になり、同席していました。

ところが、奥くんはそういう面倒なことをしなくても勝手にひとりで官邸に来て、総理大臣である私に会うことのできる数少ないひとりに、いつの間にかなっていたんです。もう最初か

首相として初の所信表明演説（2000年）

ら「先輩、入ります！」と言って、ポンとドアを開けて秘書官たちに「先輩はいます？」と（笑）。そんな感じだから、私も「出て行け」とは言えませんからね。まあ、そうやって彼が来た時にいろいろと話をしたのですが、そのうちに彼が話し始めたのがラグビーワールドカップのことだったんです。もうすでに彼はイギリス勤務中にいろいろな国と打診をしてきていて、そのなかでわかったのは「どの国も、イギリス中心で、あまりにも保守的なラグビー界への不満が募っている」ということでした。それで奥くんは「先輩、ぜひ日本にラグビーワールドカップを招致して、保守的なラグビー界に一石を投じましょう」と提言してきました。私と奥くんとの深い親交が始まったのはそれからでした。

２００１年に内閣総辞職をした時には、奥くんは寂しそうに「先輩、もう私、やる気を失っちゃいました」と言ってくれていましたね。しかし、その後「もう一度、私をイギリスに送ってください」と言ってきたんです。私が「イギリスに行ってどうするんだ？」と聞くと、「もう一度、ワールドカップ開催に向けて動いてみたい」と。私もそれには賛成でしたから、奥くんをイギリスの日本大使館に送るためにいろいろと動きました。結局、その時は公使として行ったのですが、外務省はラグビーワールドカップに公使である奥くんが動くことに対して、最初は難色を示したんです。そこで私が「まあ、せっかく行ったのだから、やらせてやってくれ」と。それで、奥くんは積極的にいろいろな国を訪れて、ラグビーワールドカップ日本開催の道を拓こうとしたんだが、それが悪い方向に行ってしまった。

――2003年、奥氏は戦争真っ只中のイラクに支援活動のために行かれました。

彼はイラクに何度か行くうちに情がわいたのか、イラクに一生懸命になり過ぎてしまったんです。イギリスから一時帰国した時、私に会いに来てくれたことがあったんだが、その時に「先輩、私、イラクに行くことにしました」と。「でも、君はイギリス勤務なんだから、イラクに行くなんて無理だろう」と言うと、「それがいい方法があるんです。長期出張扱いにしてもらえば行けるんです」と言うんですよ。それで私は「確かにそういう方法はあるかもしれないが、それにしても、なぜそこまでしてイラクに行きたいんだい？」と聞きました。彼はこう言っていました。「先輩、イラクに行ってみたら、日本人はひとりもいなかったんです。他国はあの危険な情勢のなかでも各自の国旗を立てて、戦火のなかを子どもたちを助けたりしてがんばっているというのに、日本だけは何もしていない。それを知って、私はとても悔しかったし、そして恥ずかしかったです」と。彼の言う通り、戦争がおさまった時、イラクは「戦争は終わった。ありがとう」というお礼の言葉を各国の新聞に出したのですが、日本にだけはありませんでした。経済的支援は日本が一番だったにもかかわらずです。奥くんは「お金を出すことも大事だけれど、やっぱり一番は人なんです。日の丸が見えなければ、支援したことにはならない。

だから私が行くんです」と言っていました。

しかし、今では後悔していますが、当時私は「それはとてもいいことだ。じゃあ、しっかりやってきなさい」と言って送り出してしまった。そうして、彼は外務省が「危険地帯」として警笛を鳴らしていたイラクへと行きました。その後、イラクの情勢はさらにひどくなっており、私も心配していました。すると、ある日の早朝に佐々江さんから電話があって、「まずいことになりました」と。「どうした？　誰か亡くなったのか？」と聞くと、「奥くんです」と言うんです。「え！」と驚いて飛び起きましたよ。佐々江さんが言うには「まだ詳しい情報は入っていませんが、日本人2人が死亡し、そのひとりが奥くんのようです。詳細はまたお知らせします」と言って、電話が切られました。２００３年11月のことです。その時、私はひどく後悔しました。「あの時、俺が『行かしてやってくれ』なんて外務省幹部に言わなければ良かった。奥くんのイラク行きを手伝った自分もまた彼を殺してしまったひとりなんだ」と。この出来事が、ラグビーワールドカップ日本開催の実現に向けてさらに強い精神的支柱となりました。「奥くんが果たせなかったことを、何としても自分がやらなければ」と心に誓ったんです。

一国の総帥が投じた一石が世界を動かすきっかけに

――初めてラグビーワールドカップの招致に挑んだ2011年大会は、2票差で日本を上回ったニュージーランドに決定しました。その翌日、当時日本ラグビーフットボール協会会長の森さんがものすごい剣幕で、国際ラグビー評議会（IRB：2014年にワールドラグビー（WR）に名称変更）の会長に、ラグビー界の保守的な態度、体制はおかしいと意見具申されたとうかがいました。

今は変わりましたが、当時のラグビー界はひどいものでした。「紳士的スポーツ」と謳っていながら、中身はまるで違っていたんです。当時、IRBには21名の理事がいたのですが、その投票権の割り当てがひどかった。IRB創設協会であるイングランド、スコットランド、ウェールズ、アイルランド、フランス、オーストラリア、ニュージーランド、南アフリカからは2名ずつの理事がいたので、投票権も2票ずつありました。つまり、この8ヵ国・地域で過半数の16票を占めていたんです。翻って、アルゼンチン、イタリア、カナダ、日本からは理事が1名でしたから1票ずつしか割り当てられていませんでした。残りの1票はFIRA（ヨーロッパラグビー機構）が持っていました。そんなとんでもない仕組みを初めて知って「こんなバ

ラグビーワールドカップ日本招致活動（右から2人目）

カな話があるか！」と憤慨しましたよ。いわゆる旧大英帝国が束になれば、簡単に過半数が取れてしまう。そんなひどいことをやっていたんです。

――そこで、森さんが一喝したわけですね。

一喝したというよりも、正直に言えば、腹いせみたいなものですよ。これまで私が抱いてきたラグビーへの尊敬と畏敬の念が失われて、「こんなものに対して憧れを抱いていたのか」と思うと、悔しくして仕方なかったんです。当時は「もうこれで（日本ラグビーフットボール協会会長の）お役御免」のつもりでいたこともあって、「これはしっかりと言っておかなければ」と思いました。それでシド・ミラーＩＲＢ会長

ラグビーワールドカップ日本招致活動で眞下昇（右）と打ち合わせ

（当時）が、私たちが日本に帰国する前の最後に時間をつくってくれるというので、乗り込んでいったわけです。そして、こう言いました。「国連では、経済大国のアメリカや中国も、小国のフィジーやトンガも、すべて平等に1票ずつです。なぜ、ラグビーの世界だけが、力のある国が2票で、そうではない国が1票しかないのでしょうか。これが民主主義の先導国であるイギリスがやることですか？　こんな時代錯誤的なことをしていることが世界に知られたら、恥ずかしいですよ。今すぐ改めなさい」と。

そして、「ラグビーというのは、15人全員でボールを運ぶスポーツです。フォワード（スクラムを組む8人。ボールの争奪戦でボールをキープしたり、奪ったりしてボールをつなぐポジション）だけでボールを運ぶラグビーなんて、つまらないでしょう。やっぱりウイング（バックスの両翼に位置し、快足を飛ばしてトライを狙うポジション）まで、ボールが広く展開されていくから面白いんです。そのラグビーの本家であるあなた方が、世界に展開せずに内輪だけでやっているなんて本末転倒というものです。そんなことをしていたら、必ずラグビー界は衰退していきますよ」と、はっきりと申し上げました。そうしたところ、イギリスのある新聞には「（ラグビーワールドカップ開催地を）ウイングまで広げろ」というタイトルの記事が掲載されたんです。

――その意見具申が、世界のラグビー界を動かし、ＩＲＢがワールドラグビーへとなる最大の転機となりました。これは当時の日本ラグビーフットボール協会専務理事の眞下昇さんがおっしゃっていましたが、あの時、ミラー会長は、森元首相がおっしゃった正論に恐れおののいていたと。

イギリスのような民主主義が発達している国というのは、やはり一国の総帥である総理大臣に対して尊敬・畏敬の念を抱いているなと感じましたね。ですから、その元総理大臣が日本ラグビーフットボール協会の会長を務めているということが大きかったと思います。私個人にというよりも、日本の総理大臣ということに非常に重きを置いてくれていたのではないでしょうか。実際どこに行っても、私とは必ずみんな会ってくれて、話を聞いてくれましたからね。

――ただ、ニュージーランドに2票差で敗れ、悔しい思いで帰国されたと思います。すぐに「次は2015年だ」という話になっていったのでしょうか？

当初、私はもう日本ラグビーフットボール協会会長を辞めるつもりでいましたから、「あとはみんなでどうするか考えて下さい」と言っていたんです。しかし、ラグビー界を変えるには、そう簡単に辞めることはできないなと思い直しました。というのも、私がミラー会長に正論を述べたことをきっかけにして、世界的に「ラグビー界も変わっていかなければいけない」というふうになっていったんです。それで私はＩＲＢにまず「アジアにまでラグビーワールドカップを広げてほしい」と提言しました。そしたらＩＲＢの理事たちから「ところで、いったいアジアにはラグビーをやっている国はいくつあるんだい？」と聞かれました。登記上、アジアは38カ国がＩＲＢに加盟していたのですが、私がその半分ほどの国に視察に行ったところ、ラグビーができる環境はまったく整っていませんでした。ラグビーのボールもスパイクもない、なんて国もよくあったんです。環境が整っていたのは、香港、マカオ、シンガポールくらい。カンボジアやベトナムに行くと「道具がないから、なんとかしてほしい」と頼まれました。それで帰国後に日本のトップリーグの選手たちが使用していたジャージやスパイク、ボールなどを

日本ラグビーフットボール協会役員等と（中央）

かき集めて各国に送りました。実はそれが現在外務省などで行われている「スポーツ・フォー・トゥモロー」※に派生していくんです。ラグビーで成功したことで、東京オリンピック・パラリンピックの招致の時にも政府が取り上げて、「みんなでスポーツを応援していこう」という活動となったわけです。

――そうした活動もあって、2019年大会の招致に成功したわけですが、実際の〝票取り合戦〟はどのようなものだったのでしょうか？

いやあ、すごいものでしたよ。あまりオープンにはできませんが、当初日本としては「あと2票あれば勝てる」という計算でいまして、そこでウェールズを説得しようとしたんです。ウェールズの協会幹部とパリで話し合いの場を設

※「スポーツ・フォー・トゥモロー」とは、開発途上国など100カ国・1000万人以上を対象とした日本政府が推進するスポーツを通じた国際貢献事業。

森元首相（取材当日）

けたところ、ウェールズのラグビーの聖地と言われている「ミレニアム・スタジアム」のネーミング・ライツを買ってくれる企業を探してほしいと言われました。彼らが狙っていたのは、日本の自動車メーカーの高級車ブランドだったのですが、破天荒な金額を言ってくるわけです。「ネーミング・ライツの契約が成立すれば、本当に日本に2票いただけますね？」と念押しすると、「間違いなく日本を支持します」と。それで、その場ですぐにその自動車メーカーの会長に電話を入れました。すると「森さん、それだけの金額を今即座に返事しろというのは、いくらなんでも無理ですよ。もう少し詳しい説明が必要です」と言うので、「じゃあ、今から帰るから」と言って電話を切って、同席をしていた眞下昇（当時、ラグビーワールドカップ招致委員会委員長）には「逃げないように見張っていて下さい」と言い残して、その日に日本に帰国しました。すぐに会長に会って話をしたところ、まだネーミング・ライツがそれほど盛んに行われていない時代でしたから、ヨーロッパ支社だけでそれだけの金額を出せば、税法上、何か隠蔽しているんじゃないかとうるさく言われるだろうと。そこで会長からは「とりあえず半額で契約をして、後々、『お金がなくなったから』と言ってほかの日本企業に話を持っていけば大丈夫ですよ」という提案があったので、「じゃあ、それでいきましょう」ということになりました。「これはいい方向に進みそうだ」と思って、とんぼ返りでパリに戻りました。ところが、現地に着き、約束のホテルに向かったのですが、眞下さんから「ウェールズの幹部がみんないなくなってしまいました」と言われたんです。部屋をノックしても応答がないし、何時間待ってもホテルに戻ってこないんだと。結局逃げられてしまったというわけです。

――結局、2011年大会はニュージーランドが開催権を得ますが、ウェールズはニュージーランドの会社と契約したのでしょうか？

毎年、オーストラリアとニュージーランドは帯同して各国に遠征するのですが、その時に試合の興行権を売るんです。興行権のある国は、その試合での収益をすべて得られますから、どの国も欲しがるのですが、ウェールズはネーミング・ライツではなく、その興行権の話に乗っかったようです。つまり、単年度でキャッシュが欲しかったんですね。笑えない笑い話でもありました（笑）。

——その後、2009年のIRBの理事会で2015年大会はイングランド、2019年大会は日本と史上初めて2大会同時に決定しました。これはどのような経緯だったのでしょうか？

ロビー活動で各国を回っていてよくわかったのは、イングランドがいかに嫌われているということでした。特に連合王国のスコットランド、ウェールズ、アイルランドは、絶対にイングランドにだけはやらせまいという気持ちがあるんです。ところが、2015年大会の招致で手を挙げていたのは、その嫌われ者のイングランドと、アジアから殴り込みをかけるかのようにやってきた日本ということで、どちらもいい顔はされていない者同士でしたから、他国も「もう仕方ないから、2015年と2019年はイングランドと日本でやりましょう。どちらが最初にやるかは、本人たち同士で決めて良し」ということになったわけです。それで私は2019年を推しました。というのは、まだ当時、日本の経済が立ち直っていない時期でしたので、少しでもあとの方がいいと踏んだんです。でも実際、2019年にして良かったなと思いましたよ。2015年では、経済的にも気運を高めるにも、少し厳しかったんじゃないかなと思います。

自宅療養中の父・茂喜（右）と、1歳の喜朗

「早慶戦」で魅了されラガーマンの道へ

――森さんの子どものころの話をおうかがいしたいと思います。もともとは野球少年だったとうかがっていますが、ラグビーに初めて触れたのはいつだったのでしょうか？

あの時代は野球しかなかったというほうが正しいですね。それも野球といっても、ビー玉に糸を巻いて食用ガエルの皮で包んだのをボールにしていたころの時代です。ほかに遊ぶものなんてなかった。ただ、父親のおかげで、私はラグビーボールは物心ついた時から目にしていました。父親は昭和8年（1933年）に早稲田大学を卒業し、「支那事変」が始まった昭和12年

引退した双葉山関（前列右）を自宅に迎えて（前列中央。その左は父・茂喜）

（1937年）の前年に召集されました。私が生まれたのが昭和12年ですから、私は終戦で戻ってくるまで、父親の顔を一度も見ることなく育ったんです。ただ、自宅の玄関には革製のキャッチャーミットとラグビーボールが飾ってあった。幼少のころはそれが何かはわかりませんでしたが、終戦になって、昭和21年に父親が戻ってきた時に初めて「これは野球のミットで、これはラグビーボールだ」と教えてもらいました。あのころ、田舎でキャッチャーミットどころか、革のグローブを持っている子どもなんて私くらいでした。まあ、それで小学生のころはキャプテンになれたようなものですよ（笑）。一方、ラグビーボールはよくわかっていませんでしたね。ただ、終戦前に母親が亡くなる際「これはお父さんが大事にしていたもので、あなたが大きくなったら渡すようにと言われていたものですよ」と言い残していたんです。正直、楕円形のボールが何なのか、よくわかっていませんでした。小学校2年生のころでした。

――ラグビー自体を見たことはあったのでしょうか？

ずっと見たことがありませんでした。初めて目にしたのは、昭和23年（1948年）、小学4年生の時。その年の夏に早稲田大学ラグビー部が私の地元に合宿に来たんです。当時は終戦からわずか3年でしたから、まだまだ食糧が乏しい時代でした。それもラグビー部員は大きな体格で食欲が旺盛な者ばかりが40～50人もいたんです。それで早稲田大学の先輩である私の父親は世話好きの性格でしたから、おそらく調子よく「うちの田舎に来なさい」と言ったんでしょうね。それで選手たちは地元の小学校に寝泊まりをして練習をしていました。一方、私の自宅には当時総監督の西野剛三さんや大西さんらコーチが泊まっていましたので、ラグビーで始まってラグビーで終わるというくらい、一日中ラグビーに触れる毎日でした。なにしろラグビーを見るのが初めてでしたから、選手たちがぶつかり合ったりしているのが面白くて仕方なかったんです。自宅に帰れば大西先生たちがラグビーの話をしているのを横で聞いたりして、「なんだかわからないけれど、みんな楽しそうだなあ」と思っていました。ただ合宿ですから、みんな汚い練習着を着ていましてね。終戦直後ですから、ふんどしひとつの選手もいましたから「なんて汚いんだろう」と思っていました。それから、怖いというのもありましたね。当時の部員に橋本晋一という選手がいまして、みんなから「ターザン」と呼ばれていたのですが、彼はロシア系で身長１８０㎝あったんだけれども、その巨体でドーンと思い切りぶつかっていくわけです。その迫力といったら、もう恐ろしかったですよ。ですから「いやあ、父はラグビーをやれと言っているけれど、オレはこんな汚くて、怖いのはやりたくないなあ。まともな人間がやることじゃないよ」と思っていました（笑）。

　ところが、その年の夏に初めて見た試合でラグビーの虜になってしまったわけです。金沢市（石川県）でオープンゲームとして早慶戦がありまして、その時に早稲田大学のえんじと黒のジャージ、慶應義塾大学の黄色と黒のジャージとが混ざった鮮やかな光景に目を奪われました。「うわあ、小学校で見たお兄ちゃんたちとは全然違う！」と。あんなに泥だらけで汚かった選手たちが、パリッとジャージを着こなしているんですからね。「こんなに変わるのか」と衝撃を受けました。そして「ラグビーって、こんなにかっこいいんだ。よし、オレもラグビーをやるぞ！」となったわけです。試合後に父親が「どうだ？　面白かっただろう？」と言うので、「面白かった！　僕もやりたい！」と言ったんです。そしたら「ラグビーをやるのは大変だぞ。しっかりやれよ」と言われたのを覚えています。

――中学校を卒業して、ラグビーをするために金沢二水高校（石川県）に進学されました。

いわゆる越境留学でしたが、普通は勉強のためにするものなんでしょうけれど、私はラグビーをするために越境留学をしました。汽車で通学をしていましたから、朝6時ごろに自宅を出て、1時間かけて金沢市まで行っていました。とにかくラグビー命でしたね。

――当時、金沢二水高のラグビー部は県内随一の強豪校でした。

あのころは石川県内にラグビー部がある高校は5つほどしかありませんでした。そのなかでは、ライバルがいないというほど圧倒的に強かったですね。実は、金沢二水高のラグビー部は私の父親が指導してつくったんです。

――ポジションはスタンドオフでしたが、ご自身で希望されたのでしょうか？

野球ではキャッチャーをやっていましたから、司令塔というポジションが合っていたんでしょうね。それと結構、私はキックが巧かったんですよ。スタンドオフは勘というものが非常に重要なポジション。激しい試合でも常に冷静に相手のウィークポイントを見つけてチームを動かすのがスタンドオフとしての一番の面白さでしたね。自分のキックでフォワードを走らせ、

金沢二水高校時代

バックス（最前線でパスなどでボールをつないだり、サインプレーを駆使するなどしてトライを狙うポジション）にどうつないでいくか。そして一番の理想は、最後に自分がボールを取って、トライすると（笑）。

――残念ながら花園で行われる全国大会には行けませんでした。

当時は、花園には北陸の3県（富山県、石川県、福井県）から1校しか行けなかったんです。それで、いつも北陸地区の決勝で魚津高校（富山県）に負けていました。ただ、私の父親が「第三者的に公平に見ても、喜朗たちの代が一番強かった」と言ってくれました。それが嬉しかったですね。とはいえ問題の多いチームでしたよ。私が2年生の時には「喫煙事件」がありました。3年生の先輩はほとんど煙草を吸っていたんです。古い校舎でしたから、のこぎりで部室の床をくりぬいて、そこに煙草の吸殻を隠していました。それである日、部室に入ったら校長先生が立っていたんです。みんな「まずいな」と思いましたが、案の定、校長先生は穴が開いている床を指して、「これは何だ」と。

結局、煙草を吸っていることがばれてしまったんです。煙草を吸っていたのは3年生でしたが、私たち下級生も含めて部員全員が校長室に呼ばれまして、「ラグビー部は当分の間、休部だ」と言われてしまいました。ところが、その後に生徒指導課長の先生に私ひとり呼ばれて「こんなことになって、君はお父さんに対して恥ずかしくないのか？」と言われたんです。その通りだな、とは思いましたが、私がやったわけではないですから「でも、仕方ないです」と答えました。そしたら「ひとつだけ条件を出す。君がキャプテンになって、もう煙草を吸わないという実績が残せたら、本校の校技と言われているラグビー部の活動を認めてあげよう。ただし、ひとりでも吸っている者がいたら、今度は休部ではなく廃部だからな。どうだ、やれるか？」と。そう言われたら、やるしかないでしょう。やらなければ、ラグビーができないわけですから。ですから「はい、やります」とキャプテンを引き受けました。それで部員全員を集めて「煙草を吸うなとは言わない。学校の外で吸う分には好きなだけ吸えばいい。ただし、校内では絶対に吸わないようにしてくれ」と言いました。それでもやっぱり、我慢できずに吸う選手はいましたね。ラグビー部は廃部にはなりませんでしたが、見つかった選手は優秀な選手でも退部させました。

――高校卒業後、子どものころから憧れ続けてきた早稲田大学ラグビー部の一員になられまし

早稲田大学時代

た。
嬉しかったですよ。ですから意気揚々と入部したわけですが、言い方は悪いけれど、まったくと言っていいほどチャンスをもらえませんでした。もう初めから「今年はこのポジションには誰々」というふうにすべて決められてしまっていて、一軍、二軍、三軍とありましたが、三軍にさえも入れてもらえない我々のような「その他大勢の選手」には、いつまでたっても何も声がかからなかったんです。いつもボール拾いのようなことばかりさせられていました。それに耐えるべきだったのかもしれないけれど、やっぱりラグビーをするために入ったわけですから、だんだんとイライラが募りまして、それが胃にきて体調を崩してしまったんです。それで大西先生に相談すると「少し休みなさい」と言われました。でも、それでなくてもメンバーに入れてもらえないのに、休んでしまったらなおさら入れてもらえなくなってしまう。それで「もう、だめだな」と思ったんです。今思えば、少し結論を出すのが早すぎたかもしれないけれど、その時は「いつまでたっても状況が変わらないのに、続けていても仕方ない。ここでラグビー以外の次の道を考えなければいけないな」と思いました。もし、その時にやめずに最後まで続けていたら、どこかのタイミングで起用してもらって、大学卒業後はラグビー部のある企業に就職できたかもしれません。ただ、あの時に辞めたからこそ、こうやって政界に進出して、総理大臣にまでなったわけで、人生というものは本当にわからないなと思いますね。だから高校生や大学生に講演でよく言うのは「人生というのはラグビーボールみたいなもの」ということ。「予想した通りにボールは転がらず、思いがけないところに飛んでいってしまう。それでも繰り返し練習をしていくと、自然とボールが落ちてくる先に体が行くものだし、体が行く方向にボールが弾んでくれるもの。それを会得するには、練習あるのみ。つまり、人には必ずチャンスが訪れるのだから、希望を持って諦めずに人生を歩みなさい」と。

市民に根付いている「ラグビーの町」としての誇り

――大学卒業後は、産経新聞社に入社されて、１９６９年に衆議院議員に初当選されました。政界に入ってすぐに教育問題を旗印に掲げられました。

衆議院初選挙で応援に訪れた岸元首相（中央）。その左が喜朗（小松駅前、1969年）

「教育」という言葉はあまり好きではなくて、私がやろうとしたのは「人づくり」。人間というのは人や環境によって人間形成されます。なのに、現在の子どもたちはかわいそうですよ。小さいころから「勉強しなければ、良い高校、良い大学に入れない」と言われて、机に向かわされてばかりですからね。本当はどの子にもいろいろな才能があるはずなのに、その才能を見る前に大人は「この問題を解きなさい」と言うわけです。こういう人間教育をやっている限り、この国の将来はないなと、私は思います。確かに、今の若い人たちには「優秀な人」はたくさんいます。ただ、私から言わせれば「賢い人」は少ない。そういうなかで、スポーツの重要性を感じています。もちろん、野球やサッカーでもいいのですが、なかでもラグビーというスポーツには、「助け合うこと」「信頼をすること」「犠牲的精神」「勇気」という人間形成の総合的な要素が詰まっている。これらを備えて社会に出たら、必ず立派な賢い人間になりますよ。しかし、これらは学校ではなかなか教えることはできない。だからこそ、スポーツをすることが大事なんです。

現在、日本には子どもたちが裸足で自由に駆け回れるグラウンドが少ないですよね。なぜ、オーストラリアやニュージーランドのラグビーが強いかというと、そこら中に芝生のグラウンドがあるからです。私がラグビーワールドカップを招致して良かったと思うのは、12の開催都市に立派なラグビー競技場が用意されたことです。そこで子どもたちが思い切り走り回ってくれたらいいなと思っているんです。それこそが、ワールドカップ開催のレガシーとなります。

この歳になって改めて思うのは、私の父親は立派な人だったなということ。若い時代をほとんど戦争に奪われて、何を楽しみに生きていたかと言えば、やっぱり息子である私なんですよね。ところが、中途半端にラグビーを辞めてしまって、父親の楽しみを私自身が奪ってしまった。本当に申し訳なかったなと今ごろになって気がつきました。ですから、いつか冥土で父親に会った時には「親父、ちゃんと自分がやるべきことをやってきたよ。日本でラグビーワールドカップを開催して、これだけ盛り上がったよ」と報告したいなと思っているんです。

——そのラグビーワールドカップが、いよいよ今年開催されます。全国12会場で行われるわけですが、特に森さんは釜石市（岩手県）への強い思いを述べておられました。「日本でラグビーワールドカップを開催するのに、釜石市でやらないという選択はない」と。

何も釜石市を特別視しているわけではないんです。ただ、ラグビーにおいて釜石市を無視するわけにはいかないと。釜石市は２０１１年の東日本大震災で大きな被害を受けました。さらに、かつては実業団ラグビーの黄金時代を築き上げた新日鐵釜石の母体であった新日鐵が２００１年にスポーツ事業の見直しを理由に撤退しました。にもかかわらず、その後、ラグビー愛好家が集まって、「釜石シーウェイブスＲＦＣ」としてチームは再始動した。今ではトップリーグで活躍していた選手が第一線から退くと、「仲間に入れてくれ」とシーウェイブスに入って、楽しみながらラグビーをやっていますよね。やっぱり釜石市は「ラグビーの町」。形は変わってもラグビーへの愛情は消えなかったんです。

——ただ、被災地がラグビーワールドカップの開催地として手を挙げることは、簡単なことではなかったのではないでしょうか？

震災後、釜石市を訪れると、野田武則釜石市市長が「森さん、この釜石でラグビーワールドカップをやらせてください」と言ってこられたんです。でも、現在「釜石鵜住居復興スタジア

釜石がラグビーワールドカップ日本の国内開催都市に決定（2015年）（写真提供：釜石市）

ム」がある場所は、津波に襲われた小学校の跡地で、当時は荒地があるだけでしたから、「この状態で、どうやって競技場をつくるんだい？」と言いました。そしたら「それをつくるのが政治家でしょう」と言われてしまいましたよ。「うん、まあ、そうだな。できる限りのことはしてみよう」と言って、競技場建設に向けて動き始めたんです。

――釜石市に行くと、「あの時、森さんが動いてくれたおかげ」と感謝の言葉をよく耳にします。

ただ、当時は反対の意見も随分とありましたよ。「こんな大変な時に、ラグビーワールドカップどころじゃないだろう」と。でも、すっかり寂しい町になってしまった

東大阪・花園ラグビー場（写真提供：花園ラグビー場）

釜石市に活気を取り戻すには、やっぱりラグビーしかないわけですよ。だから本当に良かったと思います。釜石市だけでなく、熊谷市（埼玉県）や東大阪市（大阪府）もがんばってくれて、立派な競技場ができましたよね。花園競技場がある東大阪市は野田義和市長が「ラグビーW杯を日本で開催するというのに、高校ラグビーの聖地である花園で試合をしないなんて考えられない」と言って、近鉄から花園を買い取りました。というのも、当時の競技場のままではラグビーワールドカップの試合をする基準には達していませんでしたから、大規模な改修工事が必要でした。ところが、当時は近鉄という企業の所有物でしたから、公的資金を投入することができなかったんです。そこで私が野田市長に「どうする？」と言ったら、「買いましょう。費用はなんとかします」と言ってくれました。結局、市民からも反対の声はほとんど聞かれなかった。やっぱり東大阪市民はラグビーの聖地があるということに対して誇りを持っているんですよね。

熊谷市もそう。特に関東圏内のラグビーにとって、熊谷スポーツ文化公園はなくてはならない場所。園内には3面あって、一度に3試合を行うことができ、本当に助かっていた。「その熊谷市でラグビーワールドカップの試合を招致しないなんて、どう市民に説明するのか」と、富岡清熊谷市市長も立ち上がってくれた。ただ、ラグビーワールドカップの試合をするためには、拡充しなければならず、膨大な費用がかかった。それをどうするかというのが問題でした。そうしたところ、上田清司埼玉県知事が「それでは、県がその費用をもちましょう」と言ってくれたんです。国立競技場の完成が間に合わず、横浜市の会場で決勝をすることになったのも、黒岩祐治神奈川県知事の協力があったからこそでした。結局は、やっぱりきちんと判断、決断することのできるリーダーがいるかどうかが重要だということです。

――では、ラグビーワールドカップの成功とはどういうものだとお考えでしょうか？

まずは12の開催都市の競技場が満員の観客で沸き返ること。そしてラグビーというスポーツが日本に根付き、野球、サッカーとともに日本の「3大スポーツ」だというふうになること。

もうひとつ、本音を言えば、日本代表チームが世界の強豪国に対抗できるような強いチームになること。ただ、これは現実的に言えば、もう少し時間がかかるだろうなとは思いますが、「日本も強くなったね」と言ってもらえたらなと。ベスト8に入ってくれれば最高ですが、それが叶わなくても、「惜しかった。でも、本当に強くなったね」というようなことを、日本国内からも海外からも言ってもらえるような試合をしてもらいたいと思います。

――また、今大会はアジアで初のラグビーワールドカップ開催ということも重要な意味を持っています。これから日本はますますアジアのラグビー界を牽引するリーダー役が求められていくのではないでしょうか。

　私が日本ラグビーフットボール協会会長を務めていた時にＩＲＢの総会で述べたのは、アジアにラグビーを普及させていきたいということ。アジアでは国同士での衝突があるけれども、それこそ衝突はラグビーでやればいい。それは私自身が大西先生に教わったことですが、それを伝えるために、ラオス、カンボジア、インドなどを回りました。そうすると、どこの国でもラグビーへの期待は大きいんです。普及拡大にはまだまだ時間を要すると思いますが、将来、アジアのどこに行ってもラグビーが盛んに行われているというようになれば、日本でラグビーワールドカップを開催したことが、世界のラグビー界にとって新たな歴史の一歩となることは

日本ラグビーフットボール協会会長時代、代表キャップ授与式（中央、2014年）

間違いありません。

――アジアで普及を進めていくには、やはり金銭的支援も日本はしていく必要があるのではないでしょうか。

これはスポーツ界全体に言えることですが、もっとスポーツ振興くじ※の「toto」や「BIG」を拡充して手厚いものにしなければいけないと思います。totoが導入された当初は、「文部科学省が博打をやるのか」などと散々に言われましたが、結局totoを導入したからこそ、今日のスポーツ界があるわけです。ですから、サッカーのJリーグだけでなく、もっとほかの競技にも広げていくべきです。そうすれば、スポーツに興味を抱く人も増えるはずです。

※「スポーツ振興くじ」（toto・BIG）とは、収益金を財源に誰もが身近にスポーツに親しめる、あるいはアスリートの国際競技力向上のための環境整備など、新たなスポーツ振興政策を実施するために導入されたもの。

IOCバッハ会長と握手（中央右がバッハ会長）

totoやBIGも、今ではずいぶんと浸透、定着してきていると思いますので、これをスポーツ界の財源として、アジアのスポーツ振興にも使っていけるようになるといいと思います。

人生で一番の幸せはラグビーで得られた出会いの数々

——ラグビーワールドカップ開催の翌年には、東京オリンピック・パラリンピックが開催されます。

まさに社会的転換期と言えると思います。例えば、パラリンピックをきっかけにして共生社会を実現していこうという動きが活発化しています。そのことひとつと

新国立競技場・完成予想図（内観）

っても、オリンピックとパラリンピックを同じ組織にして良かったと思いますよ。それこそ、今ではパラリンピックの選手も人気が高いですよね。ただ、大事なのはこれを一過性のものにするのではなく、2020年以降も継続していかなければいけないということです。

——2020年東京オリンピック・パラリンピックのメインスタジアムとなる国立競技場の後利用については、いろいろと意見があがっていますが、どのようにお考えでしょうか？

「球技場」として、サッカーやラグビーができるように改修されるという方向に傾いていますが、私は、国立競技場を活かす政策をもう一度、考えていかなければいけないと思っています。いずれにしても、国立競技場をラグビー場も含めるなんて、ラグビー界にとってそれは逆に迷惑な話ですよ。ラグビーの聖地は、やはり秩父宮ラグビー場ですし、せっかく建て替えの話もあがっているわけです。じゃあ、どうするのかと言えば、私は国立競技場は陸上競技場のまま残すべきだと思います。なぜなら、2020年東京オリンピック・パラリンピックでは陸上競技で何度も日の丸が掲揚されるはずです。その競技場を、わずか1、2年で芝生を敷き詰めてサッカー場にするというのはあまりにも寂しい。オリンピック・パラリンピックで素晴らしい成績をおさめた歴史のある会場として、陸上競技の聖地とすべきです。甲子園や花園のように、若い陸上競技選手がめざすべき場所として残していかなければいけません。

――最後に、森さんにとって、ラグビーとはどんなものでしょうか?

私の人生そのものですよ。いつもサインをする時には「楽しく、苦しく、美しく」という言葉を添えるんです。これは大西先生のご自宅に「ラグビー庵」と題して、その言葉が飾ってあって、「ああ、ラグビーとはこのことを言うんだな」と。ラグビーに少し触れただけかもしれないけれど、私は良い人生を送ったなと思っているんです。苦しかったこと、嫌なことはいっぱいありました。しかし、ラグビーに触れたおかげで、たくさんの出会いがあった。それが私の人生において一番の幸せだと思っています。

森 喜朗氏 略歴

	ラグビー関連・世相	森氏（元首相）略歴
1937 昭和12		森喜朗氏、石川県に生まれる
1942 昭和17	日本ラグビーフットボール協会、大日本体育大会蹴球部会に位置づけられる	
1945 昭和20	第二次世界大戦が終戦	
1947 昭和22	秩父宮殿下、日本ラグビーフットボール協会総裁に就任 九州ラグビー協会（現・九州ラグビーフットボール協会）創設 東京ラグビー場（現・秩父宮ラグビー場）が竣成 日本国憲法が施行	
1949 昭和24	第１回全国実業団ラグビー大会開催	
1950 昭和25	第１回新生大学大会開催。「全国大学大会」の名称となる 朝鮮戦争が勃発	
1951 昭和26	安全保障条約を締結	
1952 昭和27	全国実業団ラグビー大会、第５回から全国社会人ラグビー大会に改称	
1953 昭和28	田辺九萬三氏、日本ラグビーフットボール協会の２代目会長に就任 東京ラグビー場を秩父宮ラグビー場に改称	金沢二水高校に入学。小学生の時に、早稲田大学ラグビー部が地元の根上町で合宿を行ったことがきっかけで、「早稲田大学のラグビー部に入る」と決意。石川県下でラグビーが強かった同校に入学し、ラグビー部キャプテンを務める
1955 昭和30	日本の高度経済成長の開始	
1956 昭和31	香山蕃氏、日本ラグビーフットボール協会の３代目会長に就任	早稲田大学に入学。ラグビー部に入部するも４か月で退部し、早大雄弁会に所属。自民党学生部に入党
1960 昭和35		早稲田大学を卒業し、産経新聞社に入社
1961 昭和36	第１回ＮＨＫ杯ラグビー試合（現・日本選手権）開始	
1962 昭和37	秩父宮ラグビー場、国立競技場に移譲	産経新聞社を退社し、衆議院議員 今松治郎氏の秘書を務める
1963 昭和38	日本代表、戦後初の海外遠征（カナダ）	

1964 昭和39	第1回日本選手権試合開催 東海道新幹線が開業	
1965 昭和40	第1回全国大学選手権大会開催	
1968 昭和43	湯川正夫氏、日本ラグビーフットボール協会の4代目会長に就任	
1969 昭和44	第1回アジアラグビー大会開催。日本は全勝で優勝 アポロ11号が人類初の月面有人着陸	衆議院選挙に立候補し、トップ当選。自民党から追加公認を得る。政治家として「教育問題」に力を注ぎ、その一環としてスポーツ振興にも積極的に取り組む
1970 昭和45	横山通夫氏、日本ラグビーフットボール協会の5代目会長に就任	
1971 昭和46	第1次・高校日本代表のカナダ遠征	
1972 昭和47	椎名時四郎氏、日本ラグビーフットボール協会の6代目会長に就任	
1973 昭和48	全国高校選抜東西対抗試合開始 オイルショックが始まる	
1976 昭和51	ロッキード事件が表面化	
1978 昭和53	日中平和友好条約を調印	
1979 昭和54	阿部譲氏、日本ラグビーフットボール協会の7代目会長に就任	
1982 昭和57	代表キャップ制度を発足 東北、上越新幹線が開業	
1984 昭和59		自民党教育改革特別調査会会長、スポーツ振興特別委員長に就任
1987 昭和62	第1回ワールドカップが開催（オーストラリア・ニュージーランドの共同開催）以後、第7回大会まで日本代表チームは連続出場を果たす	
1990 平成2	磯田一郎氏、日本ラグビーフットボール協会の8代目会長に就任	
1992 平成4	川越藤一郎氏、日本ラグビーフットボール協会の9代目会長に就任	
1993 平成5	第1回ジャパンセブンズ開催	
1995 平成7	金野滋氏、日本ラグビーフットボール協会の10代目会長に就任 阪神・淡路大震災が発生	

1997 平成9	香港が中国に返還される	
2000 平成12	IRBワールドセブンズシリーズ日本大会開催	自民党総裁、第85代内閣総理大臣に就任
2001 平成13	町井徹郎氏、日本ラグビーフットボール協会の11代目会長に就任	内閣総理大臣を退任
2002 平成14	女子ラグビーが日本ラグビーフットボール協会に加入 女子ラグビーは、第4回女子ワールドカップに初参加	
2003 平成15	ジャパンラグビー トップリーグが社会人12チームで開幕	
2005 平成17	森喜朗氏、日本ラグビーフットボール協会の12代目会長に就任	日本体育協会（現・日本スポーツ協会）会長に就任
2006 平成18	ジャパンラグビートップリーグチーム数は12チームから14チームへ増加	
2008 平成20	リーマンショックが起こる	
2009 平成21	U20世界ラグビー選手権（IRBジュニアワールドチャンピオンシップ2009）開催 2019年ラグビーワールドカップが日本で開催決定	
2010 平成22	2019年ラグビーワールドカップ日本開催組織委員会の設立準備を開始	ラグビーワールドカップ2019組織委員会 副会長に就任
2011 平成23	東日本大震災が発生	日本体育大学名誉博士に就任
2012 平成24		衆議院議員引退
2013 平成25	日本ラグビーフットボール協会が公益財団法人へ移行	
2014 平成26		東京オリンピック・パラリンピック競技大会組織委員会 会長に就任
2015 平成27	岡村正氏、日本ラグビーフットボール協会の13代目会長に就任	日本財団パラリンピックサポートセンター最高顧問に就任 日本ラグビーフットボール協会 名誉会長に就任
2016 平成28	リオデジャネイロオリンピック・パラリンピック開催 7人制ラグビーが正式種目として実施	
2019 令和元	森重隆氏、日本ラグビーフットボール協会の14代目会長に就任	

おわりに

「ラグビーの神さま」に見守られて……

京・洛北。賀茂川と高野川とが合流して鴨川となるあたりに下鴨神社が鎮座する。「糺《ただす》の森」とよぶ原生林はいわば鎮守の森だ。

「そこにね、雑太（さわた、澤田とも）社というラグビーの神さまを祀った社があるんです。関西で初めてラグビーをした場所なんですよ」

下鴨神社ちかくに暮らす坂田好弘さんに背中を押されて「ラグビーの神さま」にお参りした。

「インタビュー連載が上手くいくようお見届けください」

早稲田大学の名監督だった大西鐵之祐さんは大学選手権や日本選手権の前、神社に詣でると「神よ、御照覧あれ」と念じた。「お願いします」ではなく、「一生懸命やるから見守っていてほしい」。そうした思いを込めた。

その「ラグビーの神さま」のご加護だろうか。拙い問いかけにもかかわらず、12人の方々には熱く「ラグビーへの愛」「ラグビーの誇り」を語って頂いた。

鍛え上げた肉体のぶつかりあい、考え抜かれた戦術、ひとつのトライを生むため15人がおのれの役割を全うする。「One for All, All for One」―ラグビーの心髄である。

ときにラフプレーも起こる。モールのなかの反則は人目に触れず、つかみ合いも起きかねない。それでも試合終了のホイッスルが鳴ると、相手をたたえエールを送りあう。「ノーサイドの精神」こそラグビーの心である。

少子化社会、進む価値観の多様化のなか、ラグビーの未来はどうなっていく？　期せず12人は「子どもたちへの普及」「ラグビー文化の浸透」を口にした。

開幕まで目前に迫った「ラグビーワールドカップ（ＲＷＣ）２０１９」は英国や英連邦、欧州以外では初めての開催である。「うまくやり遂げてほしい」「日本ラグビー発展のきっかけとしたい」は共通の願いだ。

インタビューを重ねるうちに、日本ラグビーの歴史に思いを致すようになった。大西鐵之祐、北島忠治、宿澤広朗、上田昭夫、平尾誠二……ラガーマン外交官・奥克彦。叶わぬ夢ではあるが、彼らに話を聞いてみたくてたまらない。12人の言葉の端に日本ラグビーの歴史を感じてもらえれば……と思う。

日本ラグビーは１８９９年、ケンブリッジ大学出身の教師エドワード・Ｂ・クラークが慶応義塾ＯＢでケンブリッジに学んだ田中銀之助とともに慶応義塾大学に伝えたことを嚆矢とする。

1910年に京都大学の前身、旧制第三高等学校に慶応OBが教えて関西ラグビーが始まるのである。

ある日、インタビューを終えたあと、森喜朗元首相から小さな白い紙の袋を頂いた。開くと楕円球の形をしたお守り、下鴨神社「ラグビー守り」だった。なぜか、ご褒美のようでうれしかった……。

産経新聞客員論説委員　佐野 慎輔

企画・制作　公益財団法人 笹川スポーツ財団
構成・写真　株式会社フォート・キシモト

スポーツ歴史の検証
日本のラグビーを支えた人びと

2019年8月29日　初版発行

発行者　宮田一登志
発行所　株式会社新紀元社
〒101-0054
東京都千代田区神田錦町1-7 錦町一丁目ビル2F
TEL:03-3219-0921　FAX:03-3219-0922
http://www.shinkigensha.co.jp/
郵便振替　00110-4-27618

デザイン　金井久幸［TwoThree］
印刷・製本　中央精版印刷株式会社

ISBN978-4-7753-1757-0

定価はカバーに表示してあります。
Printed in Japan